北京市教委人文社科项目

网络背景下的物流商业模式创新理论与实证研究

齐 严 著

中国财富出版社

图书在版编目（CIP）数据

网络背景下的物流商业模式创新理论与实证研究 / 齐严著 . —北京：中国财富出版社，2013. 12

ISBN 978 - 7 - 5047 - 4960 - 4

Ⅰ. ①网… Ⅱ. ①齐… Ⅲ. ①物流—商业模式—研究—中国 Ⅳ. ①F259. 22

中国版本图书馆 CIP 数据核字（2013）第 242365 号

策划编辑	寇俊玲	**责任印制**	方朋远
责任编辑	张小玲　谷秀莉	**责任校对**	杨小静

出版发行	中国财富出版社（原中国物资出版社）		
社　　址	北京市丰台区南四环西路 188 号 5 区 20 楼	**邮政编码**	100070
电　　话	010 - 52227568（发行部）		010 - 52227588 转 307（总编室）
	010 - 68589540（读者服务部）		010 - 52227588 转 305（质检部）
网　　址	http：//www. cfpress. com. cn		
经　　销	新华书店		
印　　刷	北京京都六环印刷厂		
书　　号	ISBN 978 - 7 - 5047 - 4960 - 4/F · 2037		
开　　本	710mm × 1000mm　1/16	**版　　次**	2013 年 12 月第 1 版
印　　张	21	**印　　次**	2013 年 12 月第 1 次印刷
字　　数	355 千字	**定　　价**	42. 00 元

前　言

自20世纪90年代以来，以互联网为代表的信息技术快速发展，为企业提供了比以往任何时期都更为丰富的创新途径与创新空间，一大批基于互联网技术的新模式企业应运而生。它们以与传统企业完全不同的方式为顾客创造和提供价值，并获得了传统企业无法企及的成功。如Amazon、eBay、阿里巴巴等新兴互联网公司，在短短几年时间里，以各式各样的全新方式，从小到大，快速发展，在给传统企业带来了巨大的冲击与挑战的同时也给物流行业带来了新的发展机遇和发展空间。

而要真正抓住网络经济带来的新机遇，将外部环境机会转化为自身发展的机会，也需要物流企业与时俱进，对旧的经营方法和商业模式进行改革创新，使传统的物流服务与网络时代的新型经济模式更好地对接。也只有这样，物流企业才能真正搭上网络经济飞速奔驰的快车，在网络经济的大背景下，实现自身的快速发展。

商业模式这一最早诞生于计算机行业的词汇，近年来引发了社会各界越来越多的关注，在很短的时间里成为企业界与学术界最为流行的词汇之一，并被认为是网络时代给企业带来新的竞争优势的制胜法宝，如何实现商业模式创新也成为当下企业管理者关注的焦点话题。需要指出的是，虽然商业模式创新已成为社会热点，但在我国有关商业模式创新的理论研究还处于起步阶段，物流业商业模式创新实践也处于探索阶段。所以，有关商业模式创新理论特别是针对我国物流业商业模式创新的理论研究与实践都亟待加强。

正是在这样的背景下，本书以北京市教委人文社科项目“基于U－网络环境的物流企业商务创新研究”和中国物流学会科研课题“基于物联网技术的物流园区商业模式创新研究”两个研究项目的研究成果为基础，结合作者前期商业模式创新基础理论的研究以及研究过程中对典型企业的实地调研，分4篇形成了本书的主体框架和主要内容。

第1篇，基于价值创新商业模式——商业模式创新理论研究，由7章内容构成，主要介绍了商业模式概念、内涵以及商业模式创新驱动因素、创新路径模型和具体的创新方法等商业模式创新基础理论内容。

第2篇，网络背景下物流企业商业模式创新研究，包括5章，内容涉及我国物流企业商业模式现状、商业模式创新的可行性与必要性以及物流服务创新和价格策略创新等内容。

第3篇，基于物联网技术的物流园区服务模式创新研究，包含6个章节。本篇针对当前国内物流园区的服务模式单一、同质化严重、经营状况不佳等现象，在分析国内物流园区服务模式发展现状的基础上，提出了使用物联网技术创新物流园区服务模式的观点。在对物联网技术发展现状进行概述的基础上，同时分析了物联网技术在物流行业内的应用以及物联网技术未来的发展方向及其对于物流园区服务模式创新的推动作用，指出了物联网技术对于物流园区服务模式存在4个方面的影响，并提出了基于物联网技术的仓储服务模式、配送运输服务模式、物流园区信息服务模式和物流园区物流加工服务模式4种基于物联网技术物流园区服务创新模式，希望能够对于我国物流园区创新实践具有一定的参考意义和价值。

第4篇，物流企业商业模式创新调研与案例研究，主要分析了联邦快递商业模式的创建过程所包含的具体关键环节和主要过程，并借此验证了本书理论部分提出的商业模式创新驱动模式与创新路径相关理论，在此基础上提炼出值得借鉴的物流企业商业模式创新方法与步骤。此外，本篇还收录了针对红孩子信息技术有限公司、中国国际海运集装箱（集团）股份有限公司、深圳市邮政速递物流局3家不同企业物流服务创新实践的调研报告。调研报告真实详尽地记录了3家企业面临的现实问题以及物流服务创新的具体做法，希望能够对于读者深入了解我国物流企业商业模式创新实践提供具有价值的参考和借鉴。

本书作者在研究和写作过程中应用和借鉴了国内外一些学者的相关研究成果，这些研究成果在参考文献中已详细列出，对于本书的完成发挥了重要的支撑作用，在此表示衷心的感谢。此外，本书的完成还得到了一些知名物流企业领导、北京物资学院商学院的领导和同人的大力支持和帮助，在这里一并向他们表示最诚挚的感谢和崇高的敬意！感谢参与本书写作和调研工作的刘华、祝映莲、赵洁、张玉红、于冠华老师和宗贺贺、韩汇等同学，正是由于他们的积极参与和努力工作，本书才最终得以完成。感谢北京市教委和北京物资学院工商管理创新研究基地的资助，感谢中国财富出版社领导和编辑的大力支持，正是因为他们本书才得以出版发行。

齐 严

2013 年 8 月于北京物资学院

目录
Contents

第4篇　物流企业商业模式创新调研与案例研究

第 1 篇

基于价值创新商业模式——商业模式创新理论研究

1 导 论

1.1 问题的提出

自20世纪90年代以来，以互联网为代表的信息技术的快速发展，为企业提供了比以往任何时期都更为丰富的创新途径与创新空间，一大批基于互联网技术的新模式企业应运而生。它们以与传统企业完全不同的方式为顾客创造和提供价值，并获得了传统企业无法企及的成功。如Yahoo、Amazon及eBay等新兴企业，在短短几年时间里，以各式各样的全新方式，从小到大，快速发展，给传统企业带来了巨大的冲击与挑战。正是在这样的背景下，商业模式——这个诞生于计算机专业的词汇，开始引起社会各界广泛关注，并在很短的时间里成为世界范围内企业界与学术界最为流行的词汇之一。

在2001年互联网泡沫破裂之后，许多拥有先进技术的互联网企业，由于缺乏良好的商业模式而破产倒闭。而另一些，尽管它们的技术可能不是最好的，但由于拥有好的商业模式，依然保持了很好的发展。于是，商业模式的重要性进一步被认识。人们认识到，在技术变革加快、市场全球化发展以及需求环境更加不确定的时代，决定企业成败最重要的因素，不再是技术，而是与之结伴而行的商业模式。自此，商业模式创新被认为是能够给企业带来竞争优势的新的法宝，是变革时期企业应该具备的关键能力。

近年来，商业模式与商业模式创新在全球企业界，引起前所未有的重视。2006年，一项针对创新的调研显示，IBM全球的765个公司和部门经理中已有近1/3人，把商业模式创新放在最优先的地位。而且相对于那些更看重传统创新如产品或工艺创新的经理来说，他们在过去5年中的经营利润增长率表现得比竞争对手更为出色。

如今，虽然在世界范围内，商业模式概念已被广泛应用，有关商业模式创新的实践活动也是热闹非凡，但不能否认的是，关于商业模式的理论研究还处于不成熟的发展变化之中，相关的理论研究工作还处于起步阶段，有关商业模式的概念、构成要素以及商业模式创新驱动与创新路径等核心问题在理论界还处于一种百花齐放、百家争鸣的状态，还没有形成被普遍接受的一致性结论。这在客观上，已对商业模式创新实践形成了一定的不利影响，因此，有关商业模式与商业模式创新的理论研究亟待加强。

1.2 研究背景

现阶段研究商业模式创新问题具有深刻的时代背景，这主要表现在以下3个方面。

1. 信息技术革命为商业模式创新提供了空间与动力

在今天的数字化时代，网络与移动通信技术正在全方位地改变着人类的生产、生活方式。越来越多的信息技术融入社会生活，促使企业的生产经营方式发生改变。计算机辅助生产技术的广泛使用使生产在标准化和规模化的基础上进一步实现了柔性化与多样化；网络与移动通信技术设施的发达完善在为企业有效拓展市场空间向全球化发展创造条件的同时，也有效降低了社会交易成本，并且通过降低社会交易成本促使企业的交易方式与组织结构随之发生变化，归核化与外包、众包，物联网与云计算，虚拟公司和网络型组织等新技术与模式不断涌现。由此可见，信息技术革命在为商业模式创新创造条件的同时，在客观上也对商业模式创新提出了要求。一方面，新技术需要新的商业模式与之配合才能发挥作用；另一方面，新技术也为建立更加优越的商业模式创造了条件。例如，没有计算机辅助设计与辅助生产，就不可能实现可以满足个性化需求的小批量、柔性化生产；没有网络技术的普及，一周7天，一天24小时提供服务的网络销售模式也不可能出现。可以说，当今社会正在发生着的信息技术革命在给传统企业带来挑战的同时，也为企业的商业模式创新带来了机遇。新的技术需要新的商业模式与之配合，同时，新技术也为新模式的出现提供了空间、创造了条件。

2. 消费需求的变化要求企业商业模式创新

伴随社会经济的迅速发展，消费需求日益呈现出个性化、自主化、复杂化的变化趋势。与过去不同，个性化需求要求企业做到小批量乃至定制化的生产与销售，消费需求的自主化表现为消费者对于产品设计和生产过程的参与倾向以及与企业直接沟通的需要，而这将要求企业改变原有的单向分销与促销的模式，采用与消费者双向沟通的方式，吸引消费者参与产品的设计和生产过程；复杂化是指消费者在个性化与自主化的基础上，将可能更加注重产品提供的价值及利益，而失去以往的品牌忠诚度，这将要求企业进一步创新营销方式为顾客创造更多价值，以及采用更加有效的方式建立竞争优势。以快递为例，传统的邮政模式只是坐等顾客上门，并将服务简单地分为同城或异地、特快或普通等几种类型。如今面对个性化与复杂化的消费需求，上述传统服务方式已很难满足顾客要求。为了更好地满足顾客需求，快递公司不仅增加了主动上门取件服务，而且，还提供包括次晨达、2 小时、4 小时等限时服务在内的多种“门到门”新型快递服务。总之，在现代信息技术背景下，消费需求发生了巨大改变，并要求企业提供更加细致周到和高水平的服务，而这种来自消费需求的变化，需要企业改变传统商业模式中不适应的部分，并通过创新商业模式更好地满足市场需求。

3. 企业管理方法与理论的变革与创新进一步推动商业模式创新

在信息技术革命的大背景下企业管理方式与理论快速发展，出现了很多计算机与网络技术支持下的新型生产方式与运作方式以及相关理论，例如，敏捷制造理论、JIT 理论、虚拟企业理论、网络化组织和企业再造理论等，为企业商业模式的系统化创新奠定了基础。

1.3　研究目的与意义

为了更好地满足中国企业参与全球化竞争、提升管理效率与效益的需要，为了丰富与深化中国商业模式创新理论研究成果，本书在对现有商业模式理论和创新理论进行系统梳理的基础上，重点研究网络环境下商业模式的概念、结构以及创新条件和创新路径等具体内容。在利用系统科学理论与方法对企业商业模式进行系统分析的基础上，构建具体的商业模式概念框架，并在此框架下，研究探讨商业模式创新的影响因素、商业模式创新的基本路径和具体方法，以期通过理论研究，探索有效促进中国企业商业模式创新的方法与途径，从而为中国企业商业模式创新实践提供有益的参考与指导，为丰富中国商业模式创新理论作出贡献。

本研究的理论意义：探索网络环境中企业商业模式构成与创新的内在规律，在商业模式概念与结构、商业模式创新动因以及创新的影响因素分析等方面寻求理论突破，探索与网络时代社会需求和技术环境相适应的商业模式创新路径，丰富中国企业管理创新理论的研究成果。

本研究的实践意义：通过研究探索与网络时代社会需求和技术环境相适应的商业模式创新途径，有效促进中国企业商业模式创新和管理效率与效益的提升，促使中国企业尽快适应经济全球化与信息化的发展趋势，借助商业模式创新提高中国企业参与全球化竞争的软实力，同时，也可以通过商业模式创新促进中国新兴服务业的快速发展，从而为更好地满足不断扩大的社会需求，为中国经济与社会持续快速发展作出贡献。

1.4 研究内容、方法与技术路线

1.4.1 研究内容

本篇内容分为 7 章。

第 1 章，导论。主要介绍本研究的背景、目的、意义、基本内容、拟采用的研究方法和技术路线以及可能的创新和存在的问题等。

第 2 章，理论基础与文献综述。首先，对相关的商业模式中外文献资料进行梳理和综述，提炼出理论界对于商业模式概念与创新的主要观点。其次，对现有企业创新理论进行归纳和提炼，找出对商业模式创新研究具有指导意义的创新理论与方法。最后，为了更好地利用系统科学的理论和方法指导本研究，在本章第 3 部分将对研究所需要利用的系统科学理论和方法进行归纳。

第 3 章，VI 商业模式与商业模式创新。在总结分析现有各种商业模式概念的基础上，利用系统科学方法构建本研究的价值与界面（Value and Interface，VI）商业模式概念，并在此基础上分析与建立商业模式创新的概念与分类，为进一步探索商业模式创新路径奠定基础。

第 4 章，商业模式创新影响因素分析。首先结合创新过程理论、制度创新理论以及颠覆创新理论的有关内容，分析企业创新活动的一般驱动因素，在此基础上，结合商业模式创新的自身特征，进一步探寻企业商业模式创新的关键驱动因素与规律。

第 5 章，商业模式创新路径与价值创新。实现商业模式创新需要首先把握商业模式创新的基本路径，了解创新的基本过程与主要环节，因此，第 5 章首先探究商业模式创新路径形成的相关问题。此外，由商业模式的结构特征可知，价值是构成商业模式的核心要素，也是有效连接其他要素的纽带，因此，价值创新是决定商业模式创新成功与否的关键环节。所以，第 5 章后续内容将重点分析价值创新的方法与途径。

第 6 章，基于不同价值形式实现商业模式创新。研究表明，现实中企业存在价值链、价值环与价值网络 3 种不同的价值形成模式，研究商业模式创新应该首先识别企业的基本价值形成逻辑与模式，然后，在此基础上进一步推进商业模式各要素的整合创新。所以，在确定了新的价值主张之后，识别和确定相应的价值形成模式与逻辑成为首要任务，只有在准确识别实现企业价值主张所应选择的价值形成模式之后，相应的资源组合、运作流程与界面模式所具有的内在规定性才能随之确定。所以，第 6 章内容将主要探讨不同价值形成模式的基本特征，及其对商业模式要素所产生的不同影响与约束；分析不同价值模式背景下，商业模式创新的方向选择以及相关特征。

第 7 章，商业模式创新展望。结合国内与国外社会经济发展实际，展望商业模式创新趋势；分析中国企业商业模式创新存在的问题与不足，提出具体建议。

1.4.2　研究方法

1. 拟采用以规范分析为主、实证分析为辅的研究方法

本研究以对现有商业模式理论和创新理论进行分析梳理为基础，结合系统科学的理论方法，对商业模式的概念、要素和结构进行规范分析，并在此基础上形成系统科学框架下的商业模式概念体系。结合创新理论对商业模式创新的主要影响因素进行规范分析，以期发现商业模式创新的主要驱动因素和制约因素，为探索商业模式创新路径与方法奠定基础。通过利用相关的价值理论分析提出具体的商业模式创新方法与途径。最后，运用实证研究方法，对所提出的理论进行验证。

2. 比较研究法

比较研究法是将属于同一范畴的两个以上的事物进行对比研究，分析它

们的共性和区别，研究事物发展的共同条件以及不同特点。本研究在提出新的商业模式概念体系的基础上，通过与传统商业模式系统进行对比分析的方法，对新商业模式概念体系的科学性和有效性进行分析说明。此外，在研究不同价值形成模式背景下商业模式创新的不同方式时，也采用比较研究方法，从而有利于更加深刻地探究不同价值模式下企业商业模式创新应注意的不同问题。最后，利用对比分析的方法，结合先进国家商业模式创新趋势，比较中国企业商业模式创新现实，发现存在问题并提出具体建议。

1.4.3 拟采用的技术路线

拟采用的技术路线见图 1－1。

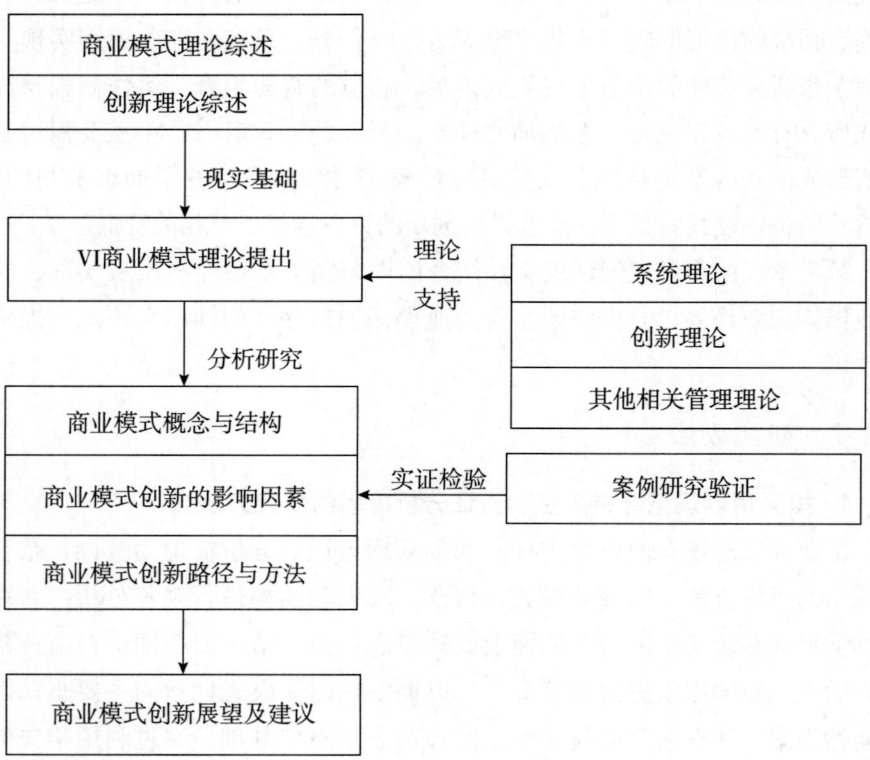

图 1－1 拟采用的技术路线图

1.5　可能的创新与不足之处

本研究可能的创新主要体现在以下 3 个方面。

第一，在综合分析各类商业模式概念的基础上，创新性地提出了基于系统科学基础的价值与界面（VI）商业模式概念体系。VI 商业模式概念体系内容简洁，结构清晰，在突出了商业模式的价值创造核心内涵的同时，引入界面模式概念，使商业模式内涵更为丰富具体，并且全面覆盖了反映企业经营基本特征的各个方面。

第二，创新性地分析了商业模式创新的主要驱动因素与制约因素，指出商业模式创新的外部驱动因素包括技术驱动力、需求驱动力、竞争驱动力和政策驱动力，而内部驱动主要来自于企业家的创新精神。

第三，创新性地将价值链、价值环和价值网络 3 种价值形成模式，与商业模式创新路径和创新方法相结合，从而为更加深入科学地探讨商业模式创新的理论与实践问题开拓了新的研究思路和研究方向。

本研究的不足之处在于定量分析和实证研究方面的数据不够充分。如果收集到更为丰富的第一手调研数据，将有助于提高论文研究成果的科学性和说服力。此外，在理论联系实际方面也可以进一步加强，例如，增加实证分析的案例数量。增加实证分析的案例数量是有效解决数据不足的变通方法之一，同样可以在客观上加强研究的说服力。

参考文献

[1] 原磊. 国外商业模式理论研究评介［J］. 外国经济与管理，2007（10）.

[2] 乔为国. 商业模式创新［M］. 上海：上海远东出版社，2009.

2 理论基础与文献综述

深入研究商业模式创新问题，需要首先准确界定商业模式概念，只有在准确界定商业模式概念的基础上，才能系统、科学地探讨商业模式创新问题。为此，本研究需要首先确立商业模式概念体系。为实现这一目标，本书首先对国内外商业模式概念及相关理论进行系统梳理和综述，希望在此基础上构建本研究的商业模式概念体系与理论框架。

此外，本研究认为商业模式创新属于市场经济背景下的一种企业创新活动，它的产生发展受到企业创新规律的影响与制约。研究商业模式创新，不能脱离企业创新活动的大背景，需要将商业模式创新与企业的技术创新、市场创新、产品创新以及服务创新等创新活动相联系和比较。因此，在理论基础部分，还应该对企业创新理论进行归纳和提炼，找出对商业模式创新研究具有指导意义的创新理论与方法，为本研究奠定理论基础。

最后，为了深入探索商业模式创新这一复杂活动的内在规律与本质特征，本研究需要借助系统科学的理论与方法。系统科学作为一门有效分析和研究复杂现象的方法论科学，为研究兼具综合性与复杂性的商业模式创新问题提供了有效的研究思想与方法。特别是由于商业模式理论还处于研究发展的初期，还没有形成自身独立的研究思想与研究方法，利用系统科学的理论和方法，分析商业模式的概念、结构以及商业模式创新问题，有助于提高研究结论的科学性与有效性。因此，本章 2.3 节将概要介绍本研究需要利用的系统科学理论和方法。

2.1 商业模式理论综述

近年来，关于商业模式的理论研究数量颇丰，但综合分析国内外研究成果，到目前为止还没有形成一种被普遍接受的理论体系。关于商业模式的概念、要素、结构、分类、评价和创新等理论问题至今依然存在着多种互不相同的观点与结论，以至于一些学者不得不使用统计分析的方法与技术，在众多不同研究成果中寻找共性特征，以期形成共识。这里，本书以研究企业的商业模式创新规律为目的，在综合现有相关研究成果的基础上，着重对商业模式概念、构成要素与结构关系等方面的理论进行梳理。

2.1.1　商业模式概念

很多学者从商业模式的字面含义出发定义商业模式，指出所谓商业模式就是对于做买卖方式的简要描述，或者更详细地说，是对企业为了获取利润而进行的、与交换直接相联系的各种相关活动的整体性描述。例如，Applegate（2001）给出的商业模式概念：对复杂商业现实的简化。Magretta（2002）也认为，商业模式从根本上说就是关于企业如何运作的解释。

虽然商业模式被认为是对企业商业实践的一种简化描述，但这种简化一般被认为应该是对企业经营实践整体的简化，它应该能够全面覆盖企业经营的每一个重要方面，不仅应该包括有形的方面，如企业的资源组合以及各种运作流程，同时也应该包括无形的方面，如企业获取利润的内在原因与逻辑。从很多研究者的商业模式定义中，可以发现这样的观点。例如，Morris 等（2003）将商业模式定义为一种简单的陈述，旨在说明企业如何对战略方向、运营结构和经济逻辑等一系列具有内部关联性的变量进行定位和整合，以便在特定的市场上建立竞争优势。Osterwalder 等（2005）认为，商业模式是一种建立在许多构成要素及其关系之上、用来说明特定企业商业逻辑的概念性工具。国内学者翁君奕（2004）将商业模式定义为核心界面要素形态的有意义组合，即客户界面、内部构造和伙伴界面的各环节要素的可能组合，而每一种有意义的形态组合称为商业模式原型。

鉴于商业模式的表述不尽相同，一些学者试图对这些定义进行归纳总结，并希望从中得出具有一致性的结论。迈克尔·莫里斯（Michael Morris）等（2003）通过对30多个商业模式定义的关键词进行内容分析，指出商业模式定义可分为3类：经济类、运营类和战略类。经济类定义将商业模式看做是企业的经济模式，用以揭示企业“赚钱”的根本原因，即利润产生的逻辑，构成要素包括收益来源、定价方法、成本结构和利润等；运营类定义关注企业内部流程及构造问题，构成要素包括产品或服务交付方式、管理流程、资源流、知识管理等；战略类定义涉及企业的市场定位、组织边界、竞争优势及其可持续性，构成要素包括价值创造形式、差异化、愿景和网络等。

在此基础上，国内学者王伟毅，李乾文（2005）等提出，商业模式概念本质的阐述表明，人们对于商业模式内涵的认识，经历了由经济类、运营类向战略类不断发展演变的过程。原磊（2007）在分析介绍国外研究者的商业模式理论之后，指出商业模式定义的发展存在逻辑层级关系，在经历了经济、运营、战略层级之后，正在向整合概念递进。

下面分别对经济类、运营类和战略类 3 种不同商业模式概念进行介绍和评价。

1. 经济类商业模式概念

经济类概念将商业模式描述为企业的经济模式，其内涵为企业获取利润的逻辑。例如，斯图尔特（Stewart）、瑞帕（Rappa）等（2000）认为，商业模式是企业能够获得并且保持其收益的逻辑陈述，或者称之为获取利润的经营方法。Afuah 等（2001）把商业模式定义为企业获取并使用资源，为顾客创造比竞争对手更多价值以赚取利润的方法。国内学者翁君奕（2004）把商业模式界定为由核心价值、价值支撑、价值保持构成的价值分析体系，从价值层面提供了一种利用价值理论分析商业模式的思路和方法。

经济类概念的问题在于概念本身过于抽象，在抓住商业模式内在本质的同时，对企业产品交付方式、资源组织、生产运作等实实在在运行着的企业管理过程有所忽视，使商业模式的要素不能全面覆盖企业的商业活动，无法准确地反映企业商业活动要素之间的关系。因此，不能准确反映企业商业运作的外在特征和全貌，是经济类概念存在的主要问题。

2. 运营类商业模式概念

运营类商业模式概念把商业模式描述为企业的运营结构，其重点在于说明企业通过何种内部流程和基本结构来创造价值。Applegate 把商业模式说成是对复杂商业现实的简化。通过这种简化，商业模式可用来分析商业活动的结构、结构元素之间的关系以及商业活动响应现实世界的方式。Amit 等把商业模式看做是一种利用商业机会创造价值的交易内容、结构和治理架构。他们描述了由公司、供应商、候补者和客户组成的网络运作方式。作者认为，运营类概念从企业运营角度出发界定商业模式，忽视了企业经营的经济逻辑，同样不够全面。商业模式作为企业商业活动的一个总体反映，不仅应该包括企业的运营结构，也应该包括企业经营的核心价值和利润原则等无形的内在思想。

3. 战略类概念

战略类概念把商业模式描述为对不同企业战略方向的总体考察，涉及市场主张、组织行为、增长机会、竞争优势和可持续性等构成要素。国内学者罗珉、曾涛和周思伟（2005）认为，商业模式是一个组织在明确外部假设条件、内部资源和能力的前提下，用于整合组织本身、顾客、供应链伙伴、员工、股东或利益相关者来获取超额利润的一种战略创新意图和可实现的结构体系以及制度安排的集合。他们认为商业模式至少包括 3 个层面的含义：①任何组织的商业模式都隐含有一个假设成立的前提条件，如经营环境的延续性、市场和需求属性在某个时期的相对稳定性以及竞争态势等，这些条件构成了商业模式存在的合理性；②商业模式是一个结构或体系，包括组织内部结构和组织与外界要素的关系结构，这些结构的各组成部分存在内在联系，它们相互作用形成了模式的各种运动；③商业模式本身就是一种战略创新，是使组织能够获得长期优势的制度结构的连续体。作者认为战略类定义指出企业商业模式要反映企业根据环境变化调整自身战略结构、明确企业各种战略相关者的关系，对于指导企业参与日益激烈的市场竞争具有积极意义。但同时也存在构成要素过于宽泛，甚至混淆概念主体的问题。

商业模式定义的主体是相对独立的特定组织或企业，它应该包括组织自身的各种属性与特征，但并不直接涉及组织外部的环境要素，所以没有必要将环境要素直接纳入商业模式概念之中。当然这不是说，外部环境不会影响企业的内部结构和属性，而是说，这种影响可以通过企业自身属性的变化得以反映。即不应该将主体之外的影响因素收归于反映企业自身属性与特征的概念之内。可以引入内部要素的动态概念，建立一个商业模式概念的动态框架，使之能够反映外部环境变化对商业模式本身产生的影响，这一点本书在后面的章节中将给予详细阐述。

此外，在商业模式概念发展的逻辑顺序上，本文也有不尽相同的观点。首先，不同类型商业模式概念的出现，在时间上并不存在明显的先后顺序。事实上，商业模式是一个相对较新的概念，是在计算机与网络技术逐步普及的过程中引发广泛关注的。不同分类概念在时间上并不存在先后顺序的观点，Michael Morris 等（2003）在商业模式定义的统计分析中也有明确阐述。其次，上述不同类型概念之间也不存在必然的发展层级关系，很难说将商业模式的概念框架由经济类型转变为运营类型就是一种前进，而由运营类型回归经济类型就是一种倒退。

本书认为，不同类型商业模式概念的产生，是由于研究者需要解决的具体问题不同，导致其选择的研究视角不同，并由此产生了不同视角下的具体认识。虽然，这种不同研究视角下得出的结论，对于深入把握商业模式概念与结构具有积极意义，但其片面性和不足也不能忽视。孤立视角下的商业模式概念，不能准确反映商业模式概念的本质，使商业模式理论的科学性和应用价值受到影响。由于企业商业活动具有的内在的整体性与综合性，利用孤立视角下的商业模式理论指导企业实践，必将不可避免地引起偏差或失误，致使商业模式理论的科学性和有效性受到质疑。

利用企业向市场提供价值这一核心概念，可以将企业的资源、战略、运作与各种界面管理形式借助商业模式概念进行有机整合。通过利用价值创造与价值传递的概念和系统科学的思想方法，可以建立起植根于整体性与综合性的全新的企业管理理论——商业模式理论。具有综合与全面特征的商业模式理论将促使企业管理理论重新回到企业管理实践的全局或者说更高的层次之上，实现企业管理理论在组织理论、行为理论、过程理论和战略理论等分工理论基础之上的新的综合，在赋予企业管理理论更加宽阔的研究视野和更为科学的研究方法基础上，为更加有效地提升企业管理的效率与效益提供新的指导思想与理论方法。

综上，本书认为商业模式本身是一个整合概念，它应该包括企业的经济本质、经营运作与战略发展等企业内部的各个方面。商业模式概念的整合性正是它与上述各个独立概念的区别所在，也正是研究商业模式理论的价值所在。研究具有整合特征的商业模式理论有助于企业管理理论突破传统的分工解构思维下的专业管理理论的局限，通过利用系统科学的思想方法，在更高层次上促使企业管理的理论研究与实践回归企业管理本源的整体性与综合性，为企业在越来越细的分工解构管理理论之外，增添一种新的管理理论研究方法与指导实践的工具。

2.1.2　商业模式要素与结构

从本质上说，商业模式概念规定了商业模式的内涵与外延，自然也包含了对于商业模式构成要素的描述和界定。因此，不同的商业模式概念将形成不同的商业模式内涵与外延，以及不同的商业模式构成要素。因此，对于商业模式结构的分析，应该在特定商业模式概念基础之上进行。

由于商业模式概念缺乏权威结论，因此，关于商业模式结构的观点也同样处于百家争鸣的状态。作为国外最早研究商业模式理论的学者之一，Timmers（1998）的观点对后来的研究者产生了较大影响。Timmers认为商业模式应当包括3个方面：一是关于产品、服务和信息流的体系结构，以及对各种商业活动参与主体和他们所扮演角色的描述；二是对各种商业活动参与主体潜在利益的描述；三是对于收入来源的描述。Gray Hamel（2000）提出，商业模式应包括客户界面（回应处理与支持、信息与洞察力、企业与顾客的互动关系、定价等）、核心战略（包括经营宗旨、产品/市场范围、差异化基础）、战略资源（核心能力、战略资产、核心流程）、价值网络（供应商、合伙人、联合）4个方面要素。而这些因素两两之间都形成一个界面（分别是顾客利益、配置和公司边界），这些界面将4个要素紧密地连成一个协调运作的整体。Chesbrough & Rosenbloom（2002）将商业模式看做是目标市场、核心价值、内部价值链结构、成本与利润、价值网络、竞争战略6个方面的组合。Amit & Zott（2001）提出了交易内容、交易结构和交易治理3个要素。Weathersby（2000）认为，商业模式包括3个方面，即清晰的核心价值、与一个或多个价值创造模型的结合、与一个或多个价值获取机制的结合。Thomas（2001）指出商业模式涉及流程、客户、供应商、渠道、资源和能力的总体构造。Jason Hwang和Clayton M. Christensen（2008）提出的商业模式结构要素包括核心价值、资源、利润原则和流程4项。翁君奕（2004）认为，商业模式的要素包括价值对象、价值内容、价值提供、价值回收4个方面。

Michael Morris（2003）通过对相关研究进行整理后发现，商业模式构成要素的研究结论有极大的差异，不同定义中包含的要素数量有3~8个。经过统计，共有25个不同概念作为模式要素被提及，其中一些概念被多次提到，例如，价值提供（12次）、经济模式（11次）、顾客界面/关系（9次）、伙伴关系（7 次）、内部基础设施/活动（7 次），另有目标市场、资源/能力、产品、收入来源等项目也一再被提及。

关于商业模式的结构体系，原磊提出了一种“3－4－8”结构。他提出商业模式是一种描述企业如何通过对经济逻辑、运营结构和战略方向等具有内部关联性的变量进行定位和整合的概念性工具。商业模式说明了企业如何通过对核心价值、价值网络、价值维护和价值实现 4 个方面的因素进行设计，在创造顾客价值的基础上，为股东及伙伴等其他利益相关者创造价值。其中：①核心价值和价值维护可归为战略方面，价值网络可归为运营结构方面，价值实现可以归为经济逻辑方面；②商业模式从本质上讲是企业的价值创造逻辑，而价值是通过顾客、伙伴、企业的合作而被创造出来，并在他们之间进行传递和消费，因此可以从顾客价值、伙伴价值和企业价值 3 个角度研究企业的价值创造活动；③从层次上看，顾客价值、伙伴价值和企业价值三者处于不同层次——顾客价值是基础，伙伴价值是支撑，企业价值是目标。这样可以将商业模式的结构概括为一种“3－4－8”构成体系。其中：“3”代表联系界面，包括顾客价值、伙伴价值、企业价值；“4”代表构成单元，包括核心价值、价值网络、价值维护、价值实现；“8”代表组成因素，包括目标顾客、价值内容、网络形态、业务定位、伙伴关系、隔绝机制、收入模式、成本管理。这样“3－4－8”构成体系就形成一种包含 3 个层次对商业模式进行全面描述的立体架构。本文认为这种结构划分，过于追求形式上的完整，而使内容稍显庞杂，并且难于应用。这种“3－4－8”模式较为完善地覆盖了企业经营活动的各个方面，较为充分地体现了商业模式全面性和整合性的特征是其优点，但由于内容体系过于复杂，降低了商业模式简化性的特征，使之在深入研究内在逻辑与指导企业实践的实际效果方面受到影响。

综上可见，目前关于商业模式要素与结构的研究成果，具有视角广泛、内容丰富的特征。但是，如果从有效指导企业实践的方面考察，现有理论仍然存在一些问题和不足，可以概括为如下两方面：一方面，由于现有理论研究领域大多有所侧重，常常是从经济、运营或战略等不同侧面研究商业模式的结构，使用一种理论视角研究具有综合性与整体性的商业模式，有可能导致研究结论的片面与不完整；另一方面，具有多重视角与整合特征的研究成果，又由于内容过于庞杂和逻辑上的混杂，也使其适用性和实用价值受到影响。

有鉴于此，本文认为需要一种既能够全面反映企业商业经营各个方面，而内容结构又更加简单合理，具有实际指导意义的商业模式理论。这种商业模式理论应该既可以清晰、全面地概括和描述企业内在结构关系和规律，又可以直观地反映企业运作流程、资源组合、战略决策等内容，还应该包括价值逻辑等内在、抽象的要素。再有，商业模式的结构不仅应该体现构成要素之间的静态关系，同时也应该能够反映要素之间发展演变的内在逻辑，并且最终利用要素之间的逻辑与结构关系，反映出商业模式变更与企业生存发展的动态逻辑与创新规律。

2.2 创新理论综述

商业模式创新属于市场经济背景下的一种企业创新活动，它的产生发展受到企业创新规律的影响与制约。研究商业模式创新，不能脱离企业创新活动的大背景，需要将商业模式创新与企业的各种创新活动相联系和比较。因此，在理论基础部分，还应该对相关的创新理论进行归纳梳理，以找出对商业模式创新研究具有指导意义的创新理论与方法，为本研究奠定更为扎实的理论基础。

纵观创新理论的产生与发展历程，自20世纪初诞生至今，经过不断地丰富和发展，创新理论已经成为当代最为重要的科技、经济与管理相结合的理论之一。如今，世界各国都在运用创新理论与实践获取国家、产业及企业层次上的竞争优势。创新理论本身，也经历了以技术创新、创新过程、制度创新、服务创新和文化创新等为主流内容的阶段性发展，并在现实社会实践中发挥着越来越重要的作用。

2.2.1 创新理论起源——熊彼特的创新理论

创新作为一种理论最初是由经济学家约瑟夫·熊彼特于1912年在《经济发展理论》一书中提出的。之后他又于1939年和1942年分别出版了《经济周期》、《资本主义、社会主义和民主主义》两部专著，又进一步对创新理论加以补充和完善，形成了其独特的创新理论体系。熊彼特以“创新”来解释经济周期和经济发展，明确提出创新是经济发展的本质的观点。熊彼特认为创新的过程就是一种不断打破经济均衡的过程。因而，经济研究的重心不应是探讨如何实现均衡，而应该是研究如何打破均衡，均衡的破坏就是创新。其创新理论主要包括以下4点。

1. 创新的内涵

在熊彼特看来，创新并不是一个技术概念，创新不是单纯的技术上的新发明。创新应该是一个经济学概念，应该是指经济生活中出现的新情况、新事物，一般包括如下几种情况：

（1）采用了一种新产品，可以是指消费者初次接触的或是被重新赋予了新特征的产品；

（2）采用了一种新的工艺技术或生产方法，这种工艺或方法有可能在科学上并不成熟，或者也许只是某种经营方式的改革；

（3）开辟了一个从未进入过的新市场；

（4）控制或“获取”了新的生产原料和半成品的供给来源；

（5）实现了一种新的商业组织形式，例如，打破了某种传统模式一统天下的格局，或率先实现了托拉斯化。

2. 创新的主体企业家及其形成问题

熊彼特认为资本主义经济是在企业家及企业家精神这一创新主体的推动下才实现创新和发展的，因此，只有企业家和企业家精神才是推动经济发展的根本动力，是创新的灵魂。

3. 资本市场的建立和良好运转是实现创新的制度条件

熊彼特认为，在资本主义制度下，资本与高度发达的信用制度是企业家实现创新的基础。他认为资本不是一般的商品，而是一种可供企业家随时提用的支付手段，是企业家和商品之间的桥梁。信用制度使得个人能够在某种程度上不依靠继承的财产而独立行事，信用对企业的最初建立是十分必要的，信用机制一旦建立旧的传统资本组合就会被取代。总之，在熊彼特看来，以信用制度为特征的资本市场的建立和良好运转是实现创新的基础。

4. 实现创新有可以选择的途径

实现创新主要靠企业家来推动，应高度重视企业家的创新作用；同时，垄断企业在创新中发挥重要作用，熊彼特认为“完全竞争不仅是不可能的，而且是低劣的，它没有权利被树立为理想效率的模范”。事实上，大企业“已经成为经济进步的有力的发动机，尤其是已成为总产量长期扩张最有力的发动机”。

熊彼特创新理论的主要贡献在于：开创了对“创新”问题的研究。最初，在西方主流经济学家眼中资本主义制度是最美好的、和谐的制度。因此，经济学应主要研究商品的供给与需求问题。相当长一段时间内，技术、制度等问题是在经济学家的视野之外的。熊彼特具有完全不同的观点，他认为创新是资本主义经济发展的根本动力，创新也是推动社会经济发展的原因之所在。如果创新停止了，资本主义制度也就消亡了。

同时，熊彼特看到了创新不仅是技术创新，也应包括制度创新。他认为企业应该重视自身的研究和开发活动，并通过创新增加市场集中度；熊彼特对制度创新主要强调信用制度的重要性。熊彼特创新理论结构图见图 2－1。

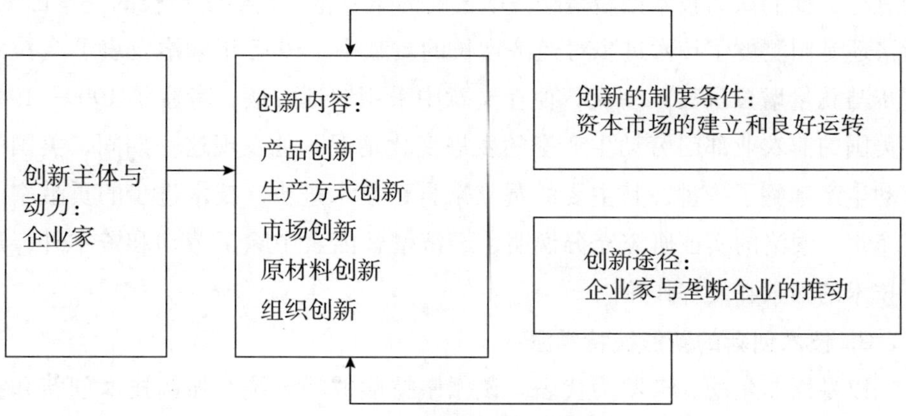

图 2－1　熊彼特创新理论结构图

熊彼特创新理论存在的不足：由于熊彼特是从经济的长期发展和结构变化，以及揭示资本主义经济发展规律的视角研究创新问题，因此，不可能深入研究创新的内在价值规律、机制、过程、影响因素、创新体系等具体内容，对制度创新的理解也比较狭隘。1950 年熊彼特去世后，创新研究者在他的研究基础上进行了进一步探索，并形成了两条相对独立的研究路线：一是以技术变革和技术推广为研究对象的技术创新论；二是以制度变革和制度推进为研究对象的制度创新论。

2.2.2 技术创新理论

从20世纪50年代开始，科学技术的迅猛发展对人类经济社会产生了巨大影响，人们开始认识到技术创新对经济增长和社会发展的巨大作用。这一时期，一方面，针对技术创新的研究逐渐发展并丰富起来，并被经济学家称为技术创新的复兴时代。另一方面，技术与经济的高速发展也导致使用传统资本、劳动力等要素简单地对社会经济现象加以解释已无法满足现实的需要。因此，经济学家开始对技术、制度与经济发展的关系产生了兴趣，技术创新理论也由此得以快速发展，其中有代表性的3个流派如下。

1. 技术创新的新古典学派

以索洛、阿罗为代表，该派认为技术与其他商品一样存在公共属性、创新收益的非独占性、外部性等市场特性，政府的干预将极大地促进技术创新的进行。他们认为技术创新是经济增长的内生变量，是经济增长的基本因素。索洛还专门测度了技术进步对经济增长的贡献率。1957年索洛发表了《技术进步与总量增长函数》一文，他在文章中采用实证方法，考察了1909—1949年美国的非农业部门劳动生产率的发展变化情况。他发现这一期间，美国的劳动生产率翻了一番，其主要的贡献来自于技术进步，技术进步的贡献率占87.5%。索洛的实证研究充分说明，经济增长因素中除了劳动和资本外，还有技术的因素在发挥作用。

2. 技术创新的新熊彼特学派

以曼斯非尔德、卡罗为代表。该派坚持熊彼特传统，强调技术创新和技术进步在经济发展中的核心作用，认为企业家是推动创新的核心主体。他们侧重研究企业的组织行为及其对技术创新的影响，具体包括演进理论、创新扩散、企业战略、路径依赖等，并提出了一系列技术创新模型，包括企业家创新模型、线性模型、创新周期模型等。

3. 技术创新的国家创新系统学派

其代表人物是英国学者弗里曼和纳尔逊。弗里曼1987年在考察日本经济时发现，日本的创新活动无处不在，创新者包括工人、技术人员、管理者、政府部门。由此，弗里曼提出国家创新系统理论，认为创新不是企业家的功劳，创新不是孤立的而是由国家创新系统推动的。国家创新系统是参与和影响创新资源的配置及其利用效率的行为主体，是关系网络和运行机制的综合体系。纳尔逊则以美国为案例，分析国家支持技术进步的一般制度结构。他归纳出的美国国家创新系统的经验是：国家的研究开发经费大部分用于国防科研，政府对创新的直接投入很少，美国的高科技企业在技术创新中非常活跃等。

2.2.3　制度创新理论

制度创新论以两个流派为其代表。一是以加尔布雷斯、缪尔达尔、海尔布伦纳等人为代表的制度学派。该派以现行体制的反对派和批判者的身份，对现存制度进行抨击，他们提出只有通过改变现行制度才能真正促进创新的观点，被学界称为创新理论中的新马克思主义派，因其结构松散而不为正统经济学者所推崇，在学界影响不大。二是以科斯为代表的新制度经济学派。该派以新古典经济学的方法研究社会制度，因而被当代主流经济学派所接纳，此分支的启蒙者科斯荣获了1991年诺贝尔经济学奖。

此后，道格拉斯、诺斯也陆续获得了诺贝尔经济学奖的桂冠，开始在学术界占据了举足轻重的地位。道格拉斯、诺斯的核心思想是：由于存在交易成本，制度将影响到资源配置的效率；市场失败是存在的，但解决的关键在于合理的制度安排。历史上经济增长的源泉来自有效率的制度安排，不是单纯的技术革新和进步，技术革新和技术进步是经济增长的表现，而不是源泉。制度在经济运行过程中具有内生性与稀缺性，经济增长的关键在于制度因素。

2.2.4　创新过程理论

创新过程是管理学视角下创新研究的另一个重要领域，研究创新过程的规律与特征，对于提高创新活动的效率与效益具有重要意义。Roy Rothwell总结了自20世纪60年代以来的创新过程模型，提出了具有代表性的五代创新过程模型，见图2－2。

1. 技术推动的创新过程模型

该模型的基本观点认为：研究与开发是创新构思的主要来源。技术创新经过开发、生产和销售后推向市场，市场只是被动地接受研究开发的成果。见图2－3。

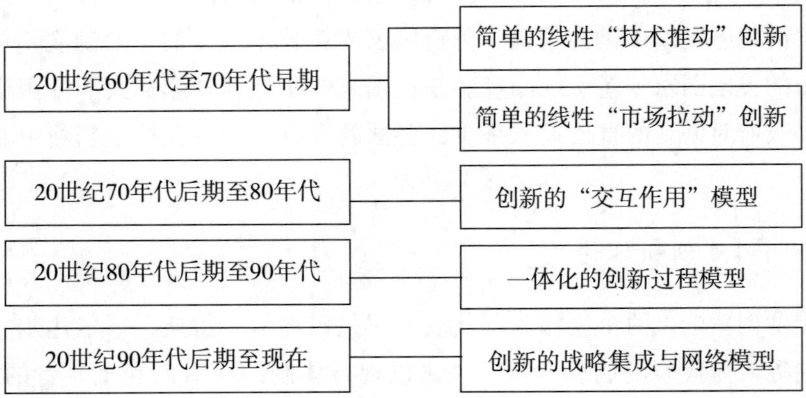

图 2－2　20 世纪 60 年代以来创新模型的发展

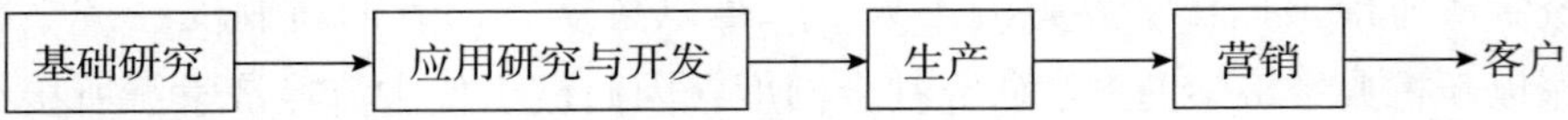

图 2－3　技术推动的创新过程模型

2. 市场拉动的创新过程模型

20 世纪 70 年代以后，研究者们逐渐意识到市场需求对于创新过程所具有的重要影响，并由此产生出了市场拉动的创新过程模型。见图 2－4。

图 2－4　市场拉动的创新过程模型

3. 创新过程的交互作用模型

20 世纪 80 年代初期，在技术推动的创新过程模型中，人们发现研究与开发的投入不一定会与产生的创新成果成正比；而在市场拉动的创新过程模型中，由于过分强调市场需求的作用，又会引起重大的突破性创新的不足。为了有效克服上述两方面的问题，基于交互作用的第三代创新过程模型在对前两种模型进行综合的基础上得以产生。具体见图 2－5。

交互作用的创新过程模型认为：创新来源于市场、科学技术与组织能力之间的相互作用。交互作用模型加强了技术推动和市场拉动模型中营销与技术的联结，这意味着创新管理就是将市场需求和新技术能力相匹配。在这种

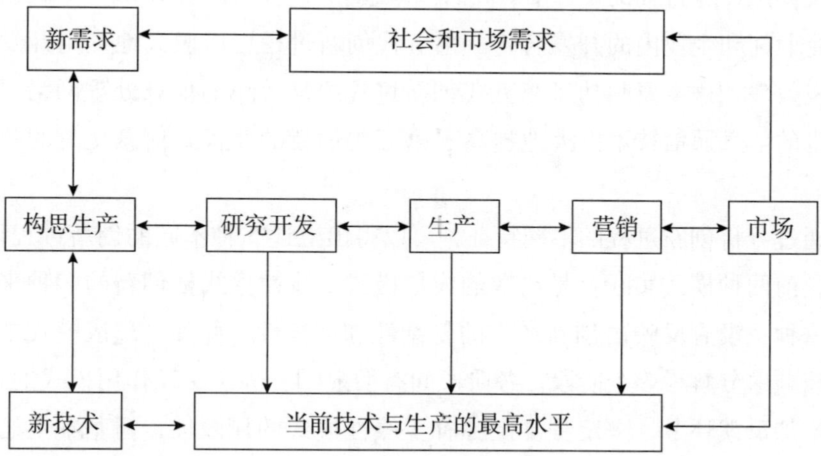

图 2－5　技术与市场交互作用的创新模型

情况下，营销和研究开发之间的反馈是实质性的环节。研究表明，将驱动创新决策的技术推动和需求拉动因素相结合，能产生更大、更有效的创新性，比单纯的市场拉动或技术推动更有利于创新构思的产生和创新的成功。

4. 一体化创新过程模型

进入 20 世纪 80 年代，企业开始集中关注核心业务和战略问题。当时，在世界范围内备受推崇的日本企业的两个最主要特征是：一体化（integration）与并行开发（parallel development）。这对当时基于时间的竞争战略是至关重要的。由此，20 世纪 80 年代后期出现了反映上述两种观念转变的第四代创新过程模型，该模型将创新视为同时涉及研究开发、原型开发、制造、营销等因素的并行过程。该模型强调研究开发与制造之间的界面交融和相互渗透、企业与顾客之间的密切合作；强调逆向与供应商的紧密联系，顺向与早期顾客（领先用户）的密切沟通。

5. 创新的战略集成和网络模型

创新的战略集成和网络模型最显著的特征是体现了创新过程的电子化和信息化，更多地使用专家系统来辅助开发工作，与领先用户密切联系。创新过程网络模型反映了创新从线性过程向网络化过程发展的必然趋势。Rothwell 指出，第四代和第五代创新过程模式的主要不同是后者使用了先进的 IT 和电子化工具来辅助设计和开发活动，这包括模型模拟、基于计算机的启发式学习以及使用计算机辅助设计 CAD 和计算机辅助设计与制造 CAD - CAE 联合系统的企业间和企业内的开发合作。第五代创新过程可以极大地提高开发速度和开发效率，这主要归功于第五代创新过程中高效率的信息处理网络。特别是先进的信息通信技术极大地提高了第五代创新的非正式信息交流的效率和效果。

通过分析创新过程的不同特征，可以得出上述 5 种不同的创新过程模型。其中，前两种模式实际上是离散的线性模式。线性模式把创新的多种来源简化为一种，没有反映出创新产生的复杂性和多样性。此外，离散模式把创新过程按顺序分解为多个阶段，各阶段间有明显的分界。交互作用模式的提出，通过增加反馈环节，一定程度上弥补了线性模式的局限性，但基本上还属于机械的反映式模式。第四和第五代创新过程模式的出现，是技术创新管理理论与实践上的飞跃，标志着创新过程从线性、离散模式转变为一体化、网络化复杂模式。伴随科学技术的飞速发展与生产过程的自动化和柔性化发展，创新过程和产品生产的复杂性也大大增强，创新管理更加需要系统观和集成观的指导。同时，现代信息技术和先进管理技术的发展为第四、第五代模式的应用提供了有力支撑。

2.2.5 颠覆性创新理论

自 Clayton Christensen（1997）在《创新者的困境：当新技术导致大企业失败时》一书中首次提出颠覆性创新（disruptive innovation）概念以来，由于它能够很好地解释现实社会中的很多亚历山大难题而备受关注。颠覆性创新的研究者们从不同的角度界定和分析颠覆性创新的概念特征、内涵本质、侵蚀路径以及在位企业的应对战略等问题。

在颠覆性创新研究的初期，学者们主要致力于对“破坏性”的认识、界定和分析识别颠覆性创新的基本特征。这一时期，较为一致的观点是强调颠覆性创新起点的低端性和定价的掠夺性。Christensen 认为，颠覆性创新是指立足于低端缝隙市场，通过简化现有产品的价值元素组合，提供迎合特定消费者需求的次等产品来达到夺取市场份额并摧毁在位企业的创新。中国学者吴新贵把颠覆性创新看做是一种通过提供差异化产品性能组合来破坏现有市场在位企业竞争力的手段。Frank Fernandez 把颠覆性创新视为推动现有产品报废并大范围取代其核心顾客的过程；而 Erik van Bekkum 则认为，颠覆性创新是一种采用破坏性方法来产生毁灭性力量的占领市场的手段。

在颠覆性创新概念取得共识之后，学者们开始对颠覆性创新和一般性创新进行深入比较，希望在创新过程的对比中寻找到颠覆性创新的本质，从而提高对颠覆性创新和市场动态性的认识。学者们认为，颠覆性创新具有明显的非线性、不连续等特征，可以将之嵌入在一般创新过程之中，也可以分离出来，颠覆性创新不仅仅局限于抢占现有市场，而且还能够开辟新的市场。

克里斯坦森等国外学者深入分析了颠覆性创新与维持性创新的区别与联系，指出通过向最好的顾客销售更好的产品从而帮助在位企业获取高额利润的创新是维持性创新而非颠覆性创新。维持性创新不仅包含微小的、渐进的工艺改进而且也包括在原有性能轨迹上的较大程度的跳跃性改进。与维持性创新相比，颠覆性创新所针对的目标顾客往往处于现有市场的低端并且对在位企业而言毫无吸引力。因此，尽管颠覆性创新往往只是对已知技术的简单改进和调整，但是在这场游戏中，新的进入者几乎总是击败在位者，这是因为在位企业缺乏动力去争取胜利。

就颠覆性创新本身而言，又可以分为新市场创新与现有市场创新两种类型。通过锁定现有产品没有服务到的顾客群体从而产生的创新属于新市场创新，而与在位企业争夺现有产品市场上的低端消费者的创新被视为现有市场创新。

颠覆性创新通常被认为是由颠覆性技术的产生所诱发的。早期的颠覆性技术被界定为典型的更简单、更便宜、比现有技术更可以信赖和更方便的技术。“简单、方便、便宜”被视为颠覆性技术初始形成阶段的主要特征（Christensen，1997）。同时，破坏性被理解为是一个相对性的术语，对一个行业具有破坏性的创意可能对另一个行业是维持性的。

克里斯坦森等学者从目标产品或服务的性能、目标顾客和市场应用、对要求的商业模式的影响这 3 个维度研究了维持性创新、低端市场的颠覆性创新和新市场的颠覆性创新三者之间的区别。他还分析了新市场的颠覆性创新和来自低端市场的对现行商业模式进行破坏的创新所必须具备的基本特征。

1. 新市场的颠覆性创新必须具备的基本特征

（1）创新所针对的目标顾客是否是过去由于缺乏金钱和技术而无法自己

完成相应的工作。许多最成功的颠覆性创新业务是提供给人们直接的产品和服务，而这些产品和服务在传统的主流市场上既昂贵又复杂。

（2）创新所针对的是否是那些喜欢简单产品的顾客。颠覆性产品必须在技术上简单易懂，以那些乐于使用简单产品的顾客为目标。在位公司的资源分配程序往往要求对创新成功机会的大小和可能性进行量化分析，这样潜在的颠覆性创新就被强行纳入到显而易见的、可测度的现存市场的应用中去了，这实际上是将颠覆性创新放置到现存市场上与维持性创新相抗衡。在现存市场上颠覆性创新不仅花费巨大，而且通常会导致失败。

（3）创新能否帮助顾客更简单更有效地完成他们正努力试图完成的工作。

2. 低端市场的商业模式颠覆性创新必须具备两个基本特征

（1）与现有的产品相比，是否超越到足够好的程度。

（2）能否创造出不同的商业模式。颠覆性创新的商业模式通常由利润很低而净资产很高的成本结构、运作过程和分销系统构成。比如，Wal-mart 和 K-mart 对以传统方式经营的单体百货店来说，就是一种低成本商业模式的破坏。还有日本汽车进入北美市场也是以低成本的方式蚕食市场，这一方式并没有创造出新的市场，而只是与在位企业在现有市场中分一杯羹。

2.3 系统科学的相关理论

系统科学作为一门方法论科学，为具有综合性与复杂性的商业模式创新研究提供了适用的研究方法与思维方式。特别是由于商业模式理论还处于研究发展的初期，还没有形成自身相对独立的研究思想与研究方法，利用可以有效解决复杂性问题的系统科学，分析商业模式的概念、结构以及商业模式创新问题，有助于提高研究结论的科学性与有效性。

2.3.1 系统的概念与属性

系统被定义为两个以上事物或对象相互关联而形成的统一体，其中因相互关联而被包含在系统中的那些事物或对象，叫做系统的组成部分，简称组分。由系统的定义可推知系统具有如下基本特性。

1. 多元性与组分性

一个系统至少要有两个组分，系统的常态是包含多个组分，只有一个组分的事物，是非系统。多组分是系统之为系统的存在前提或物质基础。

2. 相关性

同一系统的不同组分之间必定相互关联，系统不存在孤立元，即跟别的组分没有关系的组分。如果一个集合或群体中至少存在一个孤立元，它就不是系统而是非系统。没有多元性谈不上相关性，多元性是造就系统的必要条件，相关性是造就系统的充分条件。

3. 统一性或一体性

多元性加上相关性造就了系统的一体性。诸多对象一旦相互联系而成为系统，它就能够作为统一体而与其他事物相互作用，因而被人们当成一个统一的事物去认识和对待，而原先的诸多对象则转化为系统的组分处于系统的内部。所以，系统是多与一的综合集成，无多不成系统，非一也不成系统，但居主导地位的是一，一统领多，多隶属于一。

4. 整体性

多元性是基础，相关性是主导，一体性是目标，三者综合起来造就了系统的整体性。作为系统的事物必定整体地存在，整体地运行，整体地延续，整体地跟其他事物发生关联，整体地演化，整体地消亡，等等，呈现出一系列整体特性。整体性包含了多元性、相关性和一体性，整体性是系统最重要的属性。贝塔朗菲就把系统科学界定为关于整体性的科学。

2.3.2　系统的整体涌现性

贝塔朗菲指出，在系统科学被认为是关于整体性科学的时候，应该注意到存在两类不同的整体与整体性。一类是加和性整体，即整体是各个孤立元素的总和。这种整体性意味着，只要知道了元素在孤立状态中的特征，无论它是在系统内还是在系统外，只要将它们汇集起来，即可获得整体的特征。另一类是组合性整体，或称非加和性整体。组合性特征，就元素而言，指同一元素在系统内和系统外是不一样的。就整体而言，组合性整体特征指依赖于部分之间特定关系的那些特征。即不仅要知道部分，而且要知道部分之间的关系，例如，化合物的特征并不是其组成元素特征的加和，而是它们经过化学反应而产生的特征。

对于组合性或非加和性更为科学的称谓就是涌现性。系统的整体涌现性是指系统整体具有而它的元素或组分及其和却不具有的特征。也可以解释为系统的组分或元素按照某种方式整合为系统就会呈现，而一经分解就不复存在的特征。贝塔朗菲曾借用亚里士多德的命题“整体大于部分之和”或“1 + 1 >2”来表述这种整体涌现性。但上述定量表达式，在理论上是不严谨的，整体涌现性首先是系统的一种定性特征，是指整体具有而组分之和没有的新质，即新的定性特征。

系统科学指出系统的整体涌现性来源于 4 种效应：组分效应、规模效应、结构效应和环境效应。总之是一种系统效应。这里首先介绍组分效应与规模效应。

其中组分效应是指，系统组分的基质、特点、长处和短处等是造就系统整体特性的实在基础。给定了组分，就给定了系统可能具有的整体特性的范围，决定了它只可能是什么，不可能是什么。是系统论的唯物主义基础。

系统规模大小的不同可能对系统的属性和行为产生不可忽视的影响，这种影响称为系统的规模效应。没有足够的规模无法获得必要的整体涌现性，但规模足够大也未必具有所期望的整体涌现性。

2.3.3 系统的局整关系

局整关系是系统科学关注的基本问题之一。局整关系具体表现在如下方面。首先，局部与全局是相互依存、相互需要的。全局是相对于局部而言的，局部是相对于全局而言的。组分或要素是系统的存在基础和前提，没有局部就没有全局。其次，局部与全局的相互依存又不是对称的。局部构成全局，要素组成系统，两者之间首先是统属关系；全局统摄局部，局部服从全局；系统整合要素，要素支撑、隶属系统。整合与被整合，统摄与服从，都是非对称关系。这种不对称的根源在于，部分之所以会聚合起来形成整体，是为了获得系统的整体涌现性。再次，不同局部与全局的关系往往各有特点，在全局中具有不同的作用，需分别对待。有些局部对全局影响不大，但有些可能具有影响甚至支配全局的关键作用。俗话说“牵牛要牵牛鼻子”就是这个道理。

还应该指出的是，人们通常是从某个局部进入或观察系统的，因而容易看到局部，而不容易看到全局。而要具有全局观点，即从整体上认识和解决问题的意识和能力，只有通过自觉的理论学习和长期的实践修炼才能达到。

2.3.4　结构效应与整体涌现性

组分是系统的结构单元，具有结构意义。随便对系统进行划分或切割，得到的都是系统的部分，而不是系统的组分。按照系统的结构特征划分出来的才是系统的组分。例如，人体的骨骼、肌肉和消化器官等。组分有大小之别，组分的组分一般还是系统的组分。组分有时也被称为要素。

系统科学将结构定位为组分或要素之间关联方式的总和。组分之间客观存在的关联互动关系都属于结构，原则上都必须考虑，不应该把部分关联互动当成全部关联互动。但是在实际应用中，不可能也没有必要找出所有可能的关联互动方式，这时结构指的是那些本质的主要的关联方式，而组分之间大量次要的关联一般被忽略不计。

由此可见，结构和组分是系统概念之下两个平等的子概念，它们相互联系而又不同。不可以把结构分析归结为组分分析，也不宜把组分分析或要素分析归结为结构分析。同时也不能把二者截然分开。结构不能脱离组分而独立存在，结构需以组分为载体才能表现出来；而组分一旦离开结构也就不再是组分。不了解结构无法确定组分，不了解组分也无从谈论结构。

组分是产生系统整体涌现性的实在基础，但组分齐备只是形成整体涌现性的必要前提，仅仅把组分汇集起来不会产生整体涌现性。现实的整体涌现性是通过诸多组分相互关联、相互作用、相互制约、相互激发而产生出来的，相互关联、相互作用、相互制约、相互激发的方式就是系统的结构。同样的组分按照不同的结构方式相互激发的结果，产生不同的整体涌现性。简而言之，对于整体涌现性的形成，组分是基础，结构是主导。如同盖房子，同样的建筑材料，不同的设计和施工可以得到迥然不同的建筑物，这就是系统的结构效应，对于整体涌现性具有至关重要的作用。

结构效应的一个重要方面是层次效应。作为描述系统结构的概念，层次反映的是系统通过整合、组织而产生系统涌现性所经过的台阶。在多层次结构系统中，从元素质到系统质的飞跃不是一次完成的，而是通过中间层次由低向高逐步实现的，一个台阶代表一次部分质变。层次系列是整体涌现性形成的过渡系列。从元素层次说起，每上升一个层次，就有新的涌现性出现，一直到形成宏观整体的涌现特性。所以从层次结构的观点看，如果高层次具有的特性一旦还原（分解）到低层次就不复存在，那便是系统的整体涌现性。

2.3.5 环境效应与整体涌现性

系统之外一切同系统有关联的事物的总和，就称为系统的外部环境，简称环境。系统与环境的关系属于嵌套关系，系统总是嵌套在环境之中，环境总是嵌套在系统周围，形成层次嵌套的关系。环境具有客观性，任何系统都不可能摆脱环境的包围限制。此外环境还具有系统性、非系统性和层次性。

系统的整体涌现性不仅取决于内在的组分和结构，而且取决于外在的环境。首先，系统的形成、保持和演化发展需要从环境中获取资源和条件，这包含两个方面：一方面是系统组分的形成、维持、成长和发挥作用依赖于环境；另一方面是对组分进行整合，即建立系统的结构离不开环境的影响。组分结构的建立需要以适应环境、利用环境为准则，并在系统与环境的互动中建立。时势造英雄，环境造就人，说的就是这个道理。此外，环境对系统的塑造还在于施加约束和限制。约束和限制固然有不利于系统生产、发展的消极一面，但也有有利于系统生成、发展的建设性作用。约束对系统的塑造作用是提供资源所不可替代的。

总之，无论环境对系统是提供资源和条件，还是施加限制或压迫，都会产生环境效应，对于系统整体涌现性的形成不可或缺。

2.3.6 系统功能与系统模型

1. 功能的概念

系统的功能就是系统的作用，涉及有什么用、对谁有用、谁来实现这样3个问题。所以，功能是一个刻画关系的概念，涉及谁对谁发生作用，前者是功能的主体，后者是功能的对象，主体提供功能服务，对象接受功能服务，二者具有服务与被服务的关系，称为功能关系。

系统科学认为，功能是系统的共有属性，凡系统都有功能。任何系统，它之所以能够在环境中生存，原因就在于环境中存在它的功能对象，该系统有能力给对象提供功能服务，因而为环境所需要；功能对象越多、越发达，即环境对系统的功能需求越大，系统的生命力也越强。相反，一个不再能够为环境中的其他系统或事物提供功能服务的系统，也就丧失了存在的前提，环境便不再容纳它了。一个系统若能够满足环境中某些事物的需求，它就有存在的理由。

2. 功能的决定

功能作为系统的一种整体涌现性，也是由组分、结构和环境共同决定的，三者都不可或缺。也可以说组分效应、规模效应、结构效应和环境效应综合决定系统的功能，四者缺一不可。理论上讲，四种效应的最佳组合能够产生最佳的整体功能。但实际上，理想的最佳组合极难出现，几种因素都不满足要求的可能性也存在，而每一种因素的缺陷都可能造成系统功能方面的缺憾。

组分的性质直接规定或限定着系统功能的类型和范围，没有具备必要特性和素质的组分，就没有所希望的系统功能。同时系统规模与外部环境对系统功能的影响也不容忽视。然而，结构对功能的作用更为关键。或者说，在组分和环境给定的情况下，结构决定一切。同样的组分，不同的结构产生不同的功能。

3. 系统模型

科学研究的实在对象，称为对象系统的原型。原型经过简化处理所形成的替代物，或经过抽象用适当的符号表示出来的东西，叫做系统的模型。模型方法的基础是不同事物或现象之间的相似性，包括外形、结构、行为或逻辑关系的相似性。如果两个事物是相似的，就可以将其中较为简单的、易于描述和处理的一方作为模型，而将较为复杂的、难以描述和处理的作为原型。

现实世界中存在着实物模型和符号模型两大不同类型的模型。符号模型把表征原型的基本特征用抽象的符号编码表达出来，如地图、工程设计图。系统的模型也是系统，叫做模型系统。模型的有效性，是指模型能够反映原型系统的基本特征，通过研究模型可以获得原型的一切必要信息。模型的简单性是指模型必须比原型简单，并力求把原型的一切可以压缩的信息压缩掉。模型的可操作性是指有办法进行实验和理论研究的模型才是有价值的模型。

2.3.7　信息、负熵与涌现

1. 信息与负熵

熵是物理学的基本概念之一，后来被理解为系统混乱无序性的度量。而信息被理解为系统有序性的度量，熵增加意味着系统丢失了信息，由此出现了信息就是负熵的思想。克劳修斯基（R. Clausius）从热力学阐述了熵的概念，提出物理世界的自发过程总是向着熵增加的方向进行的论断，该论断被称为宇宙不断向无差别的热平衡状态退化的“热寂说”。波尔兹曼把熵与信息联系起来，提出信息是系统有序性的度量，熵增加意味着系统丢失信息的观点。之后薛定谔（E. Schrodinger）把熵概念推广应用于生物学，提出负熵概念和著名论断“生命是靠负熵来喂养的”，把负熵和生物有序性联系起来，开拓了从信息运作角度理解生命现象的途径，也提供了自组织和他组织的信息论诠释途径。申农将信息定义为消除不确定性的能力，实质就是负熵。维纳把负熵概念推广应用于机器、动物和社会领域，使负熵原理成为系统科学的一般原理。

“信息是负熵”揭示出信息对系统的根本价值，具有重要的系统学意义。现实的系统必定同时存在两种趋势：一是正熵的自发增加；二是系统的反熵行为，通过信息的创新、增殖、变化、传送等手段减少正熵，增加负熵。能够做到后者的系统是有生命力的系统，不能做到这一点的系统将走向消亡。

2. 信息与涌现

系统产生整体涌现性的奥妙在于信息而不在于物质和能量。信息不同于物质和能量的一大特点是，物质是不灭的，能量是守恒的，而信息不守恒，可生可灭。把分散的东西组织起来，既不增加也不减少宇宙的物质，改变的只是物质存在的形式。而物质形式的改变实质是信息的创生、消灭、变化。整体涌现性的来源正在于信息可生可灭这种不守恒性。信息代表系统的整合力和整合方式，代表系统的组织力和组织方式，信息的一切运作都不可能造成物质和能量的增减、生灭，却可以改变物质存在和能量交换利用的方式，因而，出现了新组分、新结构、新属性、新功能和新系统。

参考文献

［1］翁君奕．商务模式创新：企业经营“魔方”的旋启［M］．北京：经济管理出版社，2004.

［2］王伟毅，李乾文．创业视角下的商业模式研究［J］．外国经济与管

理，2005（11）.

［3］原磊. 国外商业模式理论研究评介［J］. 外国经济与管理，2007（10）.

［4］罗珉，曾涛，周思伟. 企业商业模式创新：基于租金理论的解释［J］. 中国工业经济，2005（7）.

［5］原磊. 商业模式分类问题研究［J］. 中国软科学，2008（5）.

［6］童煜. 服务企业核心能力研究［D］. 武汉：武汉大学管理学院，2004.

［7］黄燕. 创新理论的演进及近期研究进展［J］. 江汉论坛，2001.

［8］彼特，孔伟艳，等. 经济发展理论［M］. 北京：北京出版社，2008.

［9］张晓林. 基于价值链的服务企业理论与创新研究［D］. 天津：天津大学，2006（16）.

［10］克莱顿·克里斯坦森. 创新者的窘境［M］. 3版. 南京：江苏人民出版社，2007.

［11］克莱顿·克里斯坦森. 困境与出路：企业如何制定破坏性增长战略［M］. 北京：中信出版社，2006：24－67.

［12］乔为国. 商业模式创新［M］. 上海：上海远东出版社，2009.

［13］苗东升. 系统科学大学讲稿［M］. 3版. 北京：中国人民大学出版社，2007.

［14］苗东升. 系统科学精要［M］. 3版. 北京：中国人民大学出版社，2010（3）：39－61.

［15］APPLEGATE L M. E－business models：Making sense of the Internet business landscape［A］. DICKSON G，GARY W，SANCTIS G. Information technology and the future enterprise：New models for managers［C］. NJ：Prentice Hall，2001.

［16］MAGRETTA J. Why business models matter［J］. Harvard Business Review，2002（5）.

［17］MORRIS M，SCHINDEHUTTE M，ALLEN . The entrepreneur's business model：Toward a unified perspective［J］. Journal of Business Research，2003（1）.

［18］OSTERWALDER A，PIGNEUR Y，TUCCI，C L. Clarifying business models：Origins，present，and future of the concept［J］. Communications of the

Information Systems, 2005 (5).

[19] CHESBROUGH H, ROSENBLOOM R S. The role of the business model in capturing value from innovation: evidence from Xerox corporation's technology spin – off companies [J]. Industrial and Corporate Change, 2002 (3).

[20] AFUAH A, TUCCI C. Internet business models and strategies: Text and cases [M]. Boston: McGraw – HillPIrwin, 2001.

[21] AMIT R, ZOTT C. Value creation in e – business [J]. Strategic Management Journal, 2001 (6/7).

[22] TIMMERS P. Business models for electronic markets [J]. Journal of Electronic Markets, 1998 (2).

[23] HAMEL G. Lead the revolution [M]. MA: Harvard Business School Press, 2000.

[24] CHESBROUGH H. Open innovation: the new imperative for creating and profiting from technology [M]. MA: Harvard Business School Press, 2003.

[25] STEWART D W, ZHAO Q. Internet marketing, business models, and public policy [J]. Journal of Public Policy &Marketing, 2000 (3).

[26] WEILL P, VITALE M R. Place to space: Migrating to e – business models [M]. MA: Harvard Business School Press, 2001.

[27] ROY ROTHWELL. Towards the Fifth – generation Innovation Process [J]. International Marketing Review, 1994, 11 (1): 7 – 31.

3 VI 商业模式与商业模式创新

本章主要目的是在第 2 章总结了现有商业模式概念的基础上，利用系统科学方法提出本研究的价值与界面（VI）商业模式概念，并在此基础上定义与构建商业模式创新的概念和方法体系。

3.1 VI 商业模式的概念与要素

商业模式一词的英文是 Business Model，就字面含义而言，Business 是指买卖、生意或是做买卖、做生意，也可以进一步将其解释为：为了获取利润而开展的，与交换直接相联系的各种活动。而 Model 是表示对某种客观事物的简化描述或复制。二者结合商业模式英文的字面含义就是：对于做买卖方式的简化描述，或者说是对企业为了获取利润而开展的、与交换直接相联系的各种活动的简化描述。在中国，模式通常是表示典型形式，因此，商业模式可以理解为企业经营的典型形式或者说是反映某类企业经营共性特征的基本形式。

根据系统科学的思想，可以把企业视为存在于社会环境中相对独立的经济系统，而商业模式就是企业这个经济系统的一种简化模型。由系统模型的基本概念和属性可知，系统模型自身也是一个系统，并具有简化和与原型系统相似等特征。系统模型一方面可以反映原型系统的内在结构与本质特征，另一方面，由于具有简化性，又使模型可以更加清晰地反映原型要素之间的某些结构关系，为进一步研究系统的属性与演变规律创造了条件。所以，如果将企业的商业模式看做是企业的系统模型，根据系统科学的观点和方法，可以依据相似性和简化性的原则，建立起特定企业的系统模型——商业模式。

3.1.1 VI 商业模式概念

根据上述观点，以及第 2 章中现有商业模式理论的有关内容，笔者提出本研究的 VI 商业模式概念：所谓企业的商业模式，就是对企业商业活动的本质特征与外在形式的概略描述，是企业商业活动整体性和一致性的综合反映，它由企业的价值形成模式和界面模式两部分构成。其中，价值形成模式是对企业内部价值形成过程本质特征与外在形式的概略描述，由价值主张与价值形成逻辑（V：value proposition、value creation logic）、资源组合（R：resources）、运作流程（P：processes）3 部分构成；界面模式（I：interface formula）是对企业与企业外部各类组织和个人之间交换关系与交换形式的概略描述，可以划分为营销模式、供应模式两部分。以下简称价值—界面（VI）模式。

价值形成模式反映了企业商业模式的内在属性与本质特征，它由企业的价值主张、价值创造逻辑、生产技术类型、资源组合和运作流程所共同决定，并通过企业的运作流程具体表现。

价值主张（V：value proposition），是指企业计划为其目标顾客创造并提供的价值。价值主张通过回答企业的产品是什么和企业的顾客是谁这样一些基本问题得以体现，并以信息的形式通过企业产品的研发、采购、生产、销售在企业内部与外部进行传递。任何企业都只有通过向市场提供价值才能被市场接受，并得以生存发展。例如，快递公司为人们提供通过物品的空间转移所创造的时间价值与地点价值，麦当劳通过销售快餐为顾客创造精神和体力上的便利价值。所以，价值主张在本质上反映了企业经营的核心思想和发展理念，是影响并决定企业发展的思想基础和行动指南，从系统论的观点看，价值主张就是维持企业系统运行和发展的遗传密码——信息，或者也可以称之为系统的负熵。

价值创造逻辑，是指企业价值创造的内在规律与本质特征是企业系统的关键要素。企业价值主张的实现需要利用特定的生产技术与管理方法，而特定的技术与管理方式就形成了不同的价值创造逻辑。例如，福特轿车最早的流水线作业方式，其创造价值的逻辑就是通过降低成本和提高生产效率创造更多价值。作为系统要素，价值创造逻辑又进一步对企业的其他相关管理决策具有影响和限制作用，因此，价值创造逻辑也是决定企业价值形成模式和商业模式的重要内容。

资源组合（R：resources），是指企业为实现价值主张而需要投入的全部资源，包括人力资源、原材料、厂房设备、专利技术、品牌商标、其他知识产权等各种有形与无形的资源。价值创造需要资源的投入，没有资源的投入，任何价值都无法创造出来。所以，资源组合是企业开展生产经营活动不可缺少的物质基础。在企业这个相对独立的经济系统中，资源组合是构成企业系统的物质组分或称物质要素，企业拥有的这些要素的数量与质量将直接决定企业后续发展的方式与发展潜力。因此，资源组合也应该成为构成商业模式系统的重要物质基础与物质要素，作为企业经营活动的整体反映，商业模式必须充分反映企业资源组合的构成与特征，只有建立在特定资源组合基础上的商业模式架构才具有完整性。

运作流程（P：processes），是指一系列相互关联的活动，这些活动组合在一起并不断重复是为了更有效率地完成某项任务。企业的根本任务就是通过生产出满足市场需要的产品或服务为社会创造价值。因此，企业的管理人员将全部资源以最有效率的形式组织在一起，生产出产品/服务，这样的过程不断重复，就形成了企业的各种运作流程。企业内部主要的运作流程包括战略计划流程、产品开发流程、订单完成流程、销售流程等。企业的运作流程，支撑起了整个企业的商业运作架构。在资源组合确定的前提下，企业可以有多种不同的运作形式与运作流程，运作流程的差异将直接导致企业间的形式与效率的差别。运作流程属于企业系统中的结构要素，它反映了各种资源要素之间的关系，是构成企业系统和模型系统的重要组成部分。

界面模式（I：interface formula），是指企业为了实现既定的价值主张，在制定企业内部与外部组织或个人之间、企业内部部门与部门之间的各种界面互动决策时所应遵循的标准或法则，一般可以划分为企业的营销模式、采购模式、竞争模式、环境模式和公众模式。企业的界面模式受到来自企业内部与外部环境两方面的影响和制约。一方面，当企业的资源组合与运作流程确定之后，企业的生产活动就会形成相对的稳定性，并形成企业内部物质要素与结构要素对于企业经济规模、生产效率、成本模式和采购模式、营销模式以及环境模式等方面的影响和制约。另一方面，如何确定企业的界面模式，还直接受到各种外部环境因素的制约。由波特的市场竞争五力模型可知，企业需要直接面对来自现有竞争者、供应商、顾客和潜在进入者的竞争压力，处理好与上述各个方面的关系，也是企业界面模式的主要内容，所以企业的界面模式不可避免地受到来自上述5个方面的影响和制约。

因此，构建企业的界面模式既要考虑外部市场的实际情况，又要兼顾企业内部的现有条件。从系统科学的观点分析，界面模式位于企业系统的边界，发挥着企业系统内部与外部环境之间交换与沟通信息的作用。由信息是负熵的原理可知，正是由于界面模式所承担的这种信息沟通与交换的职能，增加了企业系统的负熵，提高了系统的稳定性，从而保证了企业系统能够持续稳定的发展。

总之，将企业的价值主张与价值逻辑、资源组合、运作流程以及营销模式和供应模式5个方面的管理要素，通过价值形成模式和界面模式两个分系统，以价值形成为内核、以界面模式为边界有机地组合在一起，就构成了反映企业整体特征的VI商业模式（价值—界面，VI模式）。

应该强调的是，与其他商业模式概念相比，VI商业模式概念体现了如下3个方面的含义。

第一，VI模式强调将企业内在的价值主张与价值逻辑、资源组合、运作流程以及界面模式作为一个有机系统的不同组成要素看待，将企业的资源、运作以及对外接触方式等具体管理环节，以价值主张与价值形成逻辑这两项信息要素为主线联系在一起，通过对企业内部管理要素的系统整合，提升企业资源配置、运作流程和界面模式设计的目的性、一致性和有效性，促使企业作为系统产生出全新的、超出各个独立要素简单加总的系统涌现性，从而可以有效促进企业整体竞争优势和竞争实力的提升。

第二，VI模式揭示了企业内部各类组成要素之间的逻辑关系，指出企业的资源组合、运作流程应以是否有利于企业价值主张的实现为原则进行选择和配置。企业内部任何资源与流程的存在，都应该取决于其为组织创造价值所作出的贡献，如果某种资源与组织创造和提供的价值无关，它就不具有在组织内部存在的必要性与可能性。

第三，VI模式揭示了企业商业活动应该遵循外向性原则，这种外向性，不仅体现为企业的价值主张和界面模式应该具有外向性，同时体现为资源组合、运作流程以及企业作为一个整体系统都应该遵循外向性原则。一方面，作为商业模式基础和核心的价值主张，应该来源于企业与外部环境的交互作用，企业应该在准确识别环境需求的基础上制定自身的价值主张，并将之贯穿于企业商业活动的始终。也就是说，不仅企业价值主张的提出应该遵循外向性原则，同时，通过价值主张的贯彻和落实，这种外向性还需要以信息的形式体现在企业资源组合与运作流程的组织与管理过程中。另一方面，企业界面模式的制定在遵循外向性原则的同时也不能忽视企业系统本身的内在联系与一致性，应该在符合企业自身价值创造逻辑的基础上，构建企业的界面模式，通过系统要素的有机配合，使系统涌现性得以充分发挥。

由此可见，VI 商业模式概念通过对企业系统要素的选择与安排，利用企业价值形成模式与界面模式两个分系统，在指出企业作为市场环境中独立存在的经济系统的内部结构与本质特征的同时，也完整地刻画了企业经营的外在形式与主要特征，充分地实现了系统模型的功能与作用。

VI 商业模式概念的理论与现实意义：利用系统科学思想研究商业模式概念有助于将被众多现代管理理论与科学管理方法分解了的企业管理理论与实践重新整合起来，从而在分类解构研究的基础上，在新的整合层次上，探索和发现企业发展的内在规律与特征。VI 商业模式将企业内在的价值主张、资源组合、运作流程以及界面模式相联系，在反映企业商业活动内在本质的同时，将企业战略、资源、运作以及对外接触方式等具体管理环节，以价值为主线紧密地连接在一起，将被分解的各种企业管理要素重新整合起来。并通过这种整合，提升企业资源配置、运作流程设计和界面设计的目的性、一致性和有效性，从而全面提升企业管理的效率与效益。这种将企业战略管理、运作管理与营销管理通过内在的经济逻辑进行系统整合的理论和方法，赋予了商业模式理论独特的理论价值与实践价值，促使商业模式理论为企业管理实践提供了全新的整合视角，也为管理理论发展开拓了新的领域。

3.1.2　VI 商业模式的要素关系

由 VI 商业模式概念可知，作为企业模型系统的构成要素，价值主张 V、资源组合 R、运作流程 P 和界面模式 I 之间存在着相互影响、相互作用的内在联系。首先，企业是根据向市场提供特定价值主张（V）的要求，组织和安排各种资源（R）进行生产加工等具体活动的，这些活动以某种最有效率的方式不断进行、重复并逐渐稳定，就形成了企业特定的运作流程（P），而当上述3 项要素确定之后，企业的界面模式（I）也将根据这些已有的内部条件和外部环境而确定。可见，上述四者之间呈现出某种前项要素决定后项要素、层层递进、环环相扣的紧密关系。这种关系，再加上用时间（t）代表各种外部环境的变化，可以利用多元复合函数的形式进行描述。

1. 价值主张与资源组合

一般而言，以市场为导向的现代企业，通常是根据向市场提供特定价值主张 V 的需要，组织和安排资源组合 R 的。因此，从本质上说，企业内部任何资源的存在，应该取决于其对于企业创造特定价值所作出的贡献，换句话说，也就是如果某种资源与组织创造和提供的价值主张 V 无关，则它就不应该在组织内部存在。此外，如果企业的价值主张发生变化，根据它形成的资源组合也将随之发生变化，所以，可以将资源组合看做是价值主张的函数，并且，在特定的环境条件下，是由价值主张唯一决定的。

如果考虑外部环境变化带来的影响，即在价值主张没有改变的情况下，由于外部资源和技术环境的变化，也可能带来企业资源组合的改变，例如，当环境污染严重，煤炭等不可再生能源涨价，而太阳能和风能等绿色能源价格下降时，企业可能仅仅因为外部环境的改变而改变自己的动力资源选择。所以，如果用函数关系表示价值主张与资源组合之间的关系，还可以引入一个代表外部环境变化的时间变量 t，用时间变量 t 代表各种环境因素变化的最终结果，这样，就可以将资源组合 R 表示为价值主张 V 和时间 t 的函数，即：

$$\text{资源组合}\ R = R(v,\ t) \tag{3-1}$$

其含义是，企业的资源组合 R 是价值主张 V 和时间 t 的函数，并且 $R = R(v,\ t)$,其中价值主张和时间是自变量，资源组合是价值主张 V 和时间 t 的函数，不同的价值主张将决定不同的资源组合；而对于相同的价值主张 R，时间 t 的变化也可能导致不同的资源组合。

上述关系式的实际意义是，企业要为市场提供承载特定价值主张 V 的产品，就需要根据生产加工以及向市场提供这些产品的实际需要配置资源组合 R。例如，联邦快递要为顾客提供不同城市间门到门的快递服务，它就需要拥有能够快速来往于城市间的交通工具，如货运飞机和飞行技师等资源。如果再考虑到外部环境变化的影响，在未来，也许联邦快递的价值主张 V 并没有改变，但随着时间的推移，美国政府为了降低碳排放，学习中国高铁的经验，建立了覆盖全国主要城市的高铁网络，那时联邦快递可能将放弃自己的飞行团队，而改用高铁运输货物。由此可见，对于同样的价值主张，由于外部环境的变化，也可以导致企业资源组合 R 的变化，所以企业的资源组合 R 不仅是关于价值主张 V 的函数，同时也是外部环境或者说是用于代表外部环境变化的变量时间 t 的函数。

2. 资源组合与运作流程 *P*

在特定的时间、环境背景下，当企业的价值主张确定之后，相应的资源组合随之确定，而资源组合的确定在客观上又将直接决定有效组织资源进行生产的方式即运作流程的形成和稳定。也就是说，企业的生产运作流程，在客观上决定于其所选择的价值主张和资源组合。特定的资源组合将决定如何有效利用资源创造价值的运作流程的设计和选择的范围，因此，当资源组合确定之后，相应的运作流程将随之确定。这样，价值主张、资源组合与运作流程三者之间的内在联系可以用多元复合函数的形式表示为：

$$\text{运作流程}\ P = P\ (r,\ v) \tag{3-2}$$

其中：r 表示资源组合，$r=(r_1, r_2, r_3, \cdots, r_i)$；$v$ 表示价值主张，$v=(v_1, v_2, v_3, \cdots, v_j)$。

同样考虑到由于时间推移带来的外部环境变化，例如，新的管理理论与方法的出现，在不改变资源组合的情况下，也可以通过运作方式与运作流程的改变提高工作效率，所以，同样需要引入时间变量 t，以表示环境带来的各种变化。所以运作流程 P，可以表示为：

$$P = P\ (r,\ v,\ t) \tag{3-3}$$

其中：r 表示资源组合；v 表示价值主张；t 表示时间。

由式（3-1）知，$R=R\ (v,\ t)$，所以，上式也可以表示为：

$$P = P\ [R\ (v,\ t),\ v,\ t] \tag{3-4}$$

其含义是，变量运作流程 P 是资源组合 R、价值主张 V 和时间 t 的函数，其中，价值主张 V、资源组合 R 和时间 t 是自变量，运作流程 P 是价值主张 V、资源组合 R 和时间 t 的函数。由前述已知资源组合 R 又是价值主张 V 的函数，所以，P 也可以表示为 v 和 t 的复合函数：$P=P\ [R\ (v,\ t),\ v,\ t]$。

实际含义是，特定的价值主张、资源组合和时间，决定了企业特定的运作流程。当价值主张、资源组合和时间 t 发生变化时，运作流程 P 也将随之发生变化。此外，由前述资源组合 R 与价值主张 V 的关系可知，如果仅仅是价值主张 V 发生变化，它将直接或间接地通过引发资源组合 R 的变化并最终导致运作流程 P 也随之发生变化。例如，如果联邦快递为了满足降低碳排放的要求，而将利用自营的货运飞机更改为利用城际高铁的公共服务，那么它的货物分拨运作流程必将进行相应的调整，例如，接收和发运货物的频率增加、分拨中心地址迁移等。

3. 界面模式与运作流程、资源组合和价值主张之间的关系

当企业的价值主张、资源组合与运作流程确定之后，企业的生产经营活动就会形成相对的稳定性，这种稳定性又将进一步对企业采购方式、营销目标、营销方式等各种相关决策产生影响和制约，也就是对企业的界面模式产生影响。所以，可以将企业的界面模式 I 看做流程 P、资源组合 R 和价值主张 V 以及时间 t 的函数，并将这种函数关系表示为：

$$\text{界面模式}\ I = I\ (p,\ r,\ v,\ t) \tag{3-5}$$

其中：I 表示界面模式；p 表示运作流程；r 表示资源组合；v 表示价值主张；t 表示时间。

其含义是，界面模式 I 是运作流程 P、资源组合 R、价值主张 V 和时间 t 的函数。由前述运作流程 P、资源组合 R 与价值主张 V 的函数关系可知，也可以将界面模式 I 表示为价值主张 V 和时间 t 的复合函数，即：

$$I = I\ \{P\ [R\ (v,\ t),\ v,\ t],\ R\ (v,\ t),\ v,\ t\} \tag{3-6}$$

其实际含义是企业的界面模式是由企业向市场提供的产品或服务的价值主张 V、利用的资源组合 R、运作流程 P 和时间 t 所共同决定的，其中价值主张 V、资源组合 R、运作流程 P 和时间 t 是自变量，而价值主张 V 和时间 t 是原始自变量，其他要素都是它们的因变量或函数。

上述复合函数关系式说明，对于企业商业模式诸要素的影响主要来自两项自变量，一是代表企业内部选择的价值主张 V；二是反映外部环境变化的时间因素 t。当企业主动改变所选择的价值主张时，企业的资源组合、运作流程与界面模式都将随之发生变化。例如，诺基亚多年以前，决定由向市场提供合成橡胶等化工产品转为提供通信设备，这种价值主张的改变，直接引发了资源配置、运作流程和界面模式等诸多要素的相继改变。

另外，当企业没有改变价值主张，但外部环境发生了重大变化。例如，计算机与网络技术的快速发展为各类企业提供了发展电子商务的有利机会，宝洁、海尔等一大批传统产业的企业，在没有改变价值主张的情况下，积极利用电子商务拓展业务领域，使其内部资源组合、运作流程和界面模式等方面也发生了深刻变化。由此可见，由时间代表的外部环境变化，同样是引发企业内部资源配置与运作流程等要素发生改变的重要原因。

还应该指出，虽然价值主张对于企业来说可以自由选择，完全属于企业的自变量或内生变量，但不能忽视的是，价值主张同时也受到各种外界环境因素如消费潮流变化、科学技术发展、政府政策改变等外部因素的影响。根据现代市场营销学的环境理论以及以需求为导向的哲学理念可知，企业价值主张的选择，应该建立在顺应社会需求与发展需要的基础上，也只有这样，企业为市场创造的价值才能真正实现，企业也才能持续健康地发展。

综上所述，由于在商业模式各个构成要素中，最为基本的核心要素是价值主张 V 和代表外部环境变化的时间变量 t，而这两个变量的选择和确定事实上都离不开外部环境的影响和限制，它们都是企业在结合特定外部环境条件的情况下选择确定的。所以，也可以将上述关系式视为一种企业商业模式的各类要素、各类要素与外部环境之间建立的一种动态开放的对应关系。这种联系不仅可以反映要素之间内在的本质关系与相互影响，同时也为进一步分析商业模式的逻辑结构和创新途径奠定了基础。

3.2　VI 商业模式与传统商业模式概念比较

3.2.1　VI 商业模式的结构特征

完善地刻画企业商业活动的规律和特征，要求商业模式的结构设置应该能够充分体现企业经营活动的逻辑关系与运作机理。VI 商业模式以系统理论为依据，在全面综合分析企业及其环境互动本质与过程形式的基础上，构建起多层次的立体结构。具体包括：界面系统、核心系统以及各子系统内部要素的结构关系。

1. VI 模式的界面层与核心层结构

根据要素的性质与作用的不同，可以将 VI 商业模式划分为界面层与核心层两部分。其中，核心层主要涉及企业内部产品价值形成过程的各个方面，包括价值主张与价值形成逻辑、资源组合与运作流程等方面的要素。界面层涉及企业与企业外部组织之间的交换与互动关系，由企业与外部环境交换产品和资源的各种相关活动构成。如果将企业看做是社会环境中的一个开放系统，那么，商业模式的界面层和核心层，就是构成企业系统并相对独立运行的两个子系统——核心系统与界面系统。核心系统与界面系统分别拥有不同的结构与功能，既相互联系又相互区别，共同构成了商业模式的有机结构。

其中，核心系统既包括产品研发、生产作业等可以直接观察的企业活动，同时也包括价值主张与价值形成逻辑等无形要素，特别是后者对于企业的商业活动通常具有更为深刻和长远的影响作用，但由于具有无形性而经常被忽视。事实上，对于商业模式而言，如果缺少了反映企业经营指导思想和本质特征的价值主张和价值形成逻辑等无形要素，仅仅停留于反映经营过程和形式等表面现象，则很可能导致貌似而神离、画虎不成反类犬的结果，使商业模式无法全面真实地反映企业商业经营的实际。当然，对于反映企业价值创造本质特征的核心系统而言，企业的资源组合与运作流程等可视要素也同样不可或缺，如果缺少了上述可视要素，商业模式又将难以准确把握和反映企业经营活动的具体形式与特征。因此，商业模式的核心系统又可以划分为价值主张与价值创造逻辑、资源组合及运作流程 3 个子系统。

根据与外部企业互动目的的差别，可以将商业模式的界面系统划分为营销界面和供应界面两个子系统。凡是与外部企业互动是为了向外部环境输出企业所创造的价值，实现销售任务的各个要素都属于营销子系统；而与外部企业互动是为了输入各种资源或价值，以便再进一步加工生产的各种要素都属于界面系统的供应子系统。营销子系统与供应子系统构成了企业界面系统的有机结构。

通过界面层与外部环境、核心层与界面层，以及各层次子系统与要素之间相互联系、相互作用与相互制约的关系，VI 模式构建了一种既简洁又能够全面深入反映企业商业活动特征与价值创造规律的商业模式结构，见图 3－1。

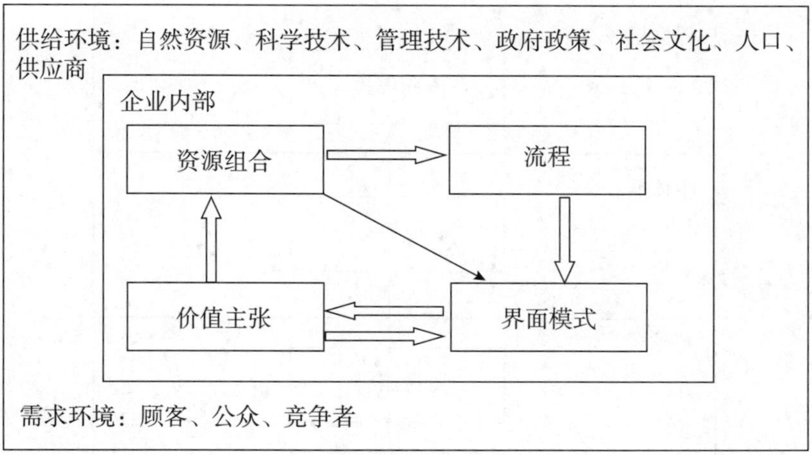

图 3－1　VI 模式的界面层与核心层结构示意图

2. VI 模式的 3 层结构

VI 商业模式具有既相互联系又相互区别的 4 个相对独立的要素模块，前面我们已经分析了上述 4 个模块之间的内在联系，并引入函数关系加以具体描述。从这种函数关系中，我们可以形成模式的另一种结构关系。

由 VI 四要素之间的关系可知，由于后项要素是由前项要素所决定，所以，我们可以将模型划分为以前项要素为基础的，包括基础层、主体层和界面层的 3 层立体结构，见图 3－2。其中，价值主张和资源组合，共同构成了模型的基础层，分别代表了企业的精神基础与物质基础，在此基础之上，是模型的主体层，即流程要素，它反映了企业商业运作的各种主体活动。主体层之后，是模型的界面层，界面层由界面模式要素构成，这是一个不具有物质实体的概念层或称虚拟层，它反映了企业与外部环境接触的方式与原则，这种虚拟的界面层不仅在本质上决定了企业与外部环境的关系，同时由于它的虚拟性，也进一步反映出企业与外部环境的边界是无形的和变化的，而不是固定不变的。

VI 四要素模式，以价值主张为思想基础，以资源组合为物质基础，以运作流程为主体支撑，以界面模式为特色表现，构建起层层递进的 3 层动态立体结构。它可以用简洁的形式完整地、动态地描述企业从创业之初的结构形成到伴随各种环境因素变化而不断调整的过程，在全面反映企业经营活动过

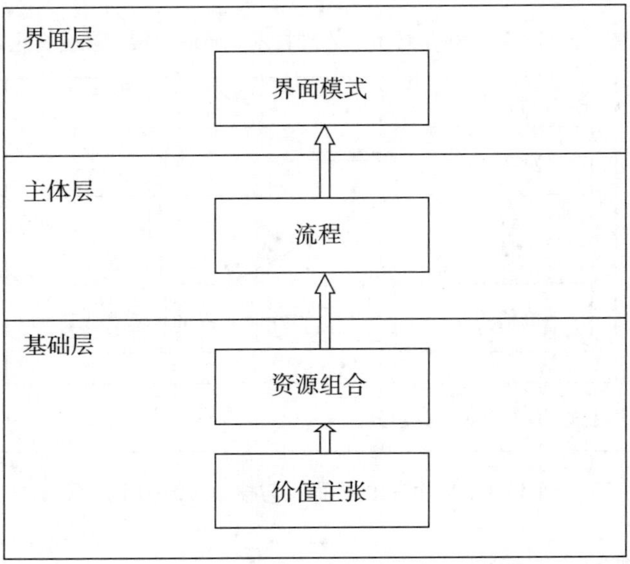

图 3－2　VI 模式的 3 层结构

程外在特征的同时，也深刻地揭示了驱动企业发展的内在思想与理念，这种内外兼顾、有形与无形要素相结合的动态结构为后续研究商业模式创新奠定了基础。

3. VI 模式的主要特征

通过分析可以发现，与其他商业模式概念相比，VI 商业模式具有要素逻辑关系清晰、结构系统完整以及深刻揭示企业经营活动本质等特征。

第一，VI 商业模式的构成要素具有清晰的逻辑关系。正如本章第一节的分析所指出的，构成 VI 商业模式的核心系统与界面系统具有相互关联、相互决定的关系，其中核心系统所包括的价值主张、资源组合与运作流程 3 个方面的子系统，作为决定企业商业活动的关键要素，三者之间不仅联系密切而且还具有一种相互对应和层层递进的函数关系。此外构成界面系统的营销子系统与采购子系统之间，也具有通过价值主张、价值创造逻辑和核心系统建立起来的内在联系，从开放系统输入与输出两个不同的角度，反映了企业与外部环境发生联系的本质与特征。

第二，VI 商业模式具有系统完整的结构。根据系统思想构建的 VI 商业模式，虽然内在结构简单，只划分为核心层与界面层两部分，但其构成要素涉及价值主张与价值创造逻辑、资源组合、运作流程以及营销和供应 5 个方面，全面覆盖了企业商业活动的各个方面，从内在的经济逻辑到适应外部环境变化的资源与战略管理，以及生产运作和采购供应与营销，将传统商业模式中有关战略、运作以及内在经济逻辑的全部内容收归于企业的核心层和界面层的简单结构，所以说 VI 商业模式具有系统完整的结构。

第三，VI 商业模式揭示了企业竞争力的真正来源。企业生存发展的竞争力来源于如何更有效率地为社会创造价值。VI 模式通过引入价值主张与价值创造逻辑等要素，以企业价值创造的内容与过程整合企业经营战略与管理的各个方面活动，揭示出企业竞争力的来源在于有效整合企业系统的各种资源与过程所产生的系统涌现性。首先，模型通过价值主张回答了企业为社会创造的价值是什么、产品是什么、顾客是谁这样一些根本性问题。在此基础上，价值创造逻辑将企业所需的生产技术装备、人力资源、品牌与知识产权等各种资源，以及生产流程、后勤流程、资金流、原材料、产品/服务交付方式等的运作流程与界面模式有机地整合在一起，并以价值创造和系统思想为主线，突出强调有效协调与整合企业各种资源组合、管理流程与界面模式的重要性，最终，利用系统科学原理揭示出企业与众不同的竞争活力来源于利用价值创造逻辑有机整合企业各个子系统而产生的系统涌现性。

3.2.2　VI 模式与其他商业模式概念比较

1. 与经济类、运作类和战略类模式的比较

由第 2 章可知，现有关于商业模式的概念被划分为经济类、运营类、战略类和综合类 4 种类型，其中综合类概念是在对前 3 者进行综合的基础上形成的，所以，这里首先将 VI 模式与前三类商业模式概念进行比较，之后再与综合类进行对比分析。

经济类概念将商业模式描述为企业的经济模式，其内涵为企业获取利润的逻辑。经济类概念可以用国内学者翁君奕（2004）的概念为代表，翁君奕把商业模式界定为由核心价值、价值支撑、价值保持构成的价值分析体系。这一概念从价值层面提供了一种利用价值理论分析商业模式的思路和方法。与 VI 模式比较，经济类概念的问题在于概念本身过于抽象，在抓住商业模式内在本质的同时，对企业产品交付方式、资源组织、生产运作等实实在在运行着的企业管理过程有所忽视，使商业模式的要素不能全面覆盖企业的商业活动，无法准确地反映企业商业活动要素之间的关系。因此，不能准确反映企业商业运作的外在特征和全貌，是经济类概念与VI模式概念存在的主要区别。

运营类商业模式概念把商业模式描述为企业的运营结构，其重点在于说明企业通过何种内部流程和基本结构来创造价值。以Amit的概念为代表，运营类概念把商业模式看做是一种利用商业机会创造价值的交易内容、结构和治理架构。把商业模式的核心内容放在描述公司、供应商、候补者和客户组成的关系网络的运作方式等方面。与VI模式比较，运营类概念从企业运营角度出发界定商业模式，对企业经营的内在经济逻辑有所忽视，因此不够全面。笔者认为商业模式作为企业商业活动的一个总体反映，不仅应该包括企业的运营结构，同时也应该包括企业经营的价值主张和价值创造逻辑等无形的经济思想，而这方面VI模式给予了较为完善的表达。

战略类概念把商业模式描述为对不同企业战略方向的总体考察，涉及市场主张、组织行为、增长机会、竞争优势和可持续性等构成要素。以国内学者罗珉、曾涛和周思伟（2005）的概念为代表进行比较，可以发现，战略类概念将外部环境的有关内容纳入商业模式概念本身，使商业模式概念内容过于复杂，而且容易使概念主体发生混淆。罗珉等认为，商业是一个组织在明确外部假设条件、内部资源和能力的前提下，用于整合组织本身、顾客、供应链伙伴、员工、股东或利益相关者来获取超额利润的一种战略创新意图和可实现的结构体系以及制度安排的集合；他们认为商业模式至少包括3个层面的含义：①任何组织的商业模式都隐含有一个假设成立的前提条件，如经营环境的延续性、市场和需求属性在某个时期的相对稳定性以及竞争态势等；②商业模式是一个结构或体系，包括组织内部结构和组织与外界要素的关系结构，这些结构的各组成部分存在内在联系，它们相互作用形成了模式的各种运动；③商业模式本身就是一种战略创新，是使组织能够获得长期优势的制度结构的连续体。与VI模式比较，战略类定义指出企业商业模式要反映出企业根据环境变化调整自身战略结构的情况，明确了企业各种战略相关者的关系，对于指导企业参与日益激烈的市场竞争具有积极意义。但同时也存在构成要素过于宽泛，甚至混淆概念主体的问题。

2. 与综合类模式比较

关于综合类商业模式概念，本书以清华大学魏炜和朱武祥的概念为代表。

他们在其 2010 年出版的专著《发现商业模式》中，将商业模式定义为利益相关者的交易结构，其构成要素包括定位、业务体系、关键资源能力、盈利模式、自由现金流和企业价值 6 个方面。从定义本身看，魏、朱的定义突出了企业与各种外部利益相关群体的交易关系，而决定这种交易关系、称为交易结构的企业商业活动的内在机理和原因并没有在定义中体现，这不能不说是一种缺失。然而这一缺失在其构成要素中有所弥补，在他们所列举的 6 项模式要素中，业务体系、关键资源能力等事实上都属于企业内部商业决策内容与运作过程。

VI 商业模式与之相比，在概念的内涵和外延方面更为丰富和完善，VI 模式通过强调商业模式是现实企业的一种系统模式，将商业模式定义为对企业商业活动的本质特征与外在形式的概略描述，和对企业商业活动整体性和一致性的综合反映，指出企业的商业模式可以划分为价值形成模式和界面模式两部分，并由价值主张与价值形成逻辑（V：value proposition、value creation logic）、资源组合（R：resources）、运作流程（P：processes）和界面模式（I：interface formula）4 方面的要素构成。两者相比，虽然 VI 模式在要素数量上少于魏、朱定义中的 6 项要素，但通过具体分析可以发现，VI 模式中的 4 方面要素，完全可以覆盖魏、朱的 6 项要素。其中，VI 模式中的价值主张要素包含了定位与企业价值的部分内容，而自由现金流则可以归属于 VI 模式中的运作流程，在 VI 的运作流程要素中，除了现金流之外还包括生产流程和后勤流程等。而业务体系、关键资源能力和盈利模式这余下的 3 项要素，可以直观地发现与 VI 模式中的运作流程、资源组合和界面模式相对应。由此可以得出，在概念界定和要素选择两方面，两个定义都是既相同又有差异，其中无论在哪个方面，VI 模式都可以包含或覆盖魏、朱模式的内涵和外延，因而其显示出更加深入和全面的特征。

3.3　商业模式创新的特征与分类

3.3.1　商业模式创新概念的界定

界定商业模式创新是一个看似简单实则困难的事情。说其简单是因为，如果将商业模式简单地定义为企业赚钱的方式，那么，同样可以简单地将企业应用新的有效方式赚钱界定为商业模式创新。然而，由于商业模式概念的多样性和复杂性，特别是考虑到商业模式各项构成要素的变化程度与变化关系，如何界定商业模式创新，确实存在很多需要深入分析探讨的问题，学界也存在一些不同的观点。

Mitchell 等（2003）认为，并非所有商业模式的变化都是商业模式创新，如果只是模式的某一个构成要素发生改变，即使这种改变能够显著增强公司当前的销售、现金流或竞争力，这也只能称为是商业模式的一种改进，而不是商业模式创新；只有当相对于竞争对手，至少 4 个以上的商业模式构成要素都有所改进时，才应该被界定为商业模式创新。

然而，事实上商业模式改进与商业模式创新之间的边界是模糊的，根据发生改进的要素数量来区别商业模式的改进与创新显得过于简单。不能说有 4 个要素的改进就一定是商业模式创新，而 3 个要素的改进就不是。笔者认为，由于商业模式构成要素之间的关系并不是简单的并列组合关系，而是有机的系统结构关系，其中有些要素处于系统的核心地位，相对于其他因素，对于系统的全局或者结构具有更为重要的决定作用。而另外相对处于系统外部的要素，对全局的影响较弱。关键性要素的变化，通常会引发其他要素的改变，进而引起整个企业商业模式的改变和创新。所以，判断商业模式创新的标准应该是以商业模式作为一个整体是否发生变化为依据，而不应以单独的要素变化程度，或者是发生变化要素数量的多少为依据。事实上，Mitchell 等用 4 个以上要素数量来划分创新，只是表明商业模式创新应该涉及多个要素的协同的变化，单个要素的变化不是商业模式创新。

笔者认为，多个要素的协同变化正是商业模式创新的基本特征，是商业模式创新区别于企业传统的产品创新、市场创新和技术创新等独立要素创新的本质所在。彼得·斯卡辛斯基和罗恩·吉布森在其《从核心竞争》一书中表达了相同的观点。他们将商业模式定义为用于识别企业如何创造、交付以及获取价值的一个概念框架，它包括一整套集成的组件，这些组件可以被看做是获得创新和竞争优势的机会。为了进行商业模式层面上的创新，首先需要将其分解成许多单独的组件并且理解它们是如何以一种整体的方式整合在一起的。他们指出，商业模式创新的本质是创造全新的业务，或者是在现有的业务中加入更多的战略多样性，这种战略多样性应该得到消费者的高度评价。

所以，结合本研究提出的 VI 商业模式概念，笔者认为所谓商业模式创新是指企业商业模式作为一个整体所发生的变化或改进，它可以是由一项或几项关键要素的改变所引发，但其最终结果一定是对企业商业模式的各个方面产生影响，并使商业模式作为一个整体发生改变。例如，当企业的价值主张发生改变时，如诺基亚，由向市场提供化工产品改为提供移动通讯产品时，其资源组合、运作流程以及供应商和分销渠道等界面因素都将随之发生变化。这种表面看来由单一要素引发的商业模式变化，事实上，导致了诺基亚商业活动各个方面的变化，即引发了商业模式作为整体的变化，这时，我们也可以简单地说，诺基亚赚钱的方式发生了改变，这就是商业模式创新。

根据上述定义可知，所谓商业模式创新是指现实社会中出现新商业模式的过程，以及新商业模式本身。从行业的视角观察，新商业模式的出现可以有两种不同的基本途径，一是以新企业形式出现的全新的商业模式，此时，商业模式创新的过程表现为拥有新模式的新企业的创业过程。例如，比尔·盖茨创建微软，弗雷德·史密斯创建联邦快递。二是在原有企业的基础上发展演变而成的新商业模式，这时商业模式创新的过程则表现为企业内部旧模式被替代，新模式逐步形成发展的过程。例如，诺基亚作为一家企业从最早的伐木工场，到现代的移动通讯设备制造商与服务商的数次商业模式转变过程。因此，研究商业模式创新过程，可以从以新模式出现的新企业创业过程和现有企业商业模式转变过程两个不同方面进行。

根据商业模式创新概念的界定，可以发现，实现企业商业模式创新需要具备一些基本条件。这些条件包括：企业可以提供全新的产品或服务，开创新的产业领域，或以前所未有的方式提供已有的产品或服务；或者是商业模式的多个要素发生改变，并与竞争对手产生明显的差别；再有就是由要素引发的商业模式改进应该能够为企业带来显著的经济效果和业绩回报，能够明显地提升企业的竞争力。

（1）提供全新的产品或服务，开创新的产业领域，或以前所未有的方式提供已有的产品或服务。如格莱美银行面向穷人提供的小额贷款产品服务，开辟了全新的产业领域，是前所未有的。亚马逊卖的书和其他零售书店没什么不同，但它卖的方式全然不同。

（2）商业模式至少有多个要素明显不同于其他企业，而非少量的差异。如格莱美银行不同于传统商业银行，主要以贫穷妇女为主要目标客户、贷款额度小、不需要担保和抵押等。亚马逊相比传统书店，其产品选择范围广、通过网络销售、在仓库配货运送等。

（3）有良好的业绩表现，体现在成本、盈利能力、独特竞争优势等方面。如格莱美银行虽然不以赢利为主要目的，但它一直是赢利的。亚马逊在一些传统绩效指标方面良好的表现，也表明了它的商业模式的优势，如短短几年就成为世界上最大的书店。数倍于竞争对手的存货周转速度给它带来独特的优势，消费者购物用信用卡支付时，通常在24小时内到账，而亚马逊付给供应商的时间通常是收货后的45天，这意味它可以利用客户的钱长达一个半月。

3.3.2 商业模式创新的主要特征

相对于企业其他一些传统创新类型，商业模式创新具有整体性、外向性和实效性3方面明显的特征。

1. 整体性

整体性是商业模式创新区别于企业其他创新类型的本质特征。商业模式创新与企业的产品创新、技术创新、组织创新和流程创新等创新活动的本质区别就在于其具有整体性。商业模式创新可能是由单一要素引发，但并不仅限于单一要素的变化，而是表现为多项要素相互协同变化。它同时涉及模式多个要素的变化，需要企业的较大战略调整，是一种集成创新。商业模式创新往往同时伴随产品、工艺或者组织结构与运作流程的创新，反之，则未必足以构成商业模式创新。如开发出新产品或者新的生产工艺，就是通常认为的技术创新。技术创新，通常是对有形实物产品的生产来说的。但如今是服务为主导的时代，世界发达国家服务业在国民经济所占的比重已接近70%，对传统制造企业来说，服务也远比以前重要。因此，商业模式创新也常常体现为服务创新，表现为服务内容及方式、组织形态等多方面的创新变化。

2. 外向性

商业模式创新更注重从市场和客户的角度出发，从根本上思考设计企业的行为，视角更为外向和开放，更多注重和涉及企业经济方面的因素。商业模式创新的出发点，是如何从根本上为客户创造和增加价值。因此，它逻辑思考的起点是客户的需求，即根据客户需求考虑如何有效满足它。所以企业价值主张的改变，常常是商业模式创新的起点，这也是有的专家认为商业模式创新起始于讲一个诱人的故事的缘故，这点明显地不同于技术创新。技术创新通常具有内向性，技术创新常常是从企业所擅长的技术特性与功能出发，看它能用来干什么，从一种技术可能有的多种用途中去挖掘它的潜在市场。商业模式创新即使涉及技术，也多是和技术的经济方面因素、与技术所蕴含的经济价值及经济可行性有关，而不是与纯粹的技术特性相关。

3. 实效性

商业模式创新具有实效性的特征，从绩效表现看，商业模式创新如果提供全新的产品或服务，那么它可能开创了一个全新的可赢利产业领域，即便提供已有的产品或服务，也应该能给企业带来更持久的赢利能力与更大的竞争优势。传统的企业单一要素的创新，通常只是带来企业局部效率的提高与成本降低，而且这些创新容易被其他企业在较短期内模仿。而商业模式创新，虽然也表现为企业效率提高与成本降低，但由于更为系统和根本，涉及多个要素的协同变化，因而更难以被竞争者模仿，所以，可以给企业带来战略性的竞争优势和实际经济效益，而且优势可以持续数年。

3.3.3　商业模式创新分类

商业模式创新的分类研究是进一步认识商业模式创新活动特征、探索商业模式创新规律的基础和条件，通过对商业模式创新进行分类，有助于识别模式创新的共性与差别，有助于更加深入地分析不同类型创新的动因与内在规律。

依据不同的标准可以对商业模式创新进行不同的分类。根据商业模式所依附企业的存在状态，可以分为新企业的新商业模式创建和原有企业商业模式的变革两种类型。根据商业模式不同要素的变动情况所引发的创新，可以将其划分为价值主张变动引发的创新、资源组合变动引发的创新，以及运作流程和界面模式变动引发的创新4种。

1. 界面模式变动引发的创新

商业模式的界面模式，是指企业为了获取利润而进行各种决策时所遵循的标准或法则，包括企业的营销原则、采购与供应原则、环境原则和公众原则。产品的目标市场、生产规模、成本模式、定价方式和市场定位是构成企业界面模式的重要内容，因此，企业市场定位、定价方式或生产批量与成本模式的改变都将引发界面模式的变动。这种改变给公司带来的变化，改变了公司与市场的接触方式和公司的市场形象，但并不一定涉及公司的运作流程和资源基础，或者说界面模式的改变只是改变了商业模式的界面形态与结构，但并没有改变商业模式的主体运作流程与资源组合基础。

因此，可以将界面模式的改变视为一种公司外部表现形式的变化，称之为界面形式的变化。例如，计算机公司改变市场定位，由高端市场定位向下拓展到低端市场，从而使定价方式和生产批量发生变化，即由过去较高的价格和较少的销售量策略，改变为较低价格与较大销售量的策略，以适应低端市场顾客的价格承受能力，实现利润目标。此时公司界面模式的变化可能导致公司在其顾客及公众心目中的形象发生改变，但公司生产计算机所使用的技术与资源并没有发生本质上的变化，即公司商业模式中的运作流程和资源组合没有改变。因此，可以将界面模式的改变所引发的公司商业模式的创新称为界面创新，并使之与其他要素引发的创新相区别。

2. 运作流程变动引发的创新

所谓流程就是指相互连接的活动。企业管理人员将全部资源以有效率的形式组织在一起，进行生产和销售产品/服务的活动，这些活动有效地衔接并不断重复就形成了企业的运作流程，与此相关的活动包括原材料采购、产成品的生产与销售、资金往来、后勤保障等。企业的运作流程支撑起了整个企业的商业运作架构。在资源组合确定的前提下，企业可以有多种不同的运作形式与运作流程，运作流程的差异将直接导致企业间的形式与效率的差别。学习曲线中的学习过程，就是企业运作流程的形成和稳定的过程。运作流程变化将对企业的商业模式产生重要的影响，可以在改变生产效率的同时，带来界面模式的变化，从而引发商业模式由内向外的改变，导致商业模式推陈出新。例如，福特轿车将传统汽车组装作业，改变为现代化流水线作业方式所引发的创新，就属于流程变化给企业带来的创新。将执行不同任务的不同小组的工人分批次地蜂拥而上围绕位置固定不变的汽车进行组装的作业方式，改变为让汽车移动而不同工序工人的岗位固定不变的方式，这种作业流程的变化看似简单，却极大地提高了生产效率，降低了生产成本。这种流程变化的效果是如此巨大，以至于引发了企业目标市场的扩大和销售方式的改变。而正是这种流程的变化，使轿车的生产效率迅速提高并最终使轿车这种过去人们心目中只有富人才可以享用的奢侈品可以进入寻常百姓家。由此可见，运作流程的创新不仅可以导致企业商业模式主体层的创新，同时也可能引发界面层营销活动和采购活动的共同创新。

3. 资源组合变动引发的创新

这里，企业的资源组合是指企业为了实现价值主张而需要投入的全部资源，包括人力资源、原材料、厂房设备、专利技术、品牌商标等知识产权等各种有形与无形的资源。任何企业要创造价值都需要特定资源的投入，没有资源的投入，任何价值都无法创造出来。在特定的环境条件下，企业的价值主张将决定企业所需要的特定的资源组合。但是，如果环境条件改变了，即使价值主张没有改变，资源组合也可能随着外部环境的变化而改变。例如，对于电视机制造商而言，当液晶显示技术出现并推广普及之后，传统显像管作为生产电视机关键部件的地位将不可避免地被取代，此时，由于原材料这种资源的变化，必将直接导致生产流程需要进行相应的调整，产品的成本模式和市场定位也将随之发生变化，进而引发商业模式多层次的变革与创新。就像当人们将飞机作为普通货物的运输工具引入物流企业的经营活动后，物流企业的服务方式、目标市场将随之变化一样，资源组合的变动将不可避免地引发商业模式运作层和界面层的变化，进而引发商业模式的整体性创新。因此，由资源组合要素引发的商业模式创新，是一种复杂的系列创新，由系统论结构决定功能的原理可知，资源组合的变化在导致企业的基础层与主体运作层发生变化的同时，也将不可避免地导致企业界面模式与企业功能的变化与创新。

4. 价值主张变动引发的模式创新

价值主张通过回答企业的产品是什么和企业的顾客是谁这样一些基本问题得以体现，并通过企业的产品向市场传递。正确的价值主张是企业生存发展的基础，也是构成企业商业模式的基础要素。价值主张一旦确定，企业需要生产的产品、产品的属性与特征、生产所需要的各种资源、利用资源进行生产的运作流程以及相关的各种对内对外原则都将随之确定。而价值主张的改变，也将不可避免地引发上述各个方面的变化。例如，餐馆将其价值主张由为顾客提供就餐价值更改为在就餐价值之外还要为顾客提供更多的时间价值、地点价值和便利价值。这种价值主张的改变，表现在产品上可能就是增加外卖。而要增加外卖又将导致其销售的食物的包装（食品要便于包装携带）、作业流程甚至是生产设施和装备发生一系列的相应改变。过去快餐店所需的物质资源可能只是与快餐制作直接相关的厨房设备和就餐环境以及厨师和餐厅服务员；而如果要提供外卖，就需要增加携带餐食的容器、必要的交通工具和送餐人员。可见，作为商业模式的核心要素，伴随价值主张的改变，商业模式的各个层面都将不可避免地发生相关改变。由此可见，价值主张的变化与创新，必将导致企业资源组合、运作流程以及界面模式的一系列变化。在某种意义上，由价值主张变化引发的商业模式变革是企业商业模式最深层次的变革，并将导致商业模式发生根本性变化，因此，本研究也将由价值主张改变所引发的商业模式创新称为商业模式的间断式创新。

例如，当太阳马戏团将故事情节与戏剧表演引入马戏之后，而使其原有马戏团的价值主张发生改变时，多余的动物明星和相关的驯兽师等资源将被淘汰。同时，马戏演出的过程也需要重新进行设计和编排。可见，作为商业模式的核心要素，伴随价值主张的改变，商业的各个层次都将不可避免地发生各种各样的相关改变。

参考文献

[1] 苗东升．系统科学精要［M］．3 版．北京：中国人民大学出版社，2010.

[2] 翁君奕．商务模式创新：企业经营“魔方”的旋启［M］．北京：经济管理出版社，2004.

[3] 彼得·斯卡辛斯基，罗恩·吉布森．从核心创新［M］．上海：上海远东出版社，2009：23－47.

[4] 齐严．了解组织环境［M］．北京：中国物资出版社，2006.

[5] 王伟毅，李乾文．创业视角下的商业模式研究［J］．外国经济与管理，2005（11）.

［6］罗珉，曾涛，周思伟．企业商业模式创新：基于租金理论的解释［J］．中国工业经济，2005（7）．

［7］魏炜，朱武祥．发现商业模式［M］．北京：机械工业出版社，2010．

［8］彼得·斯卡辛斯基，罗恩·吉布森，陈劲．从核心竞争［EB/OL］．http：//vip. book. sina. com. cn/book/catalog. php？book =116061，2010 - 10 - 10．

［9］卢显文，郑刚．企业技术创新过程模式的发展演进及启示［J］．大连理工大学学报：社会科学版，2004．

［10］舒伯阳．基于盈利成长的服务创新体系研究［D］．武汉：华中农业大学，2005．

［11］原磊．国外商业模式理论研究评介［J］．外国经济与管理，2007（10）．

［12］曹虹剑，罗能生．高新技术产业组织模块化及其对中国的启示［J］．自然辩证法研究，2010（4）：51 - 56．

［13］蔺雷，吴贵生．服务创新［M］．北京：清华大学出版社，2007．

［14］W. 钱·金，等．蓝海战略［M］．北京：商务印书馆，2006．

［15］CHESBROUGH H，ROSENBLOOM R S. The role of the business model in capturing value from innovation：evidence from Xerox corporation's technology spin - off companies［J］. Industrial and Corporate Change，2002（3）．

［16］A MIT R，ZOTT C. Value creation in e - business［J］. Strategic Management Journal，2001（6/7）．

［17］AFUAH A，TUCCI C. Internet business models and strategies：Text and cases［M］. Boston：McGraw - HillPIrwin，2001．

4 商业模式创新影响因素分析

分析商业模式创新的影响因素与规律，需要注意两方面的问题。一是商业模式创新研究不能脱离企业创新的大范畴，它应该符合企业创新的一般规律与特征；二是商业模式创新作为特定形式的企业创新，又具有特殊性，在企业创新活动的各种影响因素中，不同要素所发挥作用的方式与程度可能有所不同，需要具体分析探讨。

创新过程理论、制度创新理论以及颠覆创新理论等企业创新理论从不同侧面揭示了企业创新的基本规律，揭示了影响企业创新的不同要素，通过对上述创新理论进行分析，有助于发现企业商业模式创新的关键驱动因素与基本规律。因此，本章首先结合创新过程理论、制度创新理论以及颠覆创新理论的有关内容，分析归纳企业创新活动的一般驱动因素，在此基础上，结合商业模式创新的自身特征，进一步探寻企业商业模式创新的关键驱动因素与规律。

4.1 不同创新理论揭示的创新驱动因素

4.1.1 五代创新过程模型所揭示的创新驱动因素

通过分析 Roy Rothwell 提出的五代创新过程模型可以发现，五代模型虽然各不相同，但它们也存在着内在联系与共同之处——它们共同揭示出了企业创新的两项基本驱动因素：科学技术发展与市场需求变化。

第一代简单线性的技术推动模型指出，企业创新的动力来源于科学技术发展。

简单线性的技术推动模型的基本观点认为：研究开发是创新构思的主要来源。技术创新经过开发、生产和销售后推向市场，市场只是被动地接受研究开发的成果。在这里，企业的创新活动起源于基础科学的创新与突破，是科学技术的发展推动了企业生产过程的改进与提高，进而推动企业向前发展。

技术推动模型以基础科学的发展与突破为起点，进而推动应用技术研究与生产实践发展的过程，真实地反映了早期创新研究的思想脉络。事实上，早期的创新研究主要集中在技术领域，甚至将企业创新与技术创新等同起来，认为企业创新就是技术创新。虽然熊彼特关于创新的定义非常宽泛，但自他之后直到 20 世纪 60 年代的很长时期内，有关企业创新的研究主要局限在技术创新领域，科学技术发展也被视为企业创新的根本动力。

第二代市场拉动的创新过程模型揭示：市场需求是促进企业创新的根本动力。

20 世纪 70 年代后，研究者逐渐意识到市场需求对于创新过程的影响，并由此产生了市场拉动模型（图 2 -4）。该模型以市场需求为出发点，将市场视为企业创新思想的源泉，企业创新是在市场需求和企业营销职能引导下进行的，技术和研发部门处于被动适应的地位。

第三代交互作用模型指出：技术与市场是推动企业创新的关键因素。20 世纪70 年代至 80 年代初期，研究者发现，在技术推动的创新过程模型中，研究开发投入不一定会与产生的创新成果成正比；而在市场拉动的创新过程模型中，由于过分强调市场需求，又会引起突破性创新的不足。所以对于科学、技术和市场三者相联的创新过程而言，无论是线性的技术推动模型还是市场拉动模型都显得过于简单和极端，在这种背景下，创新的交互作用模型应运而生。

交互作用模型认为：创新来源于市场、科学基础与组织能力之间的相互作用。创新的交互作用模型加强了技术推动和市场拉动模型中营销与技术的联结，它还意味着创新管理就是将市场需求和新技术能力相匹配。这种情况下，营销和研究开发之间的反馈是实质性的环节。研究表明，将驱动创新决策的技术推动和市场拉动因素结合，能产生更大的创新性，比单纯的市场拉动或技术推动更利于创新构思的产生和创新成功。因此，市场和技术是推动企业创新不可或缺的关键因素。

第四代一体化创新过程模型和第五代战略集成与网络模型强调了企业创新系统整合多种相关影响因素与力量的重要性。

20 世纪 80 年代，企业开始关注核心业务和战略问题。当时领先的日本企业的两个最主要特征是一体化（integration）与并行开发（parallel develop-

ment），这对当时基于时间的竞争（time based competition）是至关重要的。由此，出现了标志着上述两种观念转变的第四代创新过程模型，该模型将创新视为同时涉及研究开发、原型开发、制造、营销等因素的并行过程。强调研究开发与制造之间的界面交融、企业与顾客之间的密切合作；强调逆向与供应商联系，顺向与早期顾客（领先用户）密切联系对于企业创新成功的重要性。第五代创新的战略集成和网络模型最显著的特征是体现了创新过程的电子化和信息化，而在企业创新动因方面并无根本变化。Rothwell 指出，第四代和第五代创新过程模型的主要不同是后者使用了先进的 IT 和电子化工具来辅助设计和开发活动，开发速度和效率的提高主要归功于高效信息处理与创新网络。

4.1.2 制度创新理论与颠覆式创新理论揭示的创新驱动因素

以科斯为代表的新制度经济学派认为促进社会经济增长与企业创新的根本动力来源于合理的制度安排。由于存在交易成本，制度将影响到资源配置的效率；在市场失败的情况下，解决的关键在于制度安排；历史上企业与社会经济增长的源泉来自有效率的制度安排，而不是单纯的技术革新和进步，技术革新和技术进步是经济增长的表现，而不是源泉；制度在经济运行过程中具有内生性与稀缺性，经济增长的关键在于制度因素。

以 Clayton Christensen 为代表的颠覆式创新理论认为企业创新的根本动力来源于市场竞争，而创新成功的关键在于市场起点的低端性和定价的掠夺性。Christensen（1997）认为，所谓颠覆式创新是指立足于低端缝隙市场，通过简化现有产品的价值元素组合，提供迎合特定消费者需求的次等产品来达到夺取市场份额并摧毁在位企业的创新。颠覆式创新通常被认为是由颠覆式技术的产生而诱发。早期的颠覆式技术被界定为典型的更简单、更便宜，比现有技术更可信赖和更方便的技术，“简单、方便、便宜”被视为颠覆式技术初始形成阶段的特征。事实上，颠覆式创新技术往往只是对已知技术的简单改进和调整，在低端大众市场渗透的理念与策略的支持下，往往在没有引起强大的竞争对手重视的情况下，一举获得成功。为了竞争和生存，后来者不得不对现有技术和市场进行某种创新，以期在在位者控制的市场上找到新的生存发展机会。而具有绝对先发优势的在位企业，由于感觉不到潜在竞争的威胁致使创新动力不足。其结果是所谓的“赢家的诅咒”现象频繁出现，在位者被推翻，创新者后来居上。由此可以看出，颠覆式创新理论揭示了竞争是驱动企业创新不可忽视的重要因素这样一个事实。

总之，不同的创新理论从不同侧面揭示出企业创新的动力与源泉。技术创新理论揭示出科学技术发展对于企业创新所具有的关键性推动作用；而创新过程理论的进一步研究又表明，市场导向是推动企业创新发展、获取创新成功更为关键的影响因素。市场是创新的起点和终点，市场也是创新活动价值实现的载体，同时它也推动着创新思想、创新活动的产生和发展。综合看，创新来源于社会需求、市场需求的拉动和科学技术发展本身的推动，科技发展与社会需求是企业创新最为基本的驱动力。此外，制度创新理论与颠覆式创新理论也揭示了制度与竞争在驱动企业创新过程中所发挥的重要作用。

通过对上述主要创新理论的分析可以发现，技术、市场需求、竞争以及相关的制度安排是推动企业创新不可忽视的重要力量。

4.2　企业创新与商业模式创新的关系

商业模式作为反映企业运行规律与本质特征的系统模型，其创新在本质上也是对企业创新实践的一种反映和描述。分析企业创新的基本内容与特征，及其与商业模式创新之间存在的内在联系，有助于准确识别和把握商业模式创新的驱动因素与驱动模型。

4.2.1　企业创新的主要内容

企业作为存在于特定经济环境中的独立系统，为了维持自身的生存发展，需要通过不同形式的创新保持自身发展以及与外部环境的协调。一般可以将企业创新划分为目标创新、技术创新、制度创新与环境创新等几个方面。

1. 目标创新

企业目标是企业实现其宗旨所要达到的预期成果，是企业对实现自身使命的一种行为承诺和衡量经营绩效的标准。同时，目标也是企业基本战略的一种体现，没有目标的企业是没有发展的企业。美国行为学家J. 吉格勒指出：设定一个高目标就等于达到了目标的一部分。只有那些树立远大目标，并为之奋斗的企业才能长盛不衰。

企业目标受到内部与外部各种条件的制约，其中，来自外部市场环境的影响不能被忽视，企业制定的目标只有在被市场接受的前提下才能实现。由于环境的不断变化，企业目标也需要不断调整，以实现企业的持续发展。因为，企业是在特定环境中成长发展的，特定的环境要求企业按照特定的方式提供特定的产品。一旦环境发生变化，企业的生产方向、经营目标以及企业在生产过程中与其他社会经济组织的关系都需要进行相应的调整。此外，企业的具体经营目标，更需要适时地根据市场环境和消费需求的特点及变化趋势加以调整，企业经营目标的每一次调整都是一种目标创新。由上述分析可以看出，目标创新是企业创新的重要内容之一，并且对企业其他创新具有影响和制约作用。

2. 技术创新

技术创新是企业创新的主要内容，企业中大量创新活动是有关技术方面的，因此，有时人们甚至把技术创新视为企业创新的同义语。技术水平是反映企业经营实力的一个重要标志，企业要在激烈的市场竞争中处于主动地位，就必须顺应甚至引导社会技术进步的方向，不断地进行技术创新。由于技术都需要通过一定的物质载体得以体现，因此，企业的技术创新可以划分为要素创新、要素组合方法创新以及产品创新几个方面。

（1）要素创新。要素创新包括材料创新、设备创新两方面。材料是构成产品的物质基础，不仅在产品成本中占有很大比重，在决定产品质量和性能方面也具有决定性作用。所以，材料创新具有重要的基础性作用，是构成企业技术创新的重要方面。材料创新又可以划分为：开辟全新的材料来源；开发利用更为廉价的普通材料代替昂贵的稀缺材料，以降低产品成本；改造材料的质量与性能以保证和促进产品质量的提高；现代材料科学的迅速发展为企业的原材料创新提供了广阔前景。设备是现代企业进行生产的物质技术基础。马克思曾经说过，各种经济时代的区别，不在于生产什么，而在于怎样生产，用什么劳动资料生产。设备的技术状况是企业生产力水平具有决定性意义的标志。因此，不断进行设备的创新，对于改善企业产品的质量、减少材料与能源的消耗和提供劳动生产效率都具有十分重要的意义。

（2）要素组合方法创新。其包括生产工艺和生产过程的时空组合两个方面。生产工艺是劳动者利用劳动手段加工劳动对象的方法，包括工艺过程、工艺配方、工艺参数等内容。工艺创新既要根据新设备的要求改变原材料、半成品的加工方法，也要求在不改变现有设备的前提下，不断研究和改进操作技能和生产方法，以求使现有设备得到更为充分的利用，使现有材料得到更合理的加工。工艺创新与设备创新是相互促进的，设备的更新要求工艺方法做出相应的调整，而工艺方法的不断完善又必然促进设备的改造和更新。生产过程的组织包括设备、工艺装备、在制品以及劳动在空间上的布置和时间上的组合。空间布置不仅影响设备、工艺装备和空间的利用效率，而且影响人机配合，从而直接影响工人的劳动生产率；各生产要素在时空上的组合，不仅影响在制品、设备、工艺装备的占用数量，从而影响生产成本，而且影响产品的生产周期。因此，企业应该不断地研究和采用更合理的空间布置和时间组合方式，以提高劳动生产率、缩短生产周期，从而在不增加要素投入的前提下，提高要素的利用效率。20 世纪最杰出的生产过程创新，莫过于福特将泰勒的科学管理原理与汽车生产相结合而产生的流水生产线。流水线的问世引起了企业生产率的革命。

（3）产品创新。生产过程中各种要素组合的结果是形成企业向社会贡献的产品。企业是通过生产和提供产品来求得社会承认、证明其存在的价值的，也是通过销售产品来补偿生产消耗、取得盈余，实现其社会存在的。产品创新包括许多内容，这里主要分析物质产品本身的创新，非物质的创新如营销创新等在市场创新部分再阐述。物质产品创新主要包括品种和结构的创新。品种创新要求企业根据市场需求的变化，根据消费者偏好的转移，及时地调整企业的生产方向和生产结构，不断开发出用户欢迎的适销对路的产品。产品结构的创新，在于不改变原有品种的基本性能，对现在生产的各种产品进行改进和改选，以找出更加合理的产品结构，使其生产成本更低、性能更完善、使用更安全，从而更具市场竞争力。产品创新是企业技术创新的核心内容，它既受制于技术创新的其他方面，又影响其他技术创新效果的发挥：新的产品、产品的新结构，往往要求企业利用新的机器设备和新的工艺方法；而新的设备、新工艺的运用又为产品的创新提供了更优越的物质条件。

3. 制度创新

技术创新主要是从技术角度分析了人、机、料及其各种结合方式的改进和更新，而制度创新则需要从社会经济角度来分析企业各成员间的正式关系的调整和变革。制度是组织运行方式的原则规定。企业制度主要包括产权制度、经营制度和管理制度3个方面。

（1）产权制度是决定企业其他制度的根本性制度，它规定着企业最重要的生产要素的所有者对企业的权力、利益和责任。不同的时期，企业各种生产要素的相对重要性是不一样的。在主流经济学的分析中，生产资料是企业生产的首要因素，因此，产权制度主要指企业生产资料所有制。目前存在两大生产资料所有制：私有制和公有制（或更准确地说是社会成员共同所有的“共有制”）。这两种所有制在实践中都不是纯粹的。企业产权制度的创新也许应朝着寻求生产资料的社会成员“个人所有”与“共同所有”的最适度组合的方向发展。

（2）经营制度是有关经营权的归属及其行使条件、范围、限制等方面的原则规定。它表明企业的经营方式，确定谁是经营者，谁来组织企业生产资料和占有权、使用权和处置权的行使，谁来确定企业的生产方向、生产内容、生产形式，谁来保证企业生产资料的完整性及其增值，谁来向企业生产资料的所有者负责以及负何种责任。经营制度的创新应是不断寻求企业生产资料最有效利用的方式。

（3）管理制度是行使经营权、组织企业日常经营的各种具体规则的总称，包括对材料、设备、人员及资金等各种要素的取得和使用的规定。在管理制度的众多内容中，分配制度是极重要的内容之一。分配制度涉及如何正确地衡量成员对组织的贡献并在此基础上如何提供足以维持这种贡献的报酬。由于劳动者是企业诸要素的利用效率的决定性因素，因此，提供合理的报酬以激发劳动者的工作热情对企业的经营就有着非常重要的意义。分配制度的创新在于不断地追求和实现报酬与贡献的更高层次上的平衡。

产权制度、经营制度、管理制度这三者之间的关系是错综复杂的（实践中相邻的两种制度之间的划分甚至很难界定）。一般来说，一定的产权制度决定相应的经营制度。但是，在产权制度不变的情况下，企业具体的经营方式可以不断进行调整；同样，在经营制度不变时，具体的管理规则和方法也可以不断改进。而管理制度的改进一旦发展到一定程度，则会要求经营制度作相应的调整；经营制度的不断调整，则必然会引起产权制度的革命。因此，反过来，管理制度的变化会反作用于经营制度；经营制度的变化会反作用于产权制度。企业制度创新的方向是不断调整和优化企业所有者、经营者、劳动者三者之间的关系，使各个方面的权力和利益得到充分的体现，使组织的各种成员的作用得到充分的发挥。

4. 组织机构和结构的创新

企业系统的正常运行，既要求具有符合企业及其环境特点的运行制度，又要求具有与之相应的运行载体，即合理的组织形式。因此，企业制度创新必然要求组织机构与结构的变革和发展。从组织理论的角度来考虑，企业系统是由不同的成员担任的不同职务和岗位的结合体。这个结合体可以从结构和机构这两个不同层次去考察。所谓机构是指企业在构建组织时，根据一定的标准，将那些类似的或为实现同一目标有密切关系的职务或岗位归并到一起，形成不同的管理部门。它主要涉及管理劳动的横向分工的问题，即把对企业生产经营业务的管理活动分成不同部门的任务；而结构则与各管理部门之间，特别是与不同层次的管理部门之间的关系有关，它主要涉及管理劳动的纵向分工问题即所谓的集权和分权（管理权力的集中或分散）问题。不同的机构设置，要求不同的结构形式；组织机构完全相同，但机构之间的关系不一样，也会形成不同的结构形式。由于机构设置和结构的形成要受到企业活动的内容、特点、规模、环境等因素的影响，因此，不同的企业有不同的组织形式；同一企业，在不同的时期，随着经营活动的变化，也要求组织的机构和结构不断调整。组织创新的目的就在于更合理地整合管理人员的努力，提高管理劳动的效率。

5. 环境创新

环境是企业经营的土壤，同时也是制约企业经营的约束。企业与环境的关系，不是单纯地去适应，而是在适应的同时去改造、引导甚至创造。环境创新不是指企业为适应外界变化而调整内部结构或活动，而是指通过企业积极的创新活动去改造环境，引导环境朝着有利于企业经营的方向变化。例如，通过企业的公共关系活动影响社区政府政策的制定；通过企业的技术创新，影响产品或行业技术进步的方向等。就企业而言，市场是最重要和直接的环境因素，所以通常企业环境创新的主要内容是市场创新。

市场创新主要是指通过企业的活动去引导消费，创造需求。市场创新的很多内容可以通过企业的营销活动进行。在产品的材料、结构、性能不变的前提下，通过市场的物理转移、宣传提示产品新的使用价值等创造新用户，或通过广告宣传等促销工作，赋予产品以一定的心理价值影响人们对某种消费行为的社会评价，从而诱发和强化消费者的购买动机，增加产品的销售量等都属于市场创新。市场创新对于竞争日趋激烈的现代企业而言，已成为企业创新最活跃和最富有成效的部分之一，对于应对竞争和提升企业竞争力发挥着越来越重要的作用。

4.2.2 技术创新与商业模式创新的关系

由前述观点可知，技术创新是企业创新的主要内容，包括企业生产的要素创新、要素组合方法创新以及产品创新几个方面。其中要素创新又包括材料创新和设备创新两方面。由此可知，技术创新对于企业商业模式构成要素中资源组合、运作流程以及界面模式都可能产生直接的影响，因此也可以说，技术创新对于企业商业模式的影响是多方面和复杂综合的，它甚至可能直接引发商业模式本身的创新。

企业大量的技术创新活动可以直接引发商业模式创新。以生产要素中的材料和设备创新为例，当材料科学为计算机生产厂家提供了大规模集成电路用以代替电子管材料时，计算机体积过于庞大的问题得以解决，并使体积小但功能强大的计算机应运而生。而这又促使过去只能用于科学研究和专业部门的计算机也可以以更低的价格进入寻常百姓家。在这里，由于材料方面的创新，直接导致了计算机生产厂家的生产模式、销售模式或者说整个商业模式发生了根本性的变化。这种变化，如果没有材料科学利用芯片制造大规模集成电路技术的支持是不可能实现的。所以，从某种意义上说，家用计算机商业模式的诞生，离不开材料科学创新的贡献，从材料创新的基础作用来看，也可以说，正是由于计算机材料的创新，引发了整个计算机行业商业模式的巨大变革。

由此可见，技术创新可以是商业模式创新的充分条件，即技术创新可能直接导致商业模式创新，但反过来，技术创新并不一定是商业模式创新的必要条件，即企业在商业模式创新之时并不一定要求必须有技术创新同时发生。也就是说，在技术没有发生本质变化的情况下，企业的商业模式也同样可以实现本质上的创新。例如，以零售业态的模式创新为例，百货业态代替传统的便利店业态而成为零售业的主导业态时，并没有对相关的商业技术产生更多的要求。只要传统零售企业在经营理念、经营方式和经营规模方面有所改变，就可以实现上述模式转变。也就是说，一家传统经营的便利店，只要转变价值主张，为扩大顾客的选购范围而扩大经营品种和经营规模就可以实现由便利店向百货商店的模式转变。所以，企业的技术创新可以是企业商业模式创新的充分条件，但不一定是商业模式创新的必要条件，在重大技术创新没有发生的情况下，商业模式创新同样可以产生。

4.2.3　市场创新与商业模式创新

市场创新是企业创新中最活跃的部分，如果将营销视为企业市场创新的主要方法和内容，则可以将企业的市场创新划分为目标市场创新、定位创新、价格创新、分销创新与促销创新。其中目标市场创新又包括选择新的区域市场、新的顾客群体以及新顾客新区域市场等。根据企业市场创新的内容可知，市场创新对于企业商业模式产生的影响，主要是通过改变界面模式和价值主张两种模式要素，通过由外向内和由内向外两种方式逐步渗透发挥作用的。导致运作流程构成要素中资源组合、运作流程以及界面模式都可能产生直接的影响，因此，可以说市场创新对企业商业模式的影响是多方面和复杂综合的，并且是可以直接引发商业模式创新的。

企业的大量市场创新活动可以直接引发商业模式创新。以价值主张创新为例，当一家企业改变其价值主张时，即改变其为顾客提供的价值内涵或价值形式时，必然导致企业目标市场顾客群体在时空分布或人员构成方面的变化。同时价值主张的变化也将导致企业商业模式中界面要素的改变，例如，餐饮业中快餐的出现，伴随着价值主张由过去高档餐馆提供的奢侈享受改变为快捷高效，顾客群体也由上流社会的社交人员改变为普通大众。

市场创新是商业模式创新的必要条件是指，企业在商业模式创新之时一定伴随市场创新同时发生。也就是说如果没有市场创新发生，也就不存在企业商业模式的创新。这是因为，商业模式创新是指企业盈利模式的变化，而企业盈利模式的改变，需要与市场有效对接，不同盈利模式的市场表现并不同，即需要通过对于外部市场的改变得以体现。例如，还是以零售业态的模式创新为例，在传统的便利店改变为百货业态时，虽然并没有对相关的商业技术产生更多的要求，但是，企业在价值主张、经营方式和经营规模等方面都发生了深刻的改变，并直接导致其目标市场在地理区域和顾客群体两方面发生改变。借助经营更多品种的产品，百货商店可以吸引空间距离更远的顾客，使市场在地理区域上实现创新；通过更加舒适豪华的装修和更为周到的服务，大型百货商店可以吸引过去不会光顾便利店的更有身份地位的顾客群体亲自光临。所以，一家传统经营的便利店在转变为百货商店时，发生市场创新是不可避免的。同样，根据商业模式价值主张和界面模式等要素的性质与构成可知，上述两方面的改变，都将不可避免地引发企业在市场方面的改变与创新。

4.3 商业模式创新的驱动力

企业商业模式创新的驱动力是形成商业模式创新的基础，是商业模式创新过程的重要决定因素，同时也是构成企业商业模式创新系统的重要组成部分。正确识别和把握商业模式创新驱动力，是有效引导企业开展商业模式创新，促进商业模式创新成功的基础和保证。

由商业模式创新的系统性和外向性可知，商业模式创新的驱动力有来自企业内部的与外部的两种，结合企业创新动力的相关理论以及商业模式创新的自身特征，笔者认为商业模式创新的外部动力包括技术驱动力、市场驱动力、竞争驱动力和政策驱动力，而内部动力主要来源于企业家自身的创新精神或企业管理团队的创新决策。

4.3.1 外部驱动力

商业模式创新的外部驱动力可以划分为技术驱动力、需求驱动力、竞争驱动力和政策驱动力。

1. 技术驱动力

Keegan 和 Turner（2001）认为，推动企业创新的关键因素之一是和外部技术组织的良好交流。Kuusisto 和 Meyer（2003）的调查结果也显示，信息技术是商业模式创新的关键驱动力。基于数据处理和移动通信的信息技术使得多种新模式，例如，远程教育、网上商城等得以运用。新的信息技术在为企业更好地满足消费者便利需求创造条件的同时，也在改变企业与企业之间的合作与交换模式，使企业间的分工合作更加便捷与紧密，促使全新的商业模式在 B to C 与 B to B 之间不断涌现。所以，在信息技术革命的当今社会，技术依然是推动商业模式创新最为重要的动力之一。同时还应该指出的是，驱动商业模式创新的技术力量也可能来自于相关的材料技术、工艺技术和管理技术等不同类型的技术创新与技术变革，而不同类型的技术变革对于不同行业企业的商业模式创新的驱动作用又各不相同。因此，研究商业模式的技术驱动力，应该结合具体的行业背景，对不同类型的技术作用进行分类研究。

2. 需求驱动力

“企业本性论”告诉我们“追求利润最大化”是企业生存的目标。而实现这一目标最有效的方式就是更好地满足市场需求。因此，为了更加有效地满足市场需求，企业需要紧紧跟随市场需求的变化趋势，通过各种形式的创新及时适应市场需求的各种变化。因此，从某种意义上说，正是需求的变化驱动着企业商业模式的不断创新。此外，为顾客创造价值也是企业获取利润的前提，而顾客价值是一个主观见之于客观的产物，既包含客观的成分如产品本身的价值，也包含主观的成分如形象价值、品牌价值等主观因素，伴随消费者需求偏好的转变，企业产品的价值也应随之转变，所以，从有效创造价值的视角看，需求也是驱动商业模式转变的关键动力。Von Hippel（1988）指出了顾客在客户主导创新过程中所具有的能动作用，并将通过客户需求的感知理解，形成解决方案，建立原型的创新范式称为用户创新。Keegan 和 Turner（2001）认为，推动创新首要在于对市场的关注，以及通过教育和帮助加强客户参与。Srivastava 和 Mansell（1998）认为，客户密集度和参与度是影响服务企业创新模式的两种主要市场驱动力之一。

3. 竞争驱动力

比竞争者更有效率地满足市场需求，是企业获取利润的关键，因此为了比竞争者更具效率，降低产品成本或价格的努力，成为影响企业商业模式创新的另一种重要驱动力。Kuusisto 和 Meter（2003）发现，反常规的变化增强了竞争，使得新型服务被开发出来并提供给顾客。而行业结构的刚性、竞争的缺乏、生产能力过剩则导致商业模式创新驱动力不足，形成商业模式创新障碍。为了降低成本，企业可以通过重新选择资源组合、再造生产以及价值主张和界面模式等各种形式实现，可以说竞争是驱动企业商业模式创新的重要力量。

4. 政策驱动力

欧洲 SI4S 研究项目中发现，政府的一个重要作用就是商业模式创新的触发器。政府这个角色非常重要，它可能直接促进某种创新（通过 R&D 资助等），也可能导致新规则的产生。例如，严格的环境控制带来了对测试、诊断和控制服务的需求，同时也刺激了开发合乎环境要求的服务产品和工艺的要求。

4.3.2 内部驱动力

系统科学通常把信息看成系统的组织力，依靠信息运作把诸多组分组合成为一种有序的结构，实现系统的整合、发展演进与变革。企业家作为企业这一组织系统的控制中心，自然成为组织内部信息运作的中心和控制者。所以，尽管商业模式创新具有外向性的基本特征，受到各种企业外部因素的影响和制约，但是各种外部因素，也包括内部因素，对于企业商业模式的影响还都需要通过企业家这一企业内部重要的信息控制中心的作用，才能产生全面性的影响。因此，可以说，商业模式创新作为一种企业系统的整体创新，从企业内部来看，其驱动力主要来自企业家和企业家的创新精神。

企业家的概念来源于英文“entrepreneurship”，其含义是从事某种行业，通过开办工厂和创新实现自身目标，并满足社会的需求的群体。在这里企业家被认为是当然的“创新者”。约瑟夫·熊彼特认为企业家是不断在经济结构内部实行“革命突变”，对旧的生产方式进行“创造性破坏”，实现生产要素的新组合的人，是推动国民经济向前发展的主体。马歇尔将企业家才能作为一类生产要素，认为是企业家把土地、资本、劳动以及企业家才能本身等生产要素按最有效的方式组织起来，实现了资源的最优配置。狄莫斯（Timmons，1997）认为：“企业家精神是一种思考、推理和行动模式，是一种追求机会，整体权衡，具有领导能力的行为。”德鲁克认为，企业家创新精神就是一种革新行为，这种行为为现有资源赋予了新的创造财富的能力。德鲁克把企业家创新精神明确界定为社会创新精神，并把这种精神系统地提高到促进社会进步的杠杆作用的地位。

虽然熊彼特将企业家看做是均衡的破坏者，认为企业家为追求利润目标实现新的生产要素组合，从而打破了市场的均衡状态。但柯斯纳、卡森等却把企业家看做是市场均衡的恢复者，认为由于信息不完全和人的有限理性，市场常处于一种不均衡的状态，企业家为了获取租金通过重新配置资源将市场再次导入均衡状态。因此，企业家既可能是均衡的破坏者，也可能是均衡的恢复者。但无论怎样，企业家都被视为是一种能够改变经济结构原有状态的创新动力因素。

企业家的创新精神通过创新实践得以表现。一般说来，企业家的创新，首先表现为思维方式的创新，其次是技术创新、管理创新和营销创新等职能创新，并且最终以上述创新在企业层面上的有机整合——商业模式的创新得以实现。企业家发动的创新，也许最初都具有一定的具体性和针对性。例如，针对某一社会需求目标创新地使用某种生产技术。但是最终，由于企业家在企业中所处的独特地位，这些创新都将表现出对企业内部资源利用的综合性与创新目标的整体性，并最终引发企业内部多个层面的连续创新，即商业模式的创新。因此，企业家发动的企业创新，并不是单纯地表现为某一企业职能的创新，而是涉及企业各个层面和多种职能的商业模式创新。

由于企业家拥有创新力、洞察力和统率力等优势，所以在企业管理创新过程中，不管企业规模大小，企业家都一直扮演着主导性、关键性的角色，在中小型企业中的情况更为突出。很多学者利用实证研究的方法，证明了企业家对于企业创新所具有的推动作用。特别是针对商业模式创新这种涉及企业各个层面和多种职能的系统化变革，仅仅依靠专业的研发部门或某些专业技术人员或市场营销人员都是难以推动和把握的，只有能够掌控全局，同时了解需求变化趋势、竞争态势以及相关政策法规和专业技术发展，具有创新精神的企业家才能系统化地推动企业商业模式各要素之间协同变革，并最终实现商业模式的创新。

应该指出的是，企业家作为商业模式创新的企业内部驱动力，与商业模式创新的外向性并不矛盾。这是因为，首先，企业家发动的商业模式创新，其来源是企业外部环境的变化和适应变化的需要。外部环境的变化，通过需求与竞争条件的变化，影响企业家并最终促使企业家根据上述变化的需要进行创新。事实上，无论是商业模式创新还是技术创新，都不是企业家随心所欲的产物，而是对照着某种环境需求或竞争目标，经过不断构思，不断优化组合各种资源的结晶。社会需求与市场竞争是商业模式以及技术和管理创新构思的核心和重心，各种构思的方案，各种解决问题的方法手段，归根结底都是针对社会需求和有效竞争而提出的解决方案。社会需求与竞争环境发生变化，解决问题满足需求的方法也就需要变化，企业家需要准确预测外部环境的变化趋势，并且有效整合资源和创新资源组合方式，从而有效地满足需求和应对竞争。对于企业家而言，创新就是根据外部环境变化的需要，调整和改变资源组合的形成与产出结果，并使之比竞争者更加有效地为消费者创造价值和满足。

其次，在今天的知识经济背景下，一个人不可能拥有推动商业模式创新所需要的各种知识，企业家也不例外。企业家的创新思想与创新实践也需要从外界补充和吸取各种相关的知识和信息。及时发现和捕捉到能够为企业发展带来机遇的各种科学技术、社会文化以及政府政策的变化和机会，是企业家必须具有的特质之一。所以说，企业家对于商业模式创新机会的把握，同样依赖于对于外部环境变化的敏锐观察和把握。即企业家作为商业模式创新企业内部的核心驱动力量，如何推动创新走向成功同样也离不开对于企业外部环境机会的把握。只有那些能够准确预测环境变化趋势的企业家才能真正有效地推动商业模式创新并获取成功。

4.3.3 创新驱动模型

根据商业模式创新的内部与外部驱动力，可以得出商业模式创新的驱动模型，见图4－1。

图4－1所示的商业模式创新驱动模型指出，企业商业模式创新的外部驱动力主要包括技术驱动力、需求驱动力、竞争驱动力和制度驱动力4个方面，内部驱动力只来源于企业家。其中外部驱动力对于商业模式创新产生的影响，需要通过企业家这一唯一的企业内部驱动力，才能发挥作用。

由于商业模式创新所具有的系统性和整合性，它与企业的技术创新、产品创新、市场创新、组织创新等职能创新具有很大的差异，传统意义上的企业创新内部驱动因素，如企业战略、研发部门以及其他管理人员或一般员工

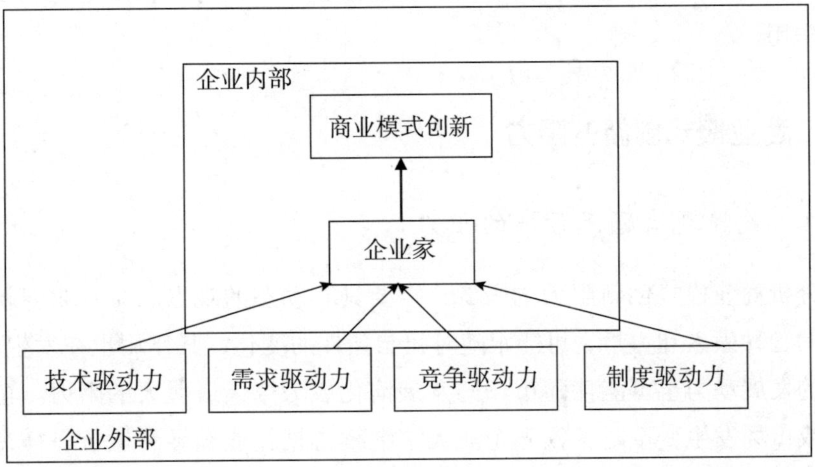

图 4-1　商业模式创新驱动模型

等，很难在企业整体层面的创新过程中发挥作用。虽然商业模式创新最初也可能是由某一特定的职能创新所引发，但真正的商业模式的整体改变，只能依靠企业家这一在企业内部占据特殊统治地位的人群来实现。只有通过企业家充分发挥其所具有的预见性、冒险精神、协调作用和影响力，才能克服来自企业内部与外部的各种阻力，实现商业模式的变革与创新。

本书提出的商业模式创新驱动模型，在明确指出商业模式创新所具有的外部驱动力的同时，突出强调了企业家在商业模式创新过程中所占有的独特地位与发挥的决定性作用。从某种意义上说，没有企业家就没有商业模式创新，商业模式创新的发动与推进都离不开企业家的努力。众多商业模式创新的成功案例也充分证明了这一点。没有弗雷德·史密斯在 1965 年被耶鲁大学教授称为“极有创意的怪论”——“用飞机送货物”的创意，以及后来的艰苦努力，就不会有联邦快递今日的骄人业绩。没有比尔·盖茨将编写的程序作为产品销售的想法，就不会有微软的成功。没有马云，阿里巴巴也许依然只是一个传说。

总之，企业家作为商业模式创新的核心推动力，无论是基于理论分析还是现实的案例，都可以得到充分的支持。从熊彼特到德鲁克的众多管理学流派，从理论上对于企业家在企业乃至整个经济社会的创新活动中所发挥的作用给予了高度评价和肯定。本文提出的商业模式创新驱动模型，利用模型的方式再一次强调了企业家在商业模式创新过程中所具有的特殊地位和发挥的重要作用。

4.4 商业模式创新的阻力

4.4.1 关注现有顾客带来的阻力

分析商业模式创新阻力的来源，需要具有动态的观点。对企业创新产生影响的各种因素和力量，可能跟随时间与条件的变化，其作用也在发生变化，曾经的发展动力也可能伴随市场的发展演化成为今天或明天的阻力。正如当技术或市场发生变革时，领先企业无法继续占据行业领导者地位一样，曾经促进企业商业模式创新的动力因素，成为后续创新的阻力的情况也很常见。事实上，关注现有客户的需要，这样企业过去赖以成功的因素，很可能已成为企业未来发展的障碍，成为企业商业模式创新的阻力来源。领先企业正是由于遵循了最为流行和最有价值的管理规则——密切关注消费者，并且为了保持现有顾客所必需的技术上的投资，而致使满足未来顾客需求的投资被忽视。顾客对于具有市场导向的企业而言，拥有指引公司投资的巨大力量。正是由于现实顾客的引导，可能使企业忽视了那些未来可能影响整个行业的创新发展方向。因为，未来市场发展的趋势顾客并不能完全了解和把握。此外，从技术的观点看，导致公司商业模式变革的技术创新，最初可能并不具有明显优秀的特征。它们可能表现为一些不同的性能品质，而这些性能品质可能最初并不为现有主流顾客认可。而现有顾客认可的那些性能品质，可能由于技术的迅速发展，改变了过去不能满足主流客户的形象而迅速完善，并使新技术迅速入侵到已经确立的市场中，并成功地吸引了主流客户的关注。不幸的是，等到了那时，对于现有供应者而言，常常为时已晚，新技术开辟者已经主导了市场。所以，即使是从技术本身考察，过于关注现有顾客的需要也可能会阻碍企业后续创新的方向。

4.4.2 源自管理者的阻力

管理者与企业家在商业模式创新过程中扮演了截然不同的角色，与企业家作为创新的驱动力不同，管理者经常在客观上成为商业模式创新的阻碍因素。究其原因，离不开管理者与企业家的本质区别。

企业管理者与企业家的区别，源于伯利和米恩斯的实证研究所提出的“控制权与所有权分离”命题基础上形成的委托代理理论。委托代理理论强调，管理者成为推动企业发展主导者的前提是委托代理关系。与企业家不同，管理者的职能是在委托代理框架下行使具体的管理职能，管理者特别关注的是与所有者权利的契约——这一限定权利框架的合同，而这一限制框架必然对“创新”以及其他旨在改变企业结构和资源配置方式与方向的决策活动（如商业模式创新）形成约束。

明茨伯格的管理者角色理论也进一步指出了管理者职能在企业总体创新方面受到的限制，强调管理者职能的微观性与倾向于业务层面的特征。因此，相对于企业家，管理者受到契约的明确限制，对于改变企业现状的意愿和能力均受到抑制。事实上，管理者是在以契约为载体的一定目标限制下行使权利，目标是根本要求，而创新，包括商业模式创新仅是实现目标的手段之一而已。换句话说，如果商业模式创新被认为与委托代理目标在合同期内没有直接的影响，那么，管理者作为代理人，也就没有进行创新的要求与动力。这与传统的企业主型厂商理论认为企业家的目标是使利润最大化存在着本质的区别。

此外，管理者的行为目标与企业家的行为目标相比，也存在本质差别。传统的利润最大化理论已不能充分解释现代管理者的行为。考察众多的管理者模型可以知道，尽管企业管理者理论突破了传统的企业利润最大化的假说，但无论是“销售额最大化”、“增长最大化”，还是“管理者效用最大化”，无一不受到量化目标的约束。管理者的角色就是定位于完成某一系列特定目标约束下的任务。这些目标对于管理者而言往往是刚性的约束条件，是管理者行使控制权的前提，而上述目标通常与商业模式创新这种企业整体层面上的创新活动没有直接关联。

管理者在契约的约束下，以殊途同归的目标形式履行委托代理关系。管理者的目标责任是在企业微观层面的框架内通过资源优化和机会识别推动企业实现既定目标。从通常的委托代理契约的内容来看，管理者的影响应该主要体现在企业内部，而很少体现在超出企业边界以外的经济结构中。企业组织框架内各业务层次创新绩效的取得大多是作为实现契约目标的手段。因此，可以认为，管理者既会积极推动创新活动的进行，也会使面向企业的具体业务活动得到开展，并借由这些业务创新取得的绩效实现委托代理契约规定的目标。这一层次的创新往往不能改变企业整体层次上的结构格局。例如，增加产品规格和外观等业务层次的创新活动，往往能够推动利润最大化、销售最大化等契约目标的实现，但较少能够改变整个企业的商业模式或者是企业外部的竞争结构。

参考文献

［1］科斯 R. 论生产的制度结构［M］. 上海：上海三联书店出版社，1991.

［2］张五常．企业的契约性质［A］. 陈郁．企业制度与市场组织——交易费用经济学文选［C］. 上海：上海三联书店 & 上海人民出版社，1996.

［3］刘小兵．创新经济对企业发展的促进作用分析［J］. 长沙交通学院学报，2003.

［4］周三多，陈传明．管理学［M］. 北京：高等教育出版社，2002.

［5］熊彼特．从马克思到凯恩斯［M］. 南京：江苏人民出版社，1999.

［6］侯锡林．当代宏观经济学原理［M］. 长春：吉林科学技术出版社，2004.

［7］张晶．论管理创新［J］. 现代情报，2004.

［8］克莱顿·M. 克里斯坦森．创新与总经理［M］. 北京：中国人民大学出版社，2005.

［9］郭志文．管理学核心思想概述［J］. 湖北大学成人教育学报，1999.

［10］德鲁克．创业精神和创新［M］. 北京：工人出版社，1989.

［11］赵薇，杰弗瑞·德登．企业家创新精神原动力［J］. 山东社会科学，2010.

［12］刘军．创新——企业发展潜力的重要源泉［J］. 现代企业，2004.

［13］周叔莲．论企业家精神［M］. 北京：经济管理出版社，1989.

［14］SCHUMPETER J A. The theory of economic development［M］. 北京：九州出版社，2007.

[15] ROTHWELL R. Towards the Fifth – generation Innovation Process [J]. International Marketing Review, 1994, 11 (1): 7 – 31.

[16] CHRISTENSEN, CLAYTON M. The Innovator's Dilemma: How New Technologies Cause Great Firms to Fail [M]. Harvard: Harvard Business School Press, 1997.

[17] CHRISTENSEN, CLAYTON M, FERNANDO F, et al. Utterback, Strategies for Survival in Fast – Changing Industries [J]. Management Science, 1998, 44 (12): 207 – 220.

[18] CHRISTENSEN, CLAYTON M, JOHNSON M W, et al. Rigby, Foundations for Growth: How to Identify and Build Disruptive New Businesses [J]. Sloan Management Review, 2002, 43 (3): 22 – 32.

[19] CLARK K B. The interaction of design hierarchies and market concepts in technological evolution [J]. Research Policy, 1985, 14 (5): 235 – 251.

[20] MILIKEN F J. Three types of perceived uncertainty about environment: State, efect, and response uncertainty [J]. Academy of Management Review, 1987, 12 (1): 133 – 143.

[21] ANNE KEEGAN, J. RODNEY TURNER. Quantity versus Quality in Project – Based Learning Practices [J]. Management Learning, 2001, 32 (1): 77 – 98.

[22] KUUSISTO, JARI, MEYER, et al. Insights into services and innovation in the knowledge intensive economy [J]. Technology Review, 2003.

[23] TIMMERS P. Business models for electronic markets [J]. Journal of Electronic Markets, 1998 (2).

5 商业模式创新路径与价值创新

如何实现商业模式创新是商业模式创新理论研究的重要内容，也是研究商业模式结构与创新驱动力的目的所在。实现商业模式创新需要首先把握商业模式创新的基本路径，了解创新的基本过程与主要环节，因此，本章第1节首先探究商业模式创新路径形成的相关问题。此外，由商业模式的结构特征可知，价值既是构成商业模式的核心要素，也是有效连接其他模式要素的纽带，因此，价值创新是决定商业模式创新成功与否的关键环节。所以，本章后续内容将重点分析价值创新的方法与途径。

5.1 商业模式创新路径

商业模式作为企业系统的模型，自身也是一个系统。所以，可以依据系统论中系统生成理论探寻商业模式创新的基本路径。系统生成理论认为，系统的生成有两种基本方式，一种是有生于有，另一种是有生于无。其中，有生于有论，属于渐进式或改良式生成论，只能解决相对平庸的生成问题；有生于无是生成论更深刻更本质的哲学表示，能够解决根本性质变的、革命性的系统生成问题，商业模式创新正是这种问题。由于有生于无论思辨性太强，要利用它解决商业模式的创新过程问题，需要首先解决创新过程的起点问题。

辩证法认为，一切两极对立之间都是通过中介而相互过渡的，在系统生成过程的从无到有之间，存在着一个“微”，这个“微”就是沟通有和无的中介。系统利用微，这个中介就可以从“无”构成“有”。在实践中，这个“微”就是系统生成的起点。从信息的观点看，这个“微”就是一种信息形态的东西，虽然它需要的物质载荷极少，但却包含着生成未来系统的核心信息。现代科学提出的生成元就是这个作为系统生成过程起点的“微”。例如，哺乳动物的受精卵，绘制分形图的原图+生成规则，等等。它们虽然包含的物质数量很少、很有限，但却包含了构建生物系统所需要的全部信息，并且可以支持系统的最终生成和后续的演化。

根据上述理论可知，无论是一个新商业模式的生成，还是创造一个新的商业模式，关键都在于找到那个承载着商业模式全部信息的微，这个新商业模式生成过程的起点——包含着未来商业模式系统核心信息的生成元。这个微、这个生成元，本书认为就是商业模式中的价值主张与价值形成逻辑。价值主张和价值形成逻辑对于企业的商业模式而言，虽然抽象，并且因缺少具体的物质载荷而难于表现，但其对于商业模式的形成和发展却具有决定性的作用。正像 DNA 决定生物的基本特性一样，是价值主张与价值形成逻辑决定了企业内部资源组合的选择与运作流程和界面模式的形成。价值主张的改变将直接影响价值形成逻辑与资源组合的选择，运作流程和界面模式也同样将不可避免地跟随其变化而变化。

例如，一家价值主张是为了方便顾客购买日常需要的便利品的便利店，当其提出了为顾客创造方便的价值主张之后，从店铺选址到商品选择、从店面设计到服务时间和商品价位安排，基本的方向和原则都将随之确定，即都应围绕方便顾客购买的价值理念进行选择和安排。这时尽可能接近顾客的选址和方便快捷的销售方式、较长的营业时间、生活中急需的有限品种的便利品以及较低的价位和简单的装修都是实现提供便利价值主张的应有选择。

随着时间的推移，当这家便利店改变了原来的价值主张，决定在便利之外为顾客提供更多不同的价值，例如，当价值主张改变为把购物作为一种休闲娱乐的生活享受，为顾客提供更多选择的一站式购物等时，原来的便利商店就需要进行高档豪华的装饰装修，安排更加舒适的殿堂布局，组织更多的货源，供应更多价格昂贵的奢侈品与选购品和提供更加周到的售后服务等。

在这里，为了实现新的价值主张，企业的资源组合、运作流程和界面模式都发生了变化，这时，便利店已不再是便利店，而是成为了一家豪华气派的大型百货商店。

可见，伴随价值主张的改变，企业的资源组合、运作流程和界面模式都发生了根本性的改变，即一个全新的商业模式呈现出来。所以，不同的价值主张决定了不同的资源组合、运作流程和界面模式，即不同的商业模式，正是新的价值主张的形成决定了新的商业模式的产生与发展。由此可知，商业模式创新的第一步，应该是根据特定的外部环境和企业自身条件提出全新的价值主张与价值形成逻辑。

当价值主张与价值形成逻辑形成之后，商业模式作为企业这个开放的社会系统的模型系统，其相应的资源组合、运作流程与界面模式也将在企业与外部环境的交流与互动中相继形成并确立。这种交流与互动表现为企业外部的需求与竞争环境、技术与资源环境将决定企业资源组合可以选择的种类与范围，以及运作流程和界面模式的具体形式。

所以，商业模式的创新路径可以表述为：首先，以提出新的价值主张和价值形成逻辑为起点；其次，根据既定的价值主张和价值形成逻辑，以及特定的外部环境条件，确定资源组合；再次，在既定的价值形成逻辑和资源组合条件下，设计相应的运作流程；最后，设计界面模式。界面模式由于直接受到外部环境因素的影响，因而虽然价值主张与价值形成逻辑对其具有内在的决定性，但是这种决定性需要与千变万化的外部环境因素相结合，并根据内部与外部两方面的影响，共同决定界面模式的选择。这样，一个完整的商业模式就经历了一个由外而内、由内而外的过程形成了。

这里所说的由外而内是指价值主张的形成过程。事实上，价值主张的确定，来自企业或企业家对外部环境变化的判断，正是根据外部环境对于特定价值的需要，以及企业的自身条件，由企业或企业家提出特定的价值主张。如果不是这样，如果新的价值主张不是来自环境变化的需要，则可能存在企业的努力最终无法被社会接受的危险。所以说，价值主张的形成应该是一个由外向内的过程，是企业将外部社会的价值需求转化为企业的价值创造目标的过程。

而上述自内而外的过程，其中的内是指商业模式形成过程的中间部分，是在价值主张与价值逻辑形成之后，企业决定资源组合与运作流程的过程；而在此之后，商业模式的界面设计环节，就需要一个内外结合、由外向内和由内向外的过程。所以，由此可见，商业模式创新不仅起点源于企业外部环境的变化，其最终环节也需要与外部环境有效对接。因此，可以说商业模式创新过程具有外向性的基本特征，见图 5－1。

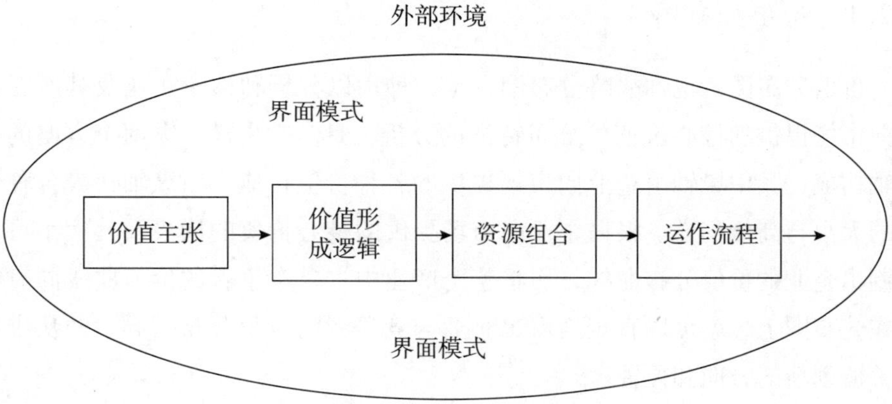

图 5－1　商业模式创新路径

5.2　价值创新分析工具

由第 1 节内容可知，价值主张是构成商业模式的核心信息基础，如同生物的遗传密码一样，它决定着商业模式的基本结构与主要特征，是建立商业模式的首要基础。只有在价值主张发生变化或者说实现创新的情况下，商业模式才可能发生涉及所有要素的、全面深刻的变革，即实现商业模式的根本性创新。相反，如果价值主张没有发生变化，只是其他模式要素根据外部环境的变化进行的调整，引起的商业模式变化，由于没有改变价值主张与价值逻辑形成这些基本要素，也可以说，商业模式质的规定性并没有改变，而只是发生了量的改变，因而可以将其称为商业模式的渐进式创新，而不是根本性创新。因此，价值主张创新是推动商业模式创新最为关键的要素环节，对于商业模式创新具有质的规定性作用。所以，如何实现价值主张创新就成为商业模式创新的关键。价值主张创新来源于价值创新，它是企业在众多价值理念中的一种具体选择，所以价值主张创新关键在于发现新的价值，并借此对包括价值本身在内的整个价值创造过程进行创新。本章内容将重点讨论这一问题。分析价值创新的方法与途径需要借助必要的价值分析工具，所以本节首先介绍两种重要的价值分析工具：“价值分布图”与“四步动作框架”。

5.2.1 价值分布图

价值分布图，也称战略分布图，是一种用以分析和诊断企业及其所在产业向市场提供的核心价值的分布特征的分析工具。它由横、纵两个方向的坐标轴构成，其中横轴由企业向市场提供的各种价值构成，而纵轴代表各种价值的大小与高低程度。根据企业向市场提供的核心价值的构成及其大小可以绘制出企业的价值分布曲线，而将整个产业中主要竞争者的价值曲线同时绘制在分布图上，就可以直观地看出企业与竞争者的价值分布差异，并从中发现价值创新的方向和位置。

以中国民营快递业企业为例，其向市场提供的核心价值可以划分为价格、品牌信誉、营销力度、网络范围、服务种类、服务响应与时效 6 个主要元素。

（1）价格：即每单快递服务的价格。价格在竞争性市场中通常是最敏感的要素，价格的高低可以直接反映出企业竞争实力的大小。

（2）品牌信誉：对于快递这种服务产品而言，通常客户购买服务需要承担的风险远远超过其需要支付的费用，例如，一家企业需要快递出的样品，可能决定着企业一笔巨额订单的成败，对于企业来说，其直接经济价值可能是百万元、千万元或者更多，但这对于快递公司而言，却可能只是一笔十几元或者几十元的普通服务。所以在快递市场上，品牌信誉对于很多细分市场的顾客而言，可能比服务价格重要得多。

（3）营销力度：高投入的市场营销力度，有助于企业在竞争激烈的市场中提高知名度和美誉度、树立品牌信誉，有助于企业迅速开拓新兴市场。此外，虽然品牌信誉不能完全依靠营销投入来解决，但没有营销投入，迅速建立品牌信誉也是不可想象的。

（4）网络范围：快递属于销售网中心型服务产品，企业服务网络的规模和质量直接影响着其生产成本、销售范围与服务质量，健全与具有前瞻性的服务网络布局将直接形成快递企业现实的生产力与未来的发展潜力。外资快递巨头在中国通过收购兼并快速扩张服务网络的做法正是基于上述原因。

（5）服务种类：快递与物流服务的其他产品一样不仅具有规模经济性，

同时也具有范围经济性，多种服务形式并存不仅有利于更好地满足顾客需要，有效扩大销售，同时也有利于企业降低成本，提高收益。所以，服务品种的多少也是企业竞争实力的重要表现。

（6）服务响应与时效：快递的核心价值就在于一个“快”字，如果不能及时响应顾客的服务要求，服务时效不强，将直接影响快递产品的竞争力。所以，服务响应与时效应该是快递企业为市场提供的最为重要的核心价值之一。

近年来，中国快递产业发展迅速，市场规模多年以平均 30% 的速度递增，并形成了本土民营企业、国有企业以及外资企业三足鼎立共同发展的市场格局。

国有快递公司主要有邮政速递（EMS）、民航快递、中铁快运等。其中，EMS 附属中国邮政集团，能享受到与邮政相当的国家优惠政策，占据了国内异地快递市场 70% 左右的市场。其他国有快递企业也大多背靠特定的行业，能够争取到一些特殊优惠政策支持，在品牌声誉、网络范围等方面具有明显的优势。

外资快递企业以 UPS、FedEX、DHL、TNT 四大国际快递公司为代表，它们凭借雄厚的资金、先进的技术、高质量的服务占据了中国 80% 的国际快递市场，除了在服务网络方面存在先天不足之外，其他各个方面均处于领先地位，特别是在营销水平与力度方面，中国本土企业无论是国有还是民营与之相比都存在较大差距。

民营快递企业主要有宅急送、申通、顺丰速运等。其数量众多，占国内快递企业总数的 95% 左右。但是与国有快递、外资快递相比，民营快递企业实力弱，经营环境相对较差。市场上民营企业受到外资快递企业和国有快递企业的双重挤压，生存异常艰难。除了价格优势外，其他方面与上述两类企业均具有较大差距。所以本土民营快递企业大多以价格优势在快速发展的电子商务市场和同城或国内速递业务等低端市场寻求发展。

由价值分布图可以清楚地看到 3 类不同企业价值分布的差异与区别，以及应该调整的方面，见图 5－2。

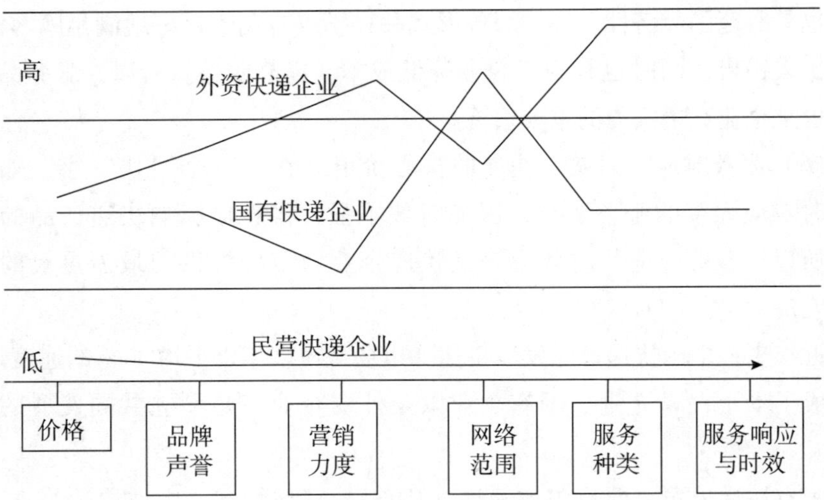

图 5－2　21 世纪初中国快递市场价值分布图

5.2.2　四步动作框架

在利用价值曲线和价值分布图进行分析的基础上，企业可以利用四步动作框架创造新的价值曲线。所谓四步动作框架，就是针对现有产业的核心价值与商业模式回答下述 4 个方面的问题，见图 5－3。

（1）有哪些被认定为理所应当的价值元素应该被剔除？

（2）有哪些价值元素应该被减少到标准以下？

（3）有哪些价值元素应该被增加到标准以上？

（4）有哪些从未有过的价值元素应该被创造？

当把这四步动作框架运用到产业的价值分布图上后，就可以发现企业应该选择的新的价值分布点并使企业获得全新的价值曲线。

从上述快递企业的价值分布图可以发现，对于外资快递企业而言，扩张网络范围是其当务之急，在实践中外资企业也正是这样做的，它们在获得政策许可之后，纷纷利用收购、兼并具有服务网络资源的本土企业实现迅速扩张，以获取市场竞争的优势地位。相比之下，本土国有企业在服务质量、时效性和营销力度等方面需要加快提升，只有这样才能在与外资快递巨头相抗衡的过程中保持住现有地位。而民营快递企业由于资金和实力等各种因素的限制，需要提升的价值因素很多。

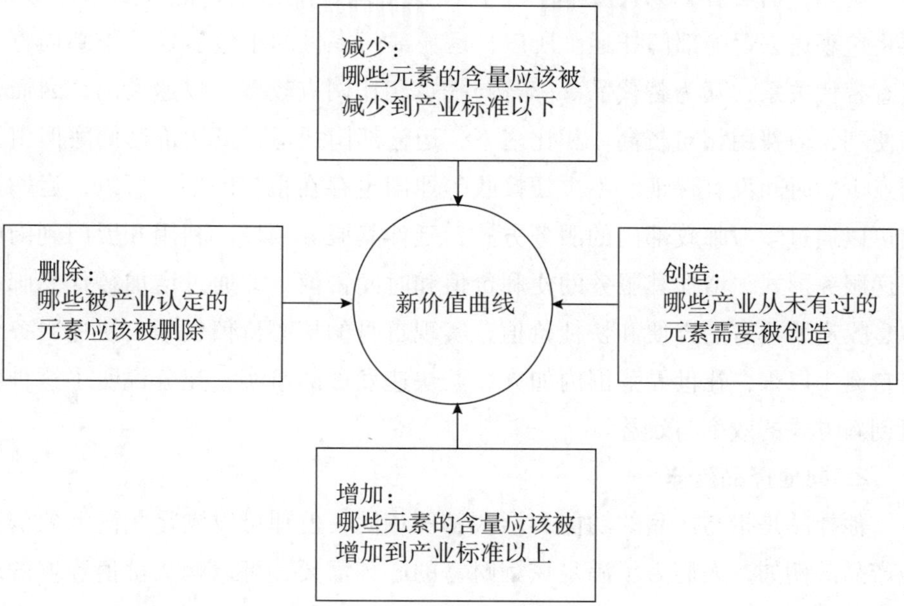

图 5－3　价值创新的四步动作框架

5.3　价值创新途径

5.3.1　跨越产业边界实现价值创新

企业可以通过向替代品、他择品与互补品所具有的价值方向延伸，通过超越现有产业边界，为产品创造新价值。

1. 向替代品延伸

替代品是指与产品的功能或核心效用相同，但具有不同形式的产品。例如，为了补充蛋白质，人们可以选择鸡蛋，也可以购买豆腐。虽然不同鸡蛋与豆腐的产品形式完全不同，但它们都可以满足人类对于蛋白质的需要。在满足消费者某种特定需要方面，产品与其替代品具有相同作用，消费者可以根据自己的偏好和具体环境条件进行选择，而无论如何选择，产品与其替代品都能满足消费者的特定需求。因此，产品与其替代品之间具有竞争关系，在营销上这种竞争被称为产品形式上的竞争。企业可以通过促使现有产品增加其替代品所具有的不同价值，提升企业产品的核心价值含量，实现价值创新。例如，消费者如果需要将一个包裹从甲地送到乙地，他可以选择邮寄，或将包裹送去运输部门托运。所以，运输部门提供的小包裹托运与邮局寄送具有替代关系，互为替代品。邮寄与托运相比网点较多、投递上门，因而较为便利，但费用相对较高。相比之下，运输部门托运，虽然价格低廉但由于网点少、时间没有保证、不方便接收等原因也存在很多问题。所以，运输部门可以通过学习邮政部门的服务方式，延伸其服务领域。利用开展门到门的快递服务形式，增加其服务的便利价值和时间价值，即通过增加替代品邮政包裹投递所具有的方便和快捷价值，实现自身的核心价值创新。快递服务业务自诞生以来，在世界范围内如火如荼快速发展的事实，充分说明了这种价值创新方式的效率与效益。

2. 向他择品延伸

他择品是指与产品的功能和形式都不相同，但却可以满足相同需要的其他产品。例如，人们为了满足炫耀财富的心理需要，可以购买价值连城的珠宝钻戒，也可以购买豪华游艇，虽然二者不具有替代关系，但却互为他择品。人们在作出购买决定时，常常是在各种选择中进行比较，对于一个刚刚大学毕业的年轻人来说，积蓄有限，只能在轿车与住房首付之间进行选择，对于这个年轻人来说，住宅与轿车之间就是互为他择品，这时，二者之间也存在着某种竞争关系，营销上将这种他择品之间的竞争称为愿望竞争。产品的价值创新也可以通过向他择品汲取价值来实现。例如，日本电信运营商 NTT DoCoMo 于 1999 年推出 i - mode 手机一键上网，将只使用语音服务的手机顾客变为使用语音和数据服务（音乐、图片、资讯）的顾客，通过利用互联网这个手机的他择品所具有的价值，为其手机客户创造新价值，并使自身业务收入在短短的 5 年内扩大了近 3000 倍。NTT DoCoMo 通过将手机的可移动性、声音传输和使用的简便性与互联网服务进行对接，为顾客提供了更多互联网服务的增值价值，使自身收入由 1999 年的 2. 95 亿日元增加到 2003 年的 8863 亿日元。

3. 向互补品延伸

互补品是指消费者在消费某种产品时必须与这种产品同时使用的产品。例如，对于以汽油为动力的汽车而言，汽油就是其互补品，对于电冰箱而言，电就是其互补品。由于产品必须与其互补品共同消费，所以消费者对于某种产品的需求不可避免地会受到其互补品的影响，互补品的性质与数量将直接影响产品本身的价值。所以，为产品增加其互补品所具有的属性和价值，必将有助于产品本身价值的提升，所以为产品增加其互补品所具有的价值是另一种重要的产品价值创新途径。为产品创造互补性价值，一种简单的方法是分析顾客在使用产品之前、之中、之后都有哪些需要，并从满足这些需要出发，为顾客创造新的价值。诺和诺德公司是一家胰岛素厂商，将胰岛素和注射笔整合创造出 NovoLet 注射装置，便于病人随身携带使用。再例如，北美客车公司发现市政府在购买公交车时，并非只关注公交车本身价格，而是更加重视公交车在整个使用阶段的维护费用，所以北美客车公司为了降低客车的维护成本，创新性地采用了玻璃纤维车身，在提高客车销售价格的同时，降低了维护成本，创造了公司与市政府的双赢。再有我们经常发现，一些商家为了解决家庭主妇购物时幼儿无人照顾的问题，在商场开辟了专门的幼儿游乐和托管区，使顾客摆脱了照顾孩子的后顾之忧而大受欢迎，这也是从创造互补价值的角度进行的价值创新。

5.3.2　通过调整产品定位创造新价值

1. 高档与低档定位

通过转变产品定位档次创造新价值。通过突破习惯势力的高档和低档的狭窄视野，搞清楚什么因素是决定顾客选择产品的基本价值，从而有针对性地增加必要的价值，剔除不必要的价值，实现产品整体的核心价值创新。例如，曲线美健身俱乐部专为女性服务，剔除奢华设施，在小型化社区布点，通过向会员提供具有标准化的基本服务，例如，依次使用一组健身器械，每周三次练习，每次半小时完成，以每月只需 30 美元的低价，为顾客创造物超所值的核心价值。

2. 功能与情感

企业通过挑战现有功能与情感导向，发现新空间，创造新价值。如果过去是在情感层竞争，可否去除那些不必要的元素使产品功能化？反之亦然。例如，日本的快美发屋，针对男性需求，取消了按摩、饮料等情感元素，以“气洗”替代“水洗”，专注剪发，使理发时间缩减到 10 分钟，并且使费用从 3000 日元降到 1000 日元。

5.3.3 跨越细分市场创造新价值

通常，企业为增加自己的市场份额会努力保留和拓展现有顾客，常常导致更精微的市场细分。然而，为使企业效益最大化，企业也需要反其道而行，不仅把视线集中于现有顾客，还需要关注非顾客。不仅要通过个性化和细分市场来满足顾客差异，还应寻找买方共同点，并将非顾客置于顾客之前，将共同点置于差异点之前，将合并细分市场置于多层次细分市场之前，通过跨越细分市场，为顾客创造更多具有共同性的核心价值。

企业可以将非顾客划分为 3 个不同层次，并根据其不同特征，找到不同的价值创新方式。

第一层次：徘徊在企业的市场边界，随时准备换船而走的“准非顾客”。

“准非顾客”，是指那些在找到更好的选择前，只是最低限度地使用现有产品和服务，并且一旦有更好的选择就会换船而走的顾客。例如，上班族无所适从的午餐。针对这种无所适从的午餐需求，英国 Prêt A Manger 快餐厅更关注上班族的共同需求——快速、新鲜、健康，为其提供新鲜美味的成品三明治，免除餐位，将购买行为缩短为 90 秒，因而每年在英国得以售出 2500 万只三明治。这里，为了满足午餐顾客具有共性的快速需求，通过剔除餐位服务，增加了餐厅向顾客提供产品的时间价值，实现了价值创新。由此可见，价值创新并不一定只有通过增加服务或提高成本才能实现，通过更好地满足具有共性的需求特征，消减过于烦琐的服务和降低成本同样可以为企业创造前所未有的新价值。

第二层次：有意回避市场的“拒绝型非顾客”。

很多拒绝型非顾客是因为市场现有产品或服务不可接受或者超过他们的经济承受能力而不使用公司产品。例如，在福特的低价“T”形车问世之后，轿车从过去的奢侈品转变为普通工薪阶层可以支付得起的普通消费品，过去大量买不起轿车的人也转而成为福特的顾客。再有，1964 年德高广告为了扩大其户外广告市场而创造了“街道家具（Street Furniture）”的概念，此前户外广告只有公路广告牌和运输工具广告几种非常简单的形式，广告的有效呈现时间很短。德高意识到缺乏城市中心固定广告放置点是户外广告产业不受欢迎的原因，为此，德高通过向市政府免费提供街道家具及其维修保养的方式出售广告空间，获得了高达40%的利润率。可以看出，通过价值创新可以将拒绝型非顾客转变为现实顾客，所以通过分析研究拒绝型非顾客之所以拒绝产品的原因，可以为企业的价值创新指明方向，并创造有效的利润空间。

第三层次：处于远离市场的“未探知型非顾客”。

“未探知型非顾客”是距离企业最远的顾客群体，他们通常被想当然地视为属于其他产业市场。而事实上，“未探知型非顾客”为企业价值创新提供了最为广阔的空间。例如，牙齿增白从来都被认为是牙医的事，当最近口腔护理厂商着眼于这种需求时，牙齿增白产品的市场随之爆炸般膨胀。同样，当运输部门将目光转向那些数量众多的需要将物品从某地运送到其他地方但却还从来没有办理过托运服务的普通消费者的时候，通过提供更为便利的门到门的快递服务，就轻而易举地将具有上述需求的消费者纳入了自身市场之中。所以说，企业应该更加重视研究“未探知型非顾客”与现实顾客之间的差别，并从中发现价值创新的途径。

5.3.4　利用新技术创造新价值

利用技术创新为产品创造新价值。技术创新一直被视为企业创新最重要的动力之一，在创新理论中，技术作为主要的企业创新的主要动力发挥着不可替代的作用。但同时应该指出的是，技术创新并不等于价值创新，只有通过商业视角洞悉技术创新可以如何改变顾客获取的价值，并利用这种技术创新为消费者创造新价值，才能给企业带来商业价值。正是由于大规模集成电路技术使计算机硬件如此功能强大和价格低廉，才使得开发计算机软件成为具有商业价值的活动。正是由于网络技术的推广与普及，才使得以互联网为基础的电子商务市场在世界范围迅猛发展。技术创新为企业价值创新提供了基础与动力，这一点在100多年前，企业家利用新生的电力和电话网络等基础技术改变美国，与今天的互联网企业利用电脑和通讯设施改变世界经济一样，并没有改变。

参考文献

［1］苗东升．系统科学精要［M］．北京：中国人民大学出版社，2010.

[2] 黄卫伟．生意模式与实现方式 [J]．中国人民大学学报，2003 (4)：77－84.

[3] 田志龙，盘远华，高海涛．商业模式创新途径探讨 [J]．经济管理，2006 (1)：42－45.

[4] W. 钱·金．蓝海战略 [M]．北京：商务印书馆，2006.

[5] 罗凤兰．民营快递企业发展分析 [J]．中国物流与采购，2010.

[6] VOELPEL C S，LEIBOLD M，TEKIE E B. The Wheel of Business Model Reinvention：How to Reshape Your Business Model to Leapfrog Competitors [J]. Journal of Change Management，2004，4 (3)：259－276.

[7] CHAHARBAGHI K，FENDT C，WILLIS R. Meaning，Legitimacy and Impact of Business Models in Fast－moving Environments [J]. Management Decision，2003，41 (4)：372－382.

[8] MITCHELL D W，COLES C B. Establishing a Continuing Business Model Innovation Process [J]. The Journal of Business Strategy，2004，25 (3)：39－49.

6　基于不同价值模式实现商业模式创新

6.1　3种价值形成模式

6.1.1　3种价值形成模式提出的背景——詹姆斯·汤普森的技术分类

英国学者琼·伍德沃德（Joan Woodward）于1950—1959年进行了大规模实证研究，通过对100家制造业企业组织模式与经营绩效进行比较，证实并不存在一种对于制造业企业普遍适用的最好的组织形式，然而当她引入企业使用的生产技术变量进行分析时，情况发生了变化。因此，琼·伍德沃德把企业使用技术的分类作为研究重点进行分析，发现商业上成功的企业其组织形式与企业的技术功能具有相互配合和相互支撑的关系，并总结出3种不同类型的制造技术分类和相应适合的组织形式。

美国学者詹姆斯·汤普森（James Thompson），通过将研究对象扩展到制造业之外的服务业，进一步拓展了琼·伍德沃德的研究成果。汤普森认为不仅对于制造业，服务业企业也一样，是所使用技术的类型决定了企业应该具有的、最有效率的内部结构。为了分析探寻包括服务业在内的各类企业的最佳组织形式，汤普森首先对企业所使用的生产技术进行了重新分类。他以投入品和产出品的标准化程度，以及生产过程的标准化程度这两个变量作为分类依据，根据标准化程度的高低将组织业务单位所使用的技术划分为纵向关联技术（Long－linked technologies）、媒介技术（Mediating technologies）和集约技术（Intensive technologies）3种类型。

1. 纵向关联技术（Long－linked technologies）

纵向关联技术是指生产过程由固定顺序的程序构成，并将标准化的投入品转为标准化的产出品。例如，钢铁公司和化学工厂。

2. 媒介技术（Mediating technologies）

媒介技术，是指利用标准化的转换过程，将独特的投入品转换为产出品。例如，服务机构利用事先规定的程序为不同的顾客提供不同的服务。这种技术通常将相互需要交换帮助的顾客连接起来，促使他们交换成功。例如，银行、经纪公司和社会安全组织等。

3. 集约技术（Intensive technologies）

集约技术，是指通过非标准化的过程将独特的投入品转化为独特的产出品。这种技术集中在需要通过专家协调和融合他们不同的专业知识以创造独特的产出品的情况。例如，医院的急诊室和企业的研发部门。

汤普森还指出，组织使用的技术以及适合的组织结构，与组织面临的主要任务有关。应该根据任务的基本特征选择使用的技术和相应的组织结构。在这里，组织的任务就可以理解为组织的价值主张，由此可以看出，汤普森的观点再一次指出，构建企业新的模式需要在明确价值主张的基础上，依据特定的价值形成逻辑，将技术、资源与组织形式进行有效整合。

6.1.2 价值链、价值环和价值网——3 种不同的价值形成模式

根据汤普森划分的 3 种不同技术类型，以及迈克尔·波特的价值链分析框架，挪威学者查尔斯·斯德拜尔（Charles B Stabell）等提出了与 3 种不同技术相对应的 3 种价值形成模式。查尔斯·斯德拜尔认为，除了价值链模式外，企业中还存在着与集约技术和媒介技术相对应的另外两种不同的价值形成模式，即价值环与价值网络。它们具有与价值链不同的技术基础与不同的过程规律，不加区别地利用价值链分析框架研究具有上述两种不同模式的企业，可能导致错误的结论，所以，企业应该结合自身的价值主张，首先确定应该具有的价值形成模式，或者称价值形成逻辑，并在此基础上，构建合理的运作流程与组织形式。查尔斯·斯德拜尔（Charles B Stabell）指出，价值链作为一种价值形成分析方法，在识别价值创造技术类型的基础上，对于使用纵向关联技术的企业既是适合的也是有效的。而对于使用其他技术类型的企业而言，价值链分析应该首先被转换为价值形成分析，然后，在区分企业价值形成模式的基础上，利用价值环或价值网分析企业的资源组织形式和运作流程。价值形成分析被定义为一种基于 3 种不同的价值创造技术和逻辑的

公司层面竞争优势分析的方法。而价值链诊断既是一种价值形成模式，也是一种具体的企业价值分析工具。

从价值分析的角度观察企业，企业经营过程也就是价值创造与传递的过程。所以，通过价值形成分析可以有效衔接企业经营运作的各个环节，为在价值主张创新基础上，实现商业模式各个要素的整合创新提供方向和依据。

1. 价值链

利用纵向关联技术创造价值的模式被称为链式价值形成模式，简称价值链。价值链的价值形成逻辑是通过将投入的原材料转化为制成品创造价值。通常，加工制造企业具有典型的链式价值形成模式。在链式模式中，原材料与半成品通过生产加工过程转化为最终产品，并被送达到消费者手中。在这里，产品作为价值传递的桥梁，将公司和顾客联系起来。组装流水线是典型的纵向关联价值创造技术。流水线被设计用于以较低的成本生产标准化的产品。流水线模式具有显著的成本规模效益，适当的库存可以有效地避免由需求波动所造成的生产波动。生产活动之间具有相互依赖的关系，通过生产与销售过程中各个环节的协调与合作可以使价值创造过程平稳持续地进行。

2. 价值环

价值环也称价值店铺，是指利用集成技术通过为顾客或委托人解决问题创造价值的价值形成模式。它具有根据客户的需要定制价值活动内容、活动顺序和所需要资源的特征。其价值创造逻辑是：通过为顾客解决问题创造价值。由定义可知，环式价值形成模式的生产过程灵活多变，企业是根据顾客需要解决的问题，选择、安排资源组合与运作流程。顾客的问题不同，生产过程和环节顺序也不相同。这样，与链式结构大规模标准化生产的固定组合方式不同，环式企业的活动内容、活动顺序和所需要资源组合需要不断调整。因此，环式模式的价值形成过程也可以视为一个围绕客户问题展开的多种价值活动环环嵌套的环。其中企业价值活动的安排，是根据每位顾客的需要所设定的，顾客问题的复杂程度决定着环式组织价值活动的内容、顺序与密集程度。很多专业服务行业如医疗、法律、建筑和工程拥有大量依赖集成技术具有环式价值形成模式的公司。

此外，其他一些行业的公司，它们的主体活动可能属于利用纵向关联技术的链式价值形成逻辑，而另外一些职能活动需要使用集成技术创造价值，并具有环式价值形成模式。例如，石油行业，其上游勘探领域的生产过程被理解为是建立在集成技术基础上的环式价值形成模式。虽然勘探业务本身又被视作是整个石油行业链式价值形成模式中的支持职能。因此，有些时候环式价值形成模式也可以用于描述链式价值形成逻辑中关键的支持性活动。

价值环一词英文的直接翻译为价值店铺，它强调了汇集解决问题所需要资源对于环型企业的重要性，同时也暗示出降低成本和提高效率需要将工作对象一起考虑，例如，在教室教育学生，在客户的场所提供服务等。顾客的问题可以被定义为现存状态与渴望或需要的状态之间的差别。在环式企业中创造价值的方式就是为顾客解决问题，也就是为顾客改变某种现有状态成为更需要的状态。就医疗服务而言，就是医治好病人的疾病。而对于建筑业而言，可能就是在特定的地点建立一座大厦。

3. 价值网络

价值网络是指通过利用媒介技术将需要相互连接和相互支持的客户有效连接起来创造价值的一种价值形成模式。媒介技术和价值网络模式企业的存在，使分布在不同时间和空间的顾客的交流和交换需求得以实现，从而为他们创造了价值。上述具有价值网络模式的企业本身可能并不是网络，它们只是提供可以使潜在客户网络化连接的服务。电话公司、零售银行、保险公司和邮政服务都是利用媒介技术提供服务的例子。价值网络通过有效的连接创造价值，这一概念对于特定的顾客而言，就是价值来源于被连接和与他人连接的有效性与范围。

如今，由各种方式或关系连接而成的网络，已成为现代社会的主要特征。连接并且由此产生价值是价值网络模式创造价值的逻辑。价值网络通过连接或者说是组织或协助客户之间的连接或交换，并使之顺利进行而创造价值。连接可以是电话服务的直接联通，也可以是零售银行通过将不同群体的顾客连接到公共基金而间接地相互连接。总之，通过有效的连接能够促使顾客的需求得到满足，企业的价值也由此得以体现。

俱乐部经理式的中介服务具有典型的网络模式特征。可以将管理一家中介公司想象成管理一家俱乐部。中介公司招收互相需要的成员，有时是排除那些不具条件者。公司直接或间接地建立、监督、管理和解除成员间的关系。

供应商与客户的关系可能存在于俱乐部的成员之间，但对于中介公司来说，他们都是顾客。存款人并不是银行的供应商，和那些借钱的人一样，他们也是银行的顾客。银行通过与顾客签订双边协议，以及作为中介人，使顾客之间相互需要的多边交流成为可能，这就是网络模式价值形成的逻辑。

6.1.3　价值形成模式与商业模式创新的关系

从上述价值形成模式的逻辑与内容可以看出，在本质上，价值形成模式与商业模式都是对企业存在状态的一种描述，所不同的是价值形成模式是从抽象的价值形成视角对企业存在的基本特征与内在逻辑进行描述，因而更加抽象、概括，仅具有 3 种不同形态。而商业模式是从企业的内在与外在的具体形式描述企业的存在状态，因而更加具体和丰富多彩。所以，针对一个具体组织而言，其价值形成模式与商业模式具有内在的统一性，二者的区别与联系可以表述为，价值形成模式是商业模式的价值表现，而商业模式则是价值形成模式的具体表现。因此，也可以说价值形成模式对于商业模式创新具有内在的规定作用，在客观上为商业模式创新提供了方向和依据。例如，不同的价值形成逻辑描述了具有不同特征的价值创造过程，客观上决定了企业运作流程的主要内容与环节，而其关键成本价值驱动因素，在指出企业竞争优势来源的同时也为界面模式创新指出了方向，规定了界面模式应该具有的内在特征，而当这种基本特征与具体的市场环境相结合时可以演化出多种多样的界面模式。

所以，研究商业模式创新应该首先识别企业的基本价值形成逻辑与模式，然后，在此基础上进一步推进商业模式各要素的整合创新。这与第 5 章提出的商业模式创新路径完全一致，所以，在确定了新的价值主张之后，识别和确定相应的价值形成模式与逻辑，成为首要任务，只有在准确识别实现企业价值主张所应选择的价值形成模式之后，相应的资源组合、运作流程与界面模式所具有的内在规定性才能随之确定。所以，本章后续内容将探讨不同价值形成模式的基本特征，及其对商业模式要素所产生的不同影响与约束；分析不同价值模式背景下，商业模式创新的方向选择以及相关特征。

6.2 基于价值链实现商业模式创新

6.2.1 价值形成分析

1. 价值形成逻辑

价值链的价值形成逻辑是通过将投入的原材料转化为制成品创造价值。通常，加工制造企业具有典型的链式价值形成模式。在链式模式中，原材料与半成品通过生产加工过程转化为最终产品，并被送达到消费者手中。这里产品作为价值传递的桥梁，将公司内部以及公司和顾客联系起来。

组装流水线是典型的纵向关联价值创造技术，流水线被设计用于以较低的成本生产标准化的产品，生产线模式具有典型的成本规模效益，适当的库存可以有效地避免由需求波动所造成的生产波动。生产活动之间具有相互依赖的关系，通过协调与合作可以使价值创造过程平稳持续地进行。

2. 价值创造过程描述

迈克尔·波特的价值链图示描述了利用纵向关联技术的链式企业价值创造的过程，包括价值活动和利润，见图6－1。价值活动是企业所从事的为买方创造有价值产品的物质活动和技术活动。利润是总价值与从事各种价值活动的总成本之差。价值活动又分为两大类：基本活动和支持性活动。其中基

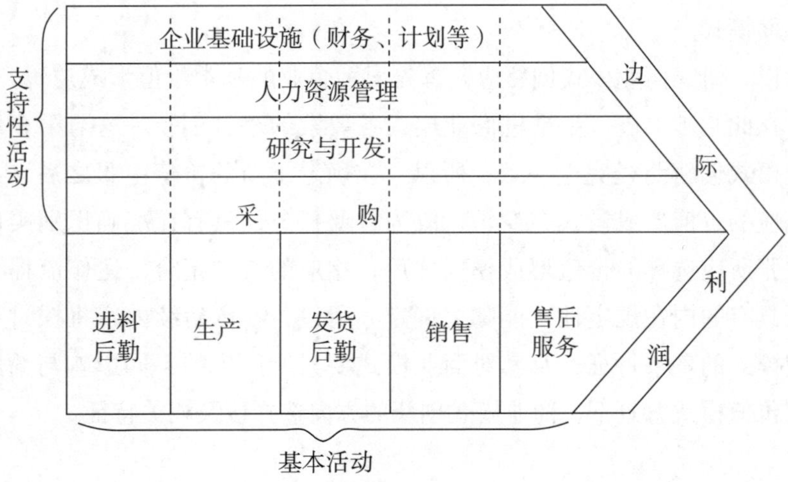

图6－1　波特价值链

本活动可以直接增加产品的价值，涉及企业生产、销售、进料后勤、发货后勤、售后服务。支持性活动通过为基本活动提供服务间接创造价值，涉及人事、财务、计划、研究与开发、采购等。基本活动和支持性活动共同构成了企业的价值链。

具体地，基本活动包括以下内容。进料后勤：与接收、存储和分配相关联的各种活动，如原材料搬运、仓储、库存控制和供应商退货等。生产作业：与将投入转化为最终产品形式相关的各种活动，如机械加工、包装、组装、设备维护、检测等。发货后勤：与集中、存储和将产品发送给买方有关的各种活动，如产成品库存管理、原材料搬运、送货车辆调度等。销售：与提供买方购买产品的方式和引导他们进行购买相关的各种活动，如广告、促销、销售队伍、渠道建设等。服务：与提供服务以增加或保持产品价值有关的各种活动，如安装、维修、培训、零部件供应等。

支持性活动包括以下方面。采购与物料管理：指购买用于企业价值链各种投入的活动，采购既包括企业生产原料的采购，也包括支持性活动相关的购买行为，如研发设备的购买等，另外还包含物料的管理作业。研究与开发：每项价值活动都包含着技术成分，无论是技术诀窍、程序，还是在工艺设备中所体现出来的技术。人力资源管理：包括各种涉及所有类型人员的招聘、雇用、培训、开发和报酬等各种活动。人力资源管理不仅对基本和支持性活动起到辅助作用，而且支撑着整个价值链。企业基础制度：企业基础制度支撑了企业的价值链条，如会计制度、行政流程等。

价值链的框架将企业价值创造过程从基础材料到最终用户分解为独立工序，有助于理解成本行为和价值差异的来源。通过分析每道工序系统的成本、收入和价值贡献，业务部门可以获得成本差异和价值优势来源。

3. 关键成本价值驱动因素

由于成本价值驱动因素将直接影响企业的成本与价值变化能力，以及不同价值形成模式具有不同的关键成本价值驱动因素，首先明确所属价值形式的关键成本价值驱动因素便成为企业商业模式创新过程中一个不能忽视的环节。所谓价值驱动因素（value drivers），是指一些活动或组织关注的工作，通过这些活动或工作可以提高公司产品的消费者认知价值或感知价值，从而为生产者创造更多价值。先进技术、产品服务可靠性或企业声誉都可以成为企业的价值驱动因素。成本驱动因素（cost driver）也称成本动因，是指决定成本发生的主要因素。一般而言，成本动因支配着成本行动，决定着成本的产生，并可作为分配成本的标准。通常认为存在两种主要的成本驱动因素：一种是资源驱动因素，是指所使用的资源数量对于活动成本的影响；另一种是活动驱动因素，是指为完成特定任务所必须开展的活动所引发的成本。

成本和价值驱动因素与公司规模、范围、上下游企业间的联系和环境等因素相关。迈克尔·波特在分析价值链式企业的基础上，提出了10项一般驱动因素：企业规模、设备利用率、联系、相互关系、垂直整合、位置、时间、学习、策略和政策法规。并指出上述所有因素都具有潜在的相关性。

总体分析，对于价值链而言，关键的驱动因素来自成本，而价值驱动因素的影响作用相对有限，关键的价值驱动由公司所选择的产品和目标市场决定，而这些又只有在公司更改价值主张时才会改变。

在成本驱动因素中，关键的价值链成本驱动因素来自生产规模，以及与此相关的设备使用效率。而企业的生产规模又与连接供应商和顾客的纵向整合程度有关。汤普森（1967）指出，纵向整合是价值链降低需求和供应不确定性所导致的控制成本的主要方法。因此基本活动与供应商和顾客之间的整合程度就成为重要的潜在成本价值驱动因素。经营范围选择是另一项重要的成本驱动因素。由于协调活动存在的问题，公司的规模经济和范围经济不可能同时存在。合理选择企业的经营范围，可以有效地控制总成本。

总之，对于使用纵向关联技术的价值链企业而言，规模、生产效率、市场范围、价值链整合程度和投入与产出市场的不确定性是影响企业商业模式要素构建方案选择的关键因素。

6.2.2 基于价值链模式实现商业模式创新

根据上述价值形成过程分析可知，在价值主张确定的前提下，价值链框架为企业新商业模式的构建奠定了主要的结构基础。将标准化的投入品转换为标准化的产出品的价值创造过程，不仅在客观上决定了企业资源组合基本内容与运作流程的主要环节，同时，纵向关联技术的标准化特征与关键成本价值驱动因素也对界面模式的选择提出了限制和约束。

1. 实现资源组合创新

资源组合创新，根据是否创建新企业，可以分为两种情况：一种情况是，创建新企业，形成新的资源组合；另一种情况是，在原有企业基础上对资源组合进行重组创新。其中后一种情况，又需要根据价值主张变化与否划分为两种情况：在提出新价值主张的前提下，实现资源组合创新；在价值主张不变的情况下，实现资源组合创新。具体见表 6－1。

表 6－1　　资源组合创新分类

	新的价值主张	原有的价值主张
新企业	全新资源组合	—
原企业	依据新价值主张调整的资源组合	依据新环境调整的资源组合

其中，新企业的新资源组合的形成是根据企业选定的价值主张和各种内外部环境条件约束选择的能够最有效率地实现新的价值主张的新型资源组合。而对于具有价值链式的价值形成模式的企业，这种资源选择一般表现为：大型的机器设备、厂房、相应的原材料和各类人力资源等的新组合。

而对于原有企业改变价值主张形成的资源组合创新，需要根据新的价值主张对原有资源组合进行调整。而在价值主张不变的情况下，调整资源组合实现商业模式创新的动力往往来自外部环境的重大变化，例如，能源或材料科学的重大突破，在原有价值主张没有发生变化的基础上，促使企业调整资源组合形式。例如，汽车制造厂面对严峻的环境污染问题，由以煤作为动力来源改变为以天然气为动力。

2. 运作流程创新

在价值链模式下，一方面，价值形成模式本身的基本活动与支持性活动为企业内部运作流程的设计提供了基本框架和主要内容，相关运作流程的设计也可以直接依据价值形成过程的具体内容进行安排。另一方面，企业的运作流程还受到来自资源组合与界面模式两方面的影响和制约。其中，资源组合代表了源于生产技术的企业内部约束，而界面模式则代表了企业外部需求与供给环境的影响。运作流程应该在满足上述两方面约束的前提下设计确定。因此，一般而言，运作流程的创新动力也同样来自上述两方面，当来自外部环境的影响导致界面模式发生变化时，可能要求运作流程随之发生变化。资源组合的变化不可避免地将导致运作流程的相应调整，但一般而言，资源组合的变化，相对于界面模式来说很少发生。所以，运作流程的创新，更多地受到来自界面模式的影响。例如，消费需求多样化和个性化的发展趋势要求产品的生产实现小批量、多批次的柔性化生产的运作模式，这必然要求企业的运作流程实现相应的调整。

3. 界面模式创新

界面模式是商业模式中最活跃的要素，相对变化频繁，创新形式多种多样。但无论怎样变化，其基本原则不变，这就是同样需要接受来自企业内部与外部环境两方面的约束。而企业内部的约束，不仅表现在来自运作流程与资源组合和价值主张等要素方面，同时也有来自价值链的关键成本价值驱动因素等系统方面的影响。而外部影响则主要来自市场需求、竞争和供应等方面。对于使用纵向关联技术的价值链企业来说，生产规模、生产效率、市场范围、价值链整合程度和投入与产出市场的不确定性是决定企业竞争优势和界面模式的关键因素，在创新界面模式过程中应该给予充分重视。

6.3 基于价值环实现商业模式创新

6.3.1 价值形成分析

1. 价值形成逻辑

价值环也称价值店铺，其创造价值的逻辑是为顾客更有效率和更好地解决问题。医院、汽车4S店等服务性企业具有这种模式。价值环的价值创造逻辑是：通过为顾客解决问题创造价值。环式价值形成模式的生产过程具有灵活多变的特征。具有环式模式的企业围绕顾客需要解决的问题选择、组合和安排不同的资源和价值活动项目，顾客的问题不同，具体的生产过程和环节顺序也不相同。这样，与链式结构大规模标准化生产的固定组合方式不同，环式组织的活动内容、活动顺序和所需要资源在不断调整。企业价值活动的安排，是根据每位顾客的需要所设定的，顾客问题的复杂程度决定着环式组织价值活动的内容、顺序与密集程度。

在价值店铺，需要解决的问题可以被定义为现存状态与需要的状态之间的差别，问题的解决或者说价值创造就是改变现有状态成为更需要的状态。就医疗服务而言，改变就是医治好病人的疾病。而对于建筑业而言，改变可能是在特定的地点建立一座大厦或其他的建筑。集成技术是直接将需要的变化带给顾客利益需要的对象。很多情况下这种对象是人，如卫生保健和教育。同样也可以是人工制品的创造与改善，例如，一个场所、一个系统或一种知识。店铺一词暗示出，聚集与管理解决问题所需要的资源对于管理价值环型企业的重要性，同时也暗示出降低成本和提高效率需要将工作对象一起考虑。例如，在设施齐备的教室实施教育，在客户的场所提供设备维护服务。

很多专业服务行业如医疗、法律、建筑和工程拥有大量依赖集成技术具有环式价值形成模式的公司。此外，其他一些行业的公司，它们的主体活动可能属于利用纵向关联技术的链式逻辑，而另外一些职能活动使用集成技术创造价值并具有环式价值形成模式。例如，石油行业，其上游勘探领域的生产过程被理解为是建立在集成技术基础上的环式价值形成模式。虽然勘探业务本身又被视作是整个石油行业链式价值形成模式中的支持职能。因此，有些时候环式价值形成模式也可以用于描述价值形成逻辑中关键的支持性活动。

2. 基本活动与支持性活动

价值环式企业一般属于专业服务领域，拥有众多专业经纪人和专家。通常，价值环式企业的基本活动由不同的专业术语表达，并且具有行业独特的形式。例如，医院中的诊断与治疗，高校中的专业咨询与专业教育。但是，对于价值环式公司的基本活动，也可以使用一种通用的术语将其抽象地划分为与问题的发现和解决相联系的一系列活动。具体如下：价值环式企业的基本活动通常可以划分为 5 类，根据公司所在行业和战略的不同，每一类基本活动可能包含一些不同的内容，具体可以划分如下。

（1）发现问题：有关记录、检查和描述有待解决的问题以及选用解决问题的方法的相关活动。

（2）解决问题：有关制定、评价和选择问题解决方案的活动。

（3）选择：与在备选方案中选择具体解决方案相关的活动。

（4）执行：与沟通、组织和实施所选方案相联系的活动。

（5）控制和评价：与衡量和评估执行状况以及初始问题的解决状态相联系的活动。

发现问题是价值环式公司基本活动的第一项内容，是整个价值形成过程的基础，能否准确发现和识别问题直接决定着整个价值创造过程能否顺利进行。顾客的问题在一些情况下，如健康服务和教育就存在于顾客本身。对于专业服务机构而言，发现和获取问题的范围与效率通常与公司的界面模式直接相联系，通过设计适合的界面模式，有助于问题的发现和识别。

解决问题是价值创造的核心环节，也是公司竞争能力的具体体现，解决问题的能力不仅取决于公司资源组合的数量与质量，同时也取决于对于各种内部与外部资源的有效管理和利用的能力。

选择解决方案的相关活动就所需要的时间和努力而言并不重要，但其在价值形成过程中所发挥的作用却非常重要，它不仅代表了不同专家之间的互动配合，而且也是问题解决过程中一个重要的间断环节。

解决方案的执行，由公司运作流程决定，可以在选择活动之后在公司内部转移，也可以是将执行活动分包给其他公司完成。控制和评价是对初始问题的解决状态以及解决方案执行状况的衡量和评估，如果问题没有得到有效解决，它同时又成为了一个发现新问题的开始。这样，与发现和解决问题相联系的活动，一环套一环旋转推进的形式，就决定了环式企业价值形成的一个完整过程。

环式企业的支持活动类型与链式企业的基本相同，同样包括采购与物料管理、研究与开发、人力资源管理与企业基础制度和行政管理等内容。所不同的是，环式企业中，许多支持性活动如人力资源管理，是与基本活动同时进行的，人们甚至可以从价值环图示中将之去掉。由于没有明显的独立存在，这些职能可能没有被很好地关注，但事实上他们对于组织价值形成和获取竞争优势具有非常关键的作用。

图 6 – 2 是价值环的通用图示，价值活动组合的循环属性通过各类基本活动循环排列得以表现。最终的执行评价可以成为一个新的问题解决周期最初的问题发现，环环嵌套的活动组合性质，可以通过展开执行活动为问题—解决方案—选择—执行—评价进行标示。活动组合循环的性质，在涉及不同顾客或需要选择更加专业的组织来解决问题时同样存在。

3. 关键的成本价值驱动因素

环式企业与链式企业截然相反的是价值动力代替成本动力成为最重要的驱动因素。原因在于对于环式企业的顾客而言，其基本需要是为它们的问题找到有效的解决方案，而不是寻找那些以低价作为特征的服务。所以，对于使用集成技术的环式企业而言，有助于成功解决问题的声望和关系是公认的价值驱动因素。成功既可以带来最好的人才，也可以带来最好的客户、问题或项目。例

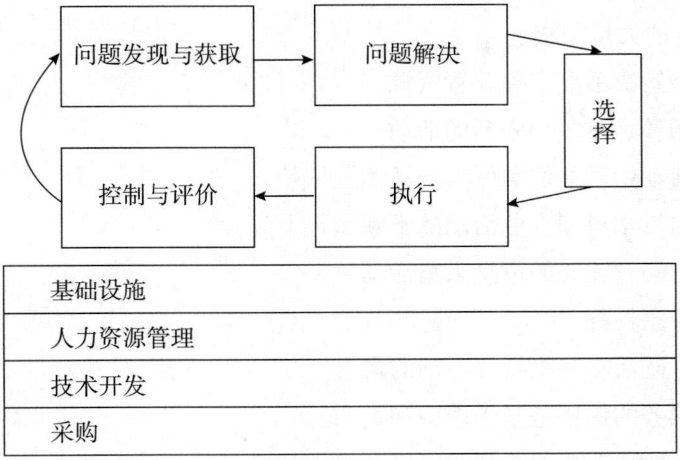

图 6－2　价值环的基本活动与支持性活动

如，建筑业的客户为了避免风险，会寻找具有声誉或具有相似经验的企业。在采油的上游领域，出色的勘探声誉有助于企业招募最好的探矿专家，而加盟的著名专家又可以进一步提升企业在最有前途的领域获取成功的能力。

具有较高要求的项目和顾客会为公司提供一个有效学习和建立关系和声望的基础。培养、聘请和招募高质量人才既对成功产生影响也受到成功的影响。高质量人才胜过于学习等动力因素，可以为公司带来意想不到的收获。

一般而言，大量小型价值环企业的存在，说明规模优势对于环式企业作用有限，而地点优势则十分明显。这部分地源于杰出专家的相对价值、大规模专家协调一致的成本和问题发现与问题解决之间有效沟通的需要。位置优势是针对获取顾客与获取人才的便利性两方面而言的。可能存在的规模优势也与公司客户的规模和所处的位置密切相关。例如，对于为全球化顾客提供服务的大型咨询公司而言，其规模与布局就显得更为重要性。

6.3.2　基于价值环的商业模式创新选择

价值环模式企业的基本特征是决定价值环企业商业模式创新选择的基础和依据，所以分析归纳价值环式企业的基本特征是选择商业模式创新方向的前提和条件。价值环企业的基本特征可以归纳如下。

（1）价值信息不对称。同样是信息不对称，在二手车市场，信息不对称通常导致质量最差的车被销售，而在专业服务市场，其结果是对于高价和高质量的服务的大量需求。

（2）为解决独立事件配置资源。

（3）循环、重复和中断的活动。

（4）活动中明显的顺序与交叉相互依赖。

（5）多重学科和专业活动的不断循环上升。

（6）与问题无关的信息采集活动。

（7）专家杠杆。

（8）基础活动与支持性活动的融合。

（9）服务的销售是基于声望和关系。

环式企业商业模式创新，应该在对上述特征进行充分发掘和利用的基础上进行。例如，由于信息不对称导致的对于优质高价服务的大量需求，对企业树立权威形象提出了要求，也带来了机会。环式企业应该重视这一基本特征，并以此作为界面模式创新的方向。再例如，专家杠杆作用指出，利用专家可以极大地提高价值环企业的价值创造水平。所以，企业在选聘人才时应该可以充分重视，聘请具有较高社会声望和专业技术水平的高级人才，以充分发挥专家的杠杆作用。

此外，在价值环企业中，资源组合的选择以及运作流程的设计在很大程度上与产品服务范围相依赖，并且，从根本上说，是取决于顾客的问题以及解决问题所需技术的专业化程度。高度纵向整合的业务价值系统意味着广泛的专业覆盖和与适合专业相联系的全能型专家的存在。资源组合与界面模式的创新方向部分依赖于市场的规模和密集型技术发展的速度。市场的专业化程度越高，技术变化率越快，公司的纵向整合程度就应该越低。相反，则可以提高纵向整合程度。

设计有利于使问题得以合并解决的运作模式，是价值环式公司的一种有效的模式创新选择。因为，对于环式企业而言，合并问题可以有效降低不确定性，提高专业交流和学习效率，同时合并问题也是降低成本和提升价值的有效手段。问题合并的程度与公司资源组合的规模相联系，高度合并的问题要求公司具备全面的相关专业资源。

6.4　基于价值网络实现商业模式创新

6.4.1　价值形成分析

1. 价值形成逻辑

价值网络型企业本身并不一定拥有网络，它们只是提供可以使潜在客户网络化连接的服务。电话公司、零售银行、保险公司和邮政服务都是利用媒介技术提供服务的例子。连接并且由此产生价值是这类企业创造价值的基本逻辑。连接可以是电话服务的直接联通，也可以是零售银行通过将不同群体的顾客连接到公共基金的间接的相互连接。总之，通过有效的连接，顾客的需求得到满足，企业的价值也由此得以体现。

例如，管理一家俱乐部式的中介公司，俱乐部招收互相需要的成员，有时是排除那些不具条件的人。中介公司的主要职责是直接或间接地建立、监督、管理和解除成员间的关系。供应商与客户的关系可能存在于俱乐部的成员之间，但对于中介公司来说，他们都是顾客。存款人并不是银行的供应商，和那些借钱的人一样，他们也是银行的顾客。通过作为中介人，与顾客之间的双边协议被用于使顾客之间的多边协议成为可能。例如，一系列与顾客的合同确认了顾客和公司在网络中的相互责任和义务。合同应该能够满足有效适应任何时间和空间上的调解要求。合约详细说明了价格和顾客与服务提供者之间的相互责任与义务。

网络式服务具有正的网络外部性。即增加一个新顾客将直接增加为其他顾客提供服务的价值。但是，正的网络外部性也给创新带来了独特的战略挑战。对于第一批顾客而言，新服务具有相对低的价值，而这时，通常成本是最高的。这将需要与其他模式的企业完全不同的营销方式来应对。

在网络模式中，顾客获得的价值来源于企业的服务、服务能力和服务机会。有时，顾客甚至在并没有真正使用网络服务的情况下也能获得来自网络的价值。例如，为银行信用卡支付费用的顾客，在需要时可以获得资金支持，虽然可能一般情况下他并不需要这些资金。

同时分层进行的活动中，基本活动之间具有与相继依赖关系不同的、很强的互惠关系。不能同步进行的活动可能导致系统的崩溃。一家保险公司如果没有足够的再保险措施可能会因一次重大的事故而破产，同样，一个电话系统如果不能成功地转换连接，意外的通讯事件也可能导致其瘫痪。

标准化是互惠协调的关键，正如汤普森所指出的，标准化使媒介技术通过确保组织的每个部分以协调的方式运作而实现跨越时间和空间的运作。标准化使中间人可以有效率地将相互需要的顾客联系起来并进行监督和管理。零售银行使用标准化的顾客分类以核准贷款申请或设定存款和借款的其他条件。标准化的账户数量，还可以进一步通过记账和账单用于指示适当的账户支付和对合作进行监督。

一个中介服务提供的交换关系可能要超越它的内部顾客而与其他服务提供商的顾客产生交换关系。这样就引发了中间网络的互联结构。

2. 价值形成描述

基本活动。关于基本活动的描述主要来自电信行业。因为电信业是一种相当典型的网络中介模式，而且，清晰的分解模式在微观的电信网络与网络之间以及整个行业运行层次上都已经建立起来。

价值网络的基本活动包括如下 3 个方面。

（1）网络推广与合同管理。网络推广与合同管理包括与邀请潜在顾客加入网络、选择和招募合格的顾客、管理和终结服务收费与合同等相关的活动。

（2）服务供应。服务供应包括与建立、维护和终结顾客之间的连接，以及为提供的服务收费等相关的活动。连接可以是像电话那样同时进行，也可以是像电邮、银行那样异步进行。账单要求同时衡量顾客使用网络的时间与数量。对于银行而言，它在吸引顾客的同时也在选择顾客。

（3）网络基础设施运作。网络基础设施运作包括与运行和维护实体和信息基础设施相关的各种活动。这些活动保证网络处于备用状态，随时可以为需要的顾客提供服务。合同以及与合同相关的活动在不同的网络之间有所不同。中介人与顾客之间更多的承诺，会导致更多的合同和订立合同的过程。房屋贷款资格证书会比电话服务合同复杂和详细得多。

图 6－3 显示出 3 种基本活动的相互重叠，强调了不同类基本活动之间的协调关系和同时性。缺少价值创造的方向，没有箭头指向最终顾客，凸显出网络是在顾客之间创造价值。网络推广与价值链中的销售和营销不同，这里选择顾客与吸引顾客同样重要。服务供应依赖于协调服务的性质。建立网络

连接，无论是一个银行交易还是一个电话，都要求某种可行性检查，包括澄清交易的性质，被连接顾客的资格与连接的可能性与有效性。具体的网络基础设施运作活动，依赖于所使用的基础设施的性质。在电话和其他公共设施公司，关键的基础设施是转换和分拨中心；在银行和保险公司，基础设施是分支机构和金融资产；而对于运输和分销公司，基础设施是运输工具和仓储设施。

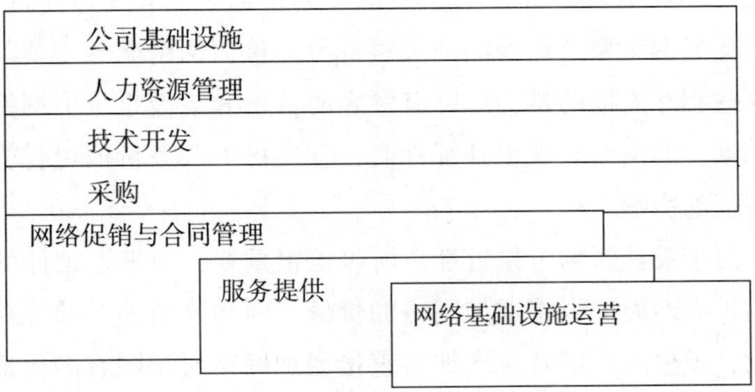

图 6－3　价值网络的基本活动与支持性活动

3. 支持性活动

（1）网络基础设施建设与服务开发。网络基础设施建设包括设计、开发和实施。服务开发包括与顾客合同条款修改可能有关的所有事情。例如，银行的利息设计和时间表的制订。它也包括修改公司与顾客的互动方式，通过修改程序、规则和自助服务的计算机界面开发新服务。

（2）采购。采购与网络基础设施和服务开发联系密切，并且经常专门为这些活动提供服务。类似地，与基本活动相比，对于不同的基础设施建设和服务开发，人力资源管理也存在很大的差别。

（3）公司行政管理。公司行政管理，例如办公室和后勤部门的日常管理，以及相关的财务和信息系统管理，不应该与价值网络的基础设施相混淆，前者是辅助公司运作，而后者处于为顾客创造价值的核心位置。所以，应该分别归属于支持工作与日常工作。

4. 关键成本价值驱动因素

由于网络式公司通过连接与实际服务两方面为顾客提供价值，所以成本和价值分析需要相互联系。

规模和结构在价值网络型企业的成本价值形成过程中具有特殊意义。首先，规模是成本与价值两方面的潜在驱动因素。价值网络服务的基本特征之一就是需求方的正网络外部性所导致的规模经济。网络中每增加一个新顾客都会提高现有顾客服务的价值。正的外部性存在于多种不同的产品中。例如，微处理机、消费电子产品和软件。价值网络中服务所表现出的特殊性还在于，是因为顾客之间的依赖性提供了主要的产品价值。或者说，在价值网络中，其他顾客是构成网络型公司产品的关键部分。价值网络服务主要就是提供给顾客实现这些相互连接的机会。已有顾客的数量和规模是价值网络中价值的关键驱动因素。当网络表现出外部性时，其提供的服务价值也将受到加入网络的顾客特征的影响。

此外，由于规模影响可接近性，所以也很重要。地理上延伸的网络需要基础设施的扩展。而这也将增加网络的价值，因为这增加了顾客获得服务的通路。因此，规模的外部效应增加将直接增加网络对于顾客的价值，并影响顾客使用中介服务的成本。

在价值网络中，由于活动的同时性，基本活动分类中存在着互惠的相互依赖关系。重要的连接由这种互惠性产生。在地理和能力两方面必须反映出这种作为网络成员的顾客的结构。需要在持续的基础上进行调整。一个来自银行的例子就是联合投资基金。这种联合应该反映出能够满足网络顾客需求流动性的维度。

服务提供能力必须与顾客介绍和使用新的服务能力相协调。联合投资基金会影响银行能够提供的服务和成本。同样，电话公司线路的转接能力，必须是顾客基础的反映。

学习在基本活动中的关键作用是对成员关系的选择和服务的监管。这两者的相辅相成可以通过银行的例子来描绘。信用资格为监管活动提供了信息，同时监管能够保证合同的执行和提升信用资格审查活动的信息。此外，公司间的学习也是用以提升网络规模和价值、作为网络互联能力的标准扩散的关键。

6.4.2 基于价值网络的商业模式创新

由于网络型企业价值创造过程的特殊性，横向与纵向两个方面的整合是其商业模式创新的主要方向。

纵向范围。中介交换要求多层次媒介活动的合作。一个中介者的活动是建立在其他中介者活动的基础之上的。中介行业的纵向范围描述了公司在完成交换过程中所控制的合作活动的层次。范围的选择依赖于较低层中介服务所覆盖的相关顾客的可获得程度。

例如，电子支付清算服务，它需要以通讯基础设施和网站交易的良好运作为前提，只有通过这些设施的正常运行，网上交易才可以进行，而清算服务的交易只有在二者基础上才可以进行。所以网络式的服务提供者可以选择同时提供基础设施与清算两方面的服务内容，也可以选择利用基础通信服务，如一家电信公司。这种选择是纵向价值系统范围的一部分。

当清算公司选择使用电话公司为其提供信息服务时，两家公司可能共同为顾客提供服务。这时清算公司的顾客，例如银行或者其他最终使用者，可能是两家公司共同的顾客也可能分别为清算和通讯服务付费。

水平规模。公司通过增加自身顾客基础或与其他网络型中介公司交换服务协议，提供中介服务能够扩张的顾客市场范围。一种极端的情况是公司可能将交易控制在能够满足其细分市场顾客的各种相关需要的范围，即全面的水平化整合。另一种极端是公司只提供一种专门化的交易，例如，在一个市场上交易和担保的初始贷款。

中介服务提供商提供的交换关系和超越其直接顾客而延伸到其他中介服务提供商的顾客的性质带来了媒介网络互联的结构。

总之，基于价值网络的商业模式创新，主要表现在公司规模在纵向与水平方向上的调整或扩张。根据公司服务的性质与市场需求和竞争的具体情况，企业可以有各种不同的备选方案。

参考文献

[1] 迈克尔·波特．竞争战略［M］．陈小悦，译．北京：华夏出版社，1997.

[2] THOMPSON J D. Organizations in Action [M]. New York: McGraw - Hill, 1967.

[3] CHARLES B S, YSTEIN D F. Configuring value for competitive advan-

tage: on chains, shops, and networks [J]. Strategic Management Journal, 1998 (19): 413 -437.

[4] BENTAL B, SPIEGEL M. Network competition, product quality, and market coverage in the presence of network externalities [J]. Journal of Industrial Economics, 1995, 43 (2): 197 -208.

[5] BARNEY J B. Firm resources and sustained competitive advantage [J]. Journal of Management, 1991 (17): 19 -120.

[6] NELSON R R. Why do firms differ, and how does it matter? [J]. Strategic Management Journal: Winter Special Issue, 1991 (12): 61 -74.

[7] ARMISTEAD C G, CLARK G. Resource activity mapping: The value chain in service operation strategy [J]. Service Industries Journal, 1993, 13 (4): 221 -239.

[8] NORMANN R, RAIREZ R. From value chain to value constellation: Designing interactive strategy [J]. Harvard Business Review, 1993, 71 (4): 65 -77.

[9] CHESBROUGH, HENRY, RICHARD S, et al. The role of business model in capturing value from innovation: evidence from Xerox Corporation's technology spin -off companies [J]. Industry and Corporate Change, 2002, 11 (3): 529 -555.

[10] LINDER, JANE, CANTRELLS. Changing business models: Surveying the landscape [J]. Accenture, 2000: 1 -15.

[11] MITCHELL, DONALD, CAROL COLES. The ultimate competitive advantage of continuing business model innovation [J]. Journal of Business Strategy, 2003, 25 (5): 15 -21.

[12] MORRIS, MICHAEL, SCHINDELHUTTE M, et al. The entrepreneur' s business model: toward a unified perspective [J]. Journal of Business Research, 2003, 58: 726 -735.

[13] OSTERWALDER, ALEXANDER, PGNEUR Y, et al. Tucci. Clarifying business models: origin, present, and future of the concept [J]. Communication for the Association for Information Systems, 2005, 11 (5): 1 -40.

7 商业模式创新展望

7.1 商业模式创新与社会发展

7.1.1 社会发展为商业模式创新创造了条件

社会发展为商业模式创新创造条件，表现在3个方面。

第一，信息技术革命为商业模式创新提供了空间与动力。

第二，消费需求的变化要求企业商业模式创新。

第三，企业管理方法与理论的变革与创新进一步推动商业模式创新。

信息技术革命背景下的企业管理创新主要表现在管理方式创新、组织变革、边界柔性化、流程再造与职能创新5个方面。

1. 管理方式创新

管理方式创新包括如下4个方面。

（1）生产管理系统。主要有物料需求计划（MRP）、计算机辅助设计（CAD）、计算机辅助工艺编制（CAPP）、计算机辅助制造（CAM）、计算机辅助质量控制（CAGC）、计算机辅助测试（CAT）、最优生产技术（OPT）、成组技术（GT）等。这些系统充分运用现代信息技术对企业生产过程中大量的基础数据进行采集、传递和加工处理，实现产品订货、设计、制造、管理和销售过程的高度自动化，促进了生产的发展，提高了经济效益。

（2）职能管理系统。主要有资源制造计划（MRP2）、柔性生产系统（FMS）、办公自动化系统（OAS）、事务处理系统（TPS）等。这些系统的运用大大提高了工作效率，给企业带来了新的生机。

（3）决策支持系统。计算机信息技术的飞速发展不仅使专业管理软件日趋完善，而且使多业务综合、全企业信息资源共享的管理系统获得很大的发展。在以信息采集系统、数据库建立与维护、信息资源检索、专业管理业务处理与监控为主的业务处理系统的基础上，出现了以例行业务处理系统为基础、以随机业务处理系统为骨干、以决策支持系统为龙头的信息资源管理系统，主要有计算机集成制造系统（CIMS）、并行系统（CE）、产品数据管理（MBP）、专家系统（ES）、群体决策支持系统（GDSS）、战略信息系统（SIS）等。

（4）电子商务。企业可以在互联网上通过电子数据交换（EDI）等共享非结构化或结构化的信息，在交易双方的计算机应用系统之间进行方便、快捷的数据交换和自动处理，完成和管理在商务活动、管理活动和消费活动中的各种交易。与此相应，产生了一系列应用系统，如综合业务数字网（ISDN）、开放系统结构模型（OSA）、产品数据交换规范（PDES）等。这些管理系统不仅改变了企业管理方式，而且引起了企业组织的变革。

2. 组织变革

传统的阶层式组织模式过于强调分工和职责，窒息了员工的创造性思维，影响了管理效率已不能适应快速变化的环境要求。这种模式在信息技术的影响下出现了如下几个方面的改革趋势。一是组织扁平化。信息技术的运用改变了企业的沟通方式，信息可以在同一层次上传递和共享，传统的员工之间的纵向关系在企业信息网络平台上变成了纵横交错的平等关系，中间层次逐渐淡化，组织结构出现了扁平化趋势。二是组织网络化。传统企业的各个部门之间基本上是割裂的，各部门之间很少沟通和交流，基本不能共享信息。随着数据信息系统和网络技术的应用、发展，这种组织模式得到了改变。职能管理部门的重复性管理控制工作可以交由企业管理软件自动完成，职能部门的主要任务是修改和控制程序、处理例外事件，工作方式也是协商式、互动式的。在以工作或任务为中心的团队内部，员工之间的纵向分工不断减少，而横向分工和协作不断增加，企业组织结构变成一个相对平等和自主、富于创新精神的小型经营单元或个人组成的网络型组织。三是组织小型化。与扁平化、网络化要求相适应的是企业规模的小型化。同大公司相比，小公司虽然在市场开拓、研究与开发、销售网络、信息网络等方面传统上有一定劣势，但在信息时代，小公司员工的自主性和创新动力要明显强于大公司；在知识技术更新频繁的情况下，小公司的学习能力和学习效率也要强于大公司；而且在基于互联网的电子商务面前，小公司的销售能力并不亚于大公司。四是学习型组织。在扁平化、网络化的组织中，员工信息共享，彼此交流易于造成“终身学习”，有浓厚的学习气氛。通过员工的自我学习、自我发展、自我控制，突破个人狭隘的专业技能，不断增强适应与变革的能力。

3. 边界柔性化

现代信息技术的发展，一方面，使企业之间进行交易的信息搜寻成本、谈判成本、拟定和实施契约的成本降低，使企业之间的交易范围和交易速度极大地提高，在大大降低了市场交易成本的同时，使过去为了降低交易费用而建立的“大而全”和“小而全”的企业结构失去了继续存在的理由；另一方面，现代信息技术使企业内部信息沟通、相互监督、业务协调的难度和成本降低，使过去为了有效控制和监督而建立起来的权力和业务相对集中的层级组织也失去了存在的理由。因此，对企业和企业目标市场的边界以及相对优势进行重新调整和定位的需要日益凸显，并促使虚拟企业的管理概念和管理模式逐渐发展。所谓虚拟企业，就是通过传统的企业管理方式借助于各种企业外部力量，对外部的资源进行整合以创造出一种全新的整合竞争优势的一种经营组织模式。一般的企业都具有产、供、销、人、财、物等各种基本功能，而虚拟企业可能只从事自己最具优势的核心业务，而把其他不具优势的企业功能交由市场中的其他主体去完成。在信息时代，典型的虚拟企业可能只是一个网址，网络空间是其办公场所，其主要任务是通过对外部资源进行不断的组合来实现其目标。另一种形式是战略联盟，即通过供应链重组，设法使上下游企业都能顺畅地运转起来。其竞争优势来源于供应链上的战略环节的更加有效率的整合。一般认为，所谓战略环节是指企业具有相对垄断优势并能够为企业带来较高附加值的供应链环节。因此，企业必须控制战略环节，以增强其核心竞争力。

4. 流程再造

IT 的迅速发展与广泛应用对企业的业务流程产生了重大影响，促成了 BPR（Business Process Reengineering）思想的产生。20 世纪 90 年代美国著名管理大师迈克尔·哈默和詹姆斯·钱辟提出了业务流程再造的思想。其核心是以信息化和知识化为基础，以顾客需求为导向，对企业工作活动及相关流程进行关键性的重新设计和根本性的变革，使其成为精细化、扁平化、并行化的精干运行机制，从而在激烈的市场竞争中缩短产品周期，降低成本，提高顾客的响应度。再造后的流程可以打破原有的科层组织中的职能与部门界限，使企业的活动重新构建在跨越职能部门与分工界限的“顾客需求导向”

的基础上，使原本无人过问、支离破碎的业务流程变得更加紧凑有效，从而加快对顾客需求的响应速度，提高产品与服务的品质保证和有效性，从而更加有效地增强企业的竞争力。

再造工程一旦推行，将会带来一些根本性的变化。一是工作单位划分的基础从职能变成流程，并促使业务流程的整合与分解更加合理化。传统上本来应该属于一个整体的业务流程往往由于任务性质、承担者的知识等因素而被切割、分散到不同的职能部门；而本应分散到不同职能部门中的不同流程环节，则由于很强的内部联系而组合在一起，造成效率低下。实施流程再造可以促使业务流程的整合与分解朝着更加合理化的方向发展。企业可以围绕经营目标、具体任务、跨越时空的需要以及人员构成的限制进行优化组合。同时，流程再造还可以使流程各部分边界模糊，各职能部门同时进行信息交流，从而使线性的业务流程转向多部分同时进行的并行过程。二是工作内容由单一变为丰富。三是工作人员的角色从被控制转变为有决策权。四是获取工作能力的方法从没有系统训练变成有全盘计划的教育。五是在价值观方面，将由为主管而工作变成为顾客而工作。六是高层主管的管理方式由事后评分改变为事前对员工主动引导。

5. 职能创新

职能创新包括如下 3 个方面。一是研究与开发范式的创新。IT 的应用使原有的 R&D 由线性、封闭和分割性变为非线性、开放和全球化。原有的 R&D 遵循“基础研究—应用研究—应用开发—试制—工艺”的线性过程，在信息时代则可使基础研究、应用研究、应用开发、试制与工艺互相交融，同步开展。对大公司而言，原有的 R&D 往往分散于各事业部，不同的事业部相互封闭，信息共享度低，沟通速度慢，而通过基于互联网的 Intranet，公司总部 R&D 中心可以与分散各地的 R&D 中心随时沟通，各 R&D 分支机构也可随时进行横向的交流和沟通。过去，不同企业间的 R&D 是相互封闭、互不交流的，随着互联网的普及，全球 R&D 的合作不断加强。二是生产制造范式的创新。不管是传统的制造业还是高科技制造业，企业的生产制造越来越离不开 IT。IT 的应用使企业生产效率大幅度提高、产品生命周期缩短、应变性增强。适应顾客的个性化需求，生产方式也由大批量转向小批量，乃至基于 IT 的 FMS（柔性制造系统）按不同的顾客定制柔性化生产方式。同时，社会与经济的网络化使虚拟制造成为有效利用别人资源，乃至实现全球化制造的有效模式。三是营销范式的创新。基于 Internet 与电子商务的营销，突破了时空的限制，减少了中间环节，过去的“制造商—批发商（一级或多级批发商）—零售商—最终客户”的营销模式，变为“制造商—零售商—最终用户”或“制造商—最终用户”。这不仅拓宽了营销渠道，而且大大降低了销售费用。

综上，企业管理方式创新、组织变革、流程再造、边界柔性化与职能创新这些发生在企业管理各个方面的变革与创新，从要素层面为企业商业模式创新奠定了基础，进一步促使商业模式在信息技术的推动和外部市场需求的拉动下实现系统化的整合创新。

7.1.2　商业模式创新促进社会经济发展

在技术进步与社会发展推动商业模式创新的同时，商业模式创新又可以进一步促进社会发展。商业模式创新促进社会发展的作用主要表现在：商业模式创新是科学技术产业化的基础和保证、社会经济持续发展的必然要求和提升企业竞争力的重要手段这 3 个方面。

1. 商业模式创新是科学技术产业化的基础和保证

新技术需要新的商业模式与之配合才能充分发挥作用并实现产业化。科学技术作为社会发展第一生产力得以发挥作用需要适合的商业模式作为基础和保证，没有成功的商业模式支撑，科学技术不可能直接转换为生产力，只有与特定的商业模式相结合，科学技术的力量才能有效发挥。随着科学技术的发展变化，不变的是成功商业模式的支持，而变化的只是商业模式的表现形式。例如，在以蒸汽机为代表的工业革命时代，商业模式表现为工厂化生产与专业化销售的分工。在电气时代，则表现为大规模的标准化流水线生产方式与现代营销模式的结合。而在当今的信息时代，柔性化生产、虚拟企业和网络营销将可能成为企业的主流模式。纵观人类社会经济的发展史，无论是新兴产业（如软件业）的出现还是传统产业（如快递业）的升级换代，都离不开成功的商业模式创新，从某种意义上说，商业模式创新同技术创新一样也是推动社会经济发展不可或缺的动力源泉。成功的商业模式是科学技术转化为商品并为社会所接受的基础和保证，可以有效推动新技术产业化发展，因此，其也是推动社会经济发展的动力源泉。

2. 商业模式创新是社会经济持续发展的必然要求

企业生命周期理论指出，任何企业都存在一定的生命周期，存在一个从诞生、成长、壮大到衰退甚至死亡的过程。虽然不同企业的寿命有长有短，但企业在生命周期的不同阶段却存在着具有共性的特征与规律。通过了解这些共性与规律有助于企业及时判断自己所处的生命周期阶段，从而通过变革与创新修正自己的状态，从而尽可能地延长企业寿命。企业生命周期理论的主要观点如下。第一，企业的发展具有不可预期性。一个企业由年轻迈向年老可能会经历 20 ~ 30 年时间，也可能会经历好几个世纪的时间。第二，企业的发展过程中可能会出现一个既不明显上升也不明显下降的停滞阶段，这是生物生命周期所没有的。第三，企业的消亡也并非是不可避免的，企业完全可以通过变革实现再生，从而开始一个新的生命周期。现实生活中很多长寿企业的案例可以证明上述观点，例如，考察历史悠久的世界著名企业诺基亚的发展史，就可以充分证明这一点。因此，任何企业要维持自身发展都需要坚持创新，商业模式创新作为企业创新的主要形式之一，对于促进企业的持续发展具有重要作用，是企业持续发展的必然选择。

企业是这样，对于由众多具有相同特征的企业所构成的产业而言，情况也是一样。产业发展同样存在着一定生命周期，一个特定产业的发展，也存在一个由成长、成熟到衰退的发展历程，也需要坚持创新来维持整个产业的发展，只不过与企业的生命周期相比，一个产业的发展过程更长更复杂而已。有学者指出，对于处于不同生命周期阶段的产业发展而言，创新的内容与形式并不相同，在产业发展的初期，创新大多集中在产品或技术的完善与创新方面，创新的目标是使产品以及相关的技术更加稳定可靠。而在成长期，创新的内容开始更加丰富，但基本上还是以提升产品性能和开发不同类型的产品为主。而在成熟期情况发生了变化，这时趋于饱和的产品市场已经容纳了太多的同类产品，无论产品性能如何改善、品种如何丰富，若没有根本性的改变，市场都将难以容纳了，这时产业的发展需要重大的改革与创新的支持，而商业模式创新正是承担这种任务的恰当选择。所以，在产业发展的成熟期，商业模式创新成为关注的焦点和推动产业发展的主要动力。传统零售业的发展，就充分印证了上述观点。从亮丽登场的大型百货商店代替传统分散的便利店成为零售业的主流业态，到沃尔玛式的大型连锁超市异军突起，对大型单体的百货商店形成挑战，再到集购物、休闲、娱乐于一体的大型超级购物中心Mail的出现，以及当今世界发展速度最快、市场扩张最广的网上商店，都充分证明了商业模式创新对于传统产业发展所具有的促进作用。

3. 商业模式创新是提升企业竞争力的重要手段

在当今迅速变化的社会背景下，无论在何种行业的企业都面临着日益严峻的竞争挑战，如何不断地提升企业竞争力，有效应对各种挑战，已成为企业和管理学者关注的首要课题。从关注技术创新到建立以需求为导向的营销战略，再到以竞争为导向的波特的市场竞争战略，从流程再造到供应链的外包与企业核心竞争力，从企业文化到学习型组织，有关提升企业竞争力的理论与实践内容丰富并且不断创新。然而，虽然很多理论与方法都曾经非常有效，在一定时期内对于迅速提升企业竞争力发挥了重要作用。但不可否认的是，上述方法与战略在提升企业竞争力的过程中都存在容易被竞争对手模仿、竞争优势难于维持等问题。商业模式创新不仅能够有效提升企业竞争力，而且作为一种系统的整体创新，是竞争对手在短期内难于模仿的。事实上，企业的商业模式作为一种系统创新包含了包括价值主张、资源组合、运作流程与界面模式多项系统要素的协同创新，而创新为企业带来的竞争力则来自系统要素整合而产生的具有全新属性的系统涌现性，它不是简单要素的加总，而是包含了任何独立要素都可能并不具备的新的属性，就像生物体所具有的功能是其任何独立的器官并不具备的一样。因此，这种整合创新给企业带来的竞争力是独特的，也是其他企业难以模仿的。例如，开创微型信贷金融业务的Grameen Bank，不仅将目标客户锁定为乡村最贫困的人，特别是贫困妇女这一特殊人群，而且还简化了贷款业务流程，不需要任何抵押或担保就可以提供贷款，与之配套的风险控制方法是建立独特的小组管理制度和借款制度。即加入Grameen Bank系统，需要首先加入一个5~10人组成的借款小组，小组成员由客户自己自愿选择构成。每个小组选有主席和针对成员的贷款排序，一次只能一人借款，并且只有在借款人按期还款后，其他人员才能取得贷款。正是这种相互配合的价值理念与运作模式的整合安排，赋予了Grameen Bank独特的生命力，使其在给穷人带来希望、给社会带来效益的同时，也获得了持续盈利的良好业绩，并且因此而享誉世界。由此可见，商业模式创新给企业或组织带来的竞争力，是其他企业难以简单模仿的。

7.2 我国商业模式创新与先进国家的比较

7.2.1 我国企业商业模式创新现状

虽然商业模式概念在我国引起广泛关注的历史并不长，但近年来这种关注正在迅速升级。可以说，商业模式一词已经成为当今中国成功企业家最为关注和重视的概念之一。谈到中国企业商业模式创新现状，国内举办的多项最佳商业模式评选活动可以作为一个重要标志。

2005 年 7 月，商界传媒旗下的《商界评论》与长江商学院在重庆联合举办了首届最佳商业模式中国峰会，它们在国内首次引入了利用“商业模式”评价企业的理念，为中国企业承担了商业模式创新概念启蒙推广的角色。

第一届最佳商业模式中国峰会评选了万通、泰达、盛大网络、宏图三胞、德信通信、蒙牛集团、西洋集团、腾讯、聚众传媒、顺驰房地产、斯威特 11 家获奖企业。2006 年，第二届最佳商业模式峰会在北京举办。这一年，由于中国著名咨询公司——北大纵横的加盟，第二届峰会在国内率先构建起商业模式的严谨评价体系。分众传媒、天娱传媒、联想集团、雅昌集团、空中网、神舟电脑、潍柴动力、大连万达、杉杉集团、晋亿螺丝是这一年的获奖企业。2007 年 9 月，第三届峰会召开。由于风险投资机构——红杉投资中国基金的加盟，会议首创了从投资视角评选商业模式的方法，借助中国股市的牛市东风大力普及了商业模式理念。这一届峰会的 10 家获奖企业分别是：皇明太阳能、腾讯、PPG、深圳发展银行、网盛科技、奥康集团、征途、艾美特电器、比亚迪汽车、龙的集团。

2008 年 10 月，第四届最佳商业模式中国峰会在次贷危机、楼市凄迷中高调登场。苏宁电器、中国动向、阳光保险、华谊兄弟、梅花味精、京东商城、瑞星、水晶石、经仕集团、天宇朗通是本届峰会的获奖企业。2009 年 11 月，第五届最佳商业模式峰会在北京举行。300 多位国内外著名企业家、商业模式研究专家、著名风投机构代表、各大公司高管参会，一同围绕“复苏：危机下的商业模式重塑”主题寻找这个时代承上启下的商业模式创新路径，并评选出本年度最佳商业模式和商业模式未来之星企业。

应该说，“最佳商业模式中国峰会”在我国是一个企业家、学者、媒体探讨商业模式概念与商业模式创新实践的重要舞台，“最佳商业模式评选”已成为中国商业模式领域发掘未来价值的重要风向标，不少当年的上榜企业如今已经发展为各个行业的翘楚，如蒙牛、如家、分众传媒等企业，在短短几年内就成为行业的领军企业。

2010 年 7 月，在由《21 世纪经济报道》和北京大学光华管理学院培训中心共同主办的“21 世纪中国最佳商业模式评选”的系列活动中，《21 世纪商业评论》主编吴伯凡指出，虽然多年来商业模式创新已成为中国企业所热议的话题，但它依然是众多企业的“集体困惑”，到底什么是商业模式，如何进行商业模式创新，对于中国企业家群体而言，并没有找到普遍适用的答案。

事实正是如此，虽然商业模式已成为业界广泛使用的词汇，但商业模式究竟是什么，它的基本构成要素有哪些，不用说企业界，即使是学术界至今也没有达成共识。广东美的集团董事长何享健在 2009 年曾要求公司刊物《美的人报》连续刊发了各种各样关于商业模式的探讨、对话，要求一定要将这个话题谈深、谈透。而在此之前海尔集团也提出了类似要求，也在企业内部开展了商业模式转型大讨论。可见现实中即使是中国最著名的企业，对于商业模式和商业模式创新问题也还存在着各种各样有待解决的困惑。

应该看到，在改革开放 30 多年之后，战略转型已成为中国企业必须面对的重要课题。无论是以长三角、珠三角地区企业为代表的广大东部沿海地区的外向型加工制造业，还是以山西煤炭企业为代表的中西部资源型企业，都面临着外部环境的深刻变化所带来的战略调整与进一步改革创新的需要。这时的改革与创新，已经不是过去那样多开发些产品或拓展新的市场领域那么简单了。随着市场环境、资源条件与政策环境的转变、竞争的加剧，特别是信息技术革命带来的技术动力，我国企业商业模式创新的重要性日益凸显。

近年来，对于商业模式创新的重视不仅限于企业界，一些学术机构、政府部门也日益关注。2007 年 2 月，在国家发展改革委和中国科学院支持下，中国科学院创新发展研究中心成立，并将商业模式创新研究纳入中心重点工作内容。理论界，数量众多的有关商业模式创新的研究成果纷纷涌现，为我国企业的创新实践提供了适时的理论指导。

此外，一些政府机构也大力支持企业的商业模式创新实践，并制定了一些积极的引导政策。例如，在杭州，商业模式创新企业已可被评为高科技企业，享受相应的优惠政策。在区域竞争日益加深等背景下，其他一些地方政府也正在推出或酝酿推出相似政策。中科院等有关机构也正在研究探讨国家层面的引导政策。因此，有理由相信，在不久的将来，商业模式创新企业将得到更多的政策支持，商业模式创新在我国将会更加迅速地发展。

7.2.2 与先进国家的比较

商业模式创新实践与理论研究领先的国家是美国。从最早将计算机程序作为产品销售的微软，到世界上第一个在网络上销售图书并迅速扩张成为全球规模最大书店的亚马逊，再到网上租车公司 Zipcar（你身边的轮子）等，在当今的信息社会，美国作为世界范围内率先推出新商业模式最多的国家，其创新能力既是其综合国力的体现，也是其来源。

1. 国家层面的引导和鼓励政策上存在差距

为了保持和加强商业模式创新领域的优势，美国政府甚至通过立法，对商业模式创新授予专利等方式给予积极的鼓励与保护。传统上，商业模式创新在各国是不能得到专利法保护的，而自 1998 年美国 State Street Bank & Trust Company 对 Signature Financial Group 一案判决后，商业模式被广泛认为在美国是可以申请专利的。商业模式专利在美国被归入商业方法（business method）专利类（Class 705），以软件工程为基础、和一定的技术有关是这类专利的一个重要特点。1999 年，美国国会在发明者保护法案中增加条款，以保护那些最初不相信其商业方法可以获取专利而后来这些方法被其他公司申请了专利的公司。如今，虽然还有争议，但不仅仅是如 Amazon、Priceline、IBM 等美国公司，越来越多的外国公司，如日本、法国、德国、英国、加拿大、瑞典等国的企业，也已经在美国为它们的商业方法创新申请了专利。

如今，商业模式专利已经成为公司保护自己利益的有力武器。如 2003 年的 5 月 27 日，美国 Virginia 州 Norfolk 地方法庭关于 eBay 及其所属公司侵犯 MercExchange 两项专利的判决中，eBay 被判给 MercExchange 的赔偿金高达 3500万美元。

在我国，虽然一些地方政府已经行动起来，通过完善政府服务机制，积极推动当地的商业模式创新。但这种行动还处于起步阶段，具有区域性和不完善性的特点，而国家层面上的鼓励政策还有待提出。应该指出，虽然我国已将创新作为一项重要的国家发展战略给予积极的鼓励和支持，但从总体看，政府对于科技创新给予了更多的重视而对于管理创新特别是商业模式这种实践领域的创新重视仍不够，应该尽快改善和加强。

2. 理论研究深度和实践的广度存在较大差距

在我国，关于商业模式的认识还处于起步阶段，商业模式创新实践在概念和范围上与先进国家相比都还存在较大差距。在我国，商业模式创新经常被当做一种万能标签到处使用，而对于究竟什么是商业模式和商业模式创新，还缺乏严谨科学的认识和理解。

在商业模式创新实践方面与先进国家相比，我国也存在较大差距。在美国，商业模式创新已不仅仅是企业界获取商业利润的有力武器，同时它已成为包括医疗、教育、扶贫与环境保护等非营利性组织提高工作效率的重要途径。而我国，即使是企业界，对于商业模式创新的探索与实践也还停留在较为浅表和局部的水平。特别是一些模式创新，还带有明显的“复制”成分，或者说是国外一些成功模式在与中国国情相结合时的再创新。例如，在我国商业模式创新实践中无法被回避的名字——分众传媒，首创销售电梯间广告，这在中国的确前无古人，但在美国，这早已是一个成熟的市场。而当年，虞锋创办聚众传媒，也是因为2002年在美国出差期间看到了芝加哥的楼宇视频广告。所以，实际上我国的一些所谓的商业模式创新，仅仅是又一次的“本土化”而已。

总之，不论是商业模式创新的理论研究还是实践，与先进国家相比，我们都还存在较大差距，需要加快发展。

7.3 商业模式创新展望

7.3.1 信息技术革命引发的10大创新趋势

对于未来商业模式创新影响最重要的因素莫过于信息技术的快速发展。因此，预测未来商业模式的变化趋势，必须密切关注信息技术发展给企业和社会带来的影响。2010年8月麦肯锡公司发布预测，提出了在高新技术支持下企业商业模式创新将出现的10大趋势。

趋势1：分布式协作创新模式将成为主流趋势。所谓分布式协作创新也称作公开创新，是指公司利用信息技术构建的一种新型创新模式。通过分布式协作创新，企业可以像利用企业内部人员一样利用企业外部人员参与产品研究与开发过程。分布式协作可以有效提高产品开发的效率与效益，降低企业服务用户的成本和扩大服务范围。例如，建立一个客户服务社区，通过这个服务社区，有经验的客户而不是企业的专职员工，就可以直接给新手们提供指导性建议。据估计，用户社区处理一个客户问题的成本比传统的 call centre 低 10%。此外，公司还可以同时利用客户社区作口碑营销（word - of - mouth marketing）。比如宝洁的 P&G's Vocalpoint network of influential mothers。Facebook 甚至利用网络社区的力量来完成产品开发。最近有 30 万名用户被招募来将 facebook 翻译成 70 种语言——翻译成法语竟然只花了 1 天时间。由此不难发现这种分布式协作创新模式的优势所在。

趋势 2：组织网络化。未来的企业组织结构将经历剧烈的变化，将更加关注核心任务，并根据完成任务的需要组织结构将趋向于形成一种开放的网状结构。这种开放的网络结构，不仅在公司内部能够打破地域、部门、业务方面的边界，而且在组织外部，也可以让非雇员为组织作出贡献——这一现象被称为“tapping into a world of talent”——比如，利用互联网技术使公司的研发部门可以有效链接全世界的专家。“Dow Chemical”就自己建立了一个“天才网络”，该网络将以前的雇员，比如退休人员都囊括进来。Amazon. com 的 Mechanical Turk 就是一个在线的劳动力市场；Innocentive 和 Zooppa 则利用企业外部的资源来为企业提供内容服务。未来，网络式的组织将不再关注人员的归属问题，而更多关注一项任务是否能够通过有效的协作得以完成。

趋势 3：更大范围地利用技术协作。日益严峻的降低碳排放量和削减旅行预算等问题，将刺激企业扩大对于视频会议和共享电子工作空间等协作技术的投资。研究报告指出，当一家公司降低其销售人员的实际差旅时间时，80% 的销售人员表示他们的工作效率和生活水平都有所提高。

趋势 4：物联网技术迅速发展促使商业模式转变。由于泛在网络的发展，从电冰箱到汽车，都将被连接到互联网并接收和传递信息。这将促使企业的商业模式进一步改变。例如，由于网络带来的便利，汽车保险价格的计算现在可以根据驾驶行为的风险进行，而不再依据驾驶者的人口特征，这样不仅提高了保险定价的准确性，也使收费更公平。

趋势 5：更具规模的数据库和实验系统。更具规模的顾客和使用者偏好数据资料，将促使企业以完全不同的方式开发新的产品与服务——在一种永久的实验室中。

趋势 6：为世界的可持续发展布局。生产驱动世界数据中心的电力所产生的温室气体与荷兰或阿根廷这样的整个国家的规模相当。尽管技术还可以在很大程度上提高能源消耗的效率（如通过智能电表和智能网格），对现代信息技术的绿色化革命，仍将是一个重要的创新方向和挑战。

趋势 7：任何事情都将被视为服务。传统上以有形物品销售的产品，都将被新创造的各种形式的服务所代替。在 B to B 环境中，这将使得企业可以以变动成本的方式支付所使用的服务，而不需要大规模的固定资本投资，并且可以使企业从购买和维护大型设备的负担中得以解放。这样的例子包括 Zipcar 公司（网上租车公司：你身边的轮子）或云计算。

趋势 8：多样化的商业模式时代。如 Skype（一种免费的网络电话和直接沟通工具）式的免费模式，正在创造新的机会组合。因为，愿意为这些服务支付费用的企业或组织（如广告商）的利益，来源于更大规模的使用者团体（打网络电话的人），接受服务的使用者人数越多，为其付费的组织所获得的利益就越大。因为，免费能够吸引最大限度的使用者。所以为使用者提供免费服务，而让其他收益人付费的商业模式将成为新的商业模式趋势。

趋势 9：来自金字塔底部的创新。当技术与特殊的市场条件相结合，例如，顾客的需求具有非常低的价格起点，基础设施落后，难以接近供应商以及天才可以拥有更低的成本曲线等情况下，具有颠覆性的新型商业模型将会出现。例如，为非洲贫困地区居民提供传统银行服务的电信运营商 Safaricom 公司，根据非洲地区的特殊贫困状况，通过 M - Pesa（一种移动电子钱包）允许客户将购买的通话时间转化为可以支付用于购买汽油、天然气等费用的现金，有效克服了一般银行无法克服的困难，成功地为 800 多万人提供了服务。

趋势 10：利用智能网络提供公共产品。在世界范围内各国政府将面临来自可持续发展的严峻挑战，特别是城市的问题（2050 年，可能超过 70% 的世界人口将居住在城市），新技术将为政府带来新的解决方案。从智能控制的交通系统、智能电力系统到智能传感器控制的供水系统，这些智能化的解决方案正在帮助政府当局和社区重建新的公共产品提供方式。例如，通过网络，政府可以提供很多新的服务方式，例如，在网上填报纳税表格、车辆注册以及一些就业服务。在香港的 FixMyStreet. com，市民可以讨论一些违法劳工、损害公物等地方问题，并发表观点，通过与负责网站管理官员的互动，促进问题的及时解决。

除了上述 10 个方面外，商业模式创新在应用领域上也将出现不断拓展的趋势。如今，越来越多的非营利性组织开始通过运作模式创新寻找进一步提高工作效率的途径。例如，美国的健保行业就在积极探索更加有效率的新型医疗模式，以有效缓解过高的医疗成本给社会各方面带来的压力。有专家建议，通过制定常见病症的标准检查治疗方案，借助现代化的检查、治疗设备，以及特定的诊断工作流程，一般的低级医生或护士就可以完成常见病例的检查治疗，从而可以有效减少病人因等待高级医生看病而需要花费的大量时间，既提高了治疗效率，又可以降低治疗成本，而且还可以给高级医生节省出更多的时间关注那些疑难病症的患者，从而使整个社会的医疗资源得到更合理与更有效的利用，使全体社会居民的福利得到提升。除了医疗行业外，教育行业也存在着大量模式创新的空间，如何利用商业模式创新的方法与理念提升整个社会的教育水平与教育资源的有效配置，也将成为未来商业模式创新理论研究与实践的重点和趋势。

7.3.2 几点建议

党的十七大报告明确提出了建设创新型国家的国家发展战略。建设创新型国家离不开企业创新能力的提升。基于网络时代背景中上述全球领先企业的商业模式创新趋势，笔者认为，中国企业界、理论界以及政府有关管理部门都应该积极行动起来，为促进中国企业创新能力的提升作出应有的贡献，为此，笔者提出如下几点建议。

1. 重视商业模式创新，政府有关部门应加强政策引导

虽然在金融危机等国际国内环境因素的影响下，商业模式创新的重要性和迫切性正在被逐步认识，但与国外先进国家相比，我国在促进企业创新的政策制度方面还存在较大差距，特别是在商业模式创新方面，激励和引导性政策还较欠缺，需要尽快建立和完善。现实中，对于战略转型期的我国大多数企业而言，创新能力薄弱是制约其持续发展的主要障碍。而对于我国特色的市场经济发展环境来说，发挥政府政策的激励和引导作用，是有效促进企业创新能力提升的重要手段。因此，本文建议有关方面应加紧制定促进企业商业模式创新的整体性法律政策体系，建立商业模式创新环节的税收优惠政策，重视商业模式创新与技术创新的协同发展，利用多种税收方式，全方位、系统化地支持与鼓励企业商业模式创新实践。此外，政府还可以通过完善服务机制，积极推动商业模式创新。例如，通过搭建区域性融资平台，让风险投资机构与商业模式创新项目对接，为商业模式创新型企业发展创造更好条件。

近年来，一些地方政府也已经行动起来，完善政府服务，积极推动当地的商业模式创新。如在杭州，商业模式创新企业可评为高科技企业或软件企业，享受相应优惠政策。它们还发挥市创投服务中心的平台作用，推动风险投资机构与项目对接，并通过整理成功的商业模式创新案例进行宣传推广，以典型引导、推动商业模式创新。对众多中小企业起到引导、示范作用，并使全社会关心支持商业模式创新，营造创业创新的浓厚氛围。

2. 加强商业模式创新理论研究与宣传推介，提高企业对于商业模式创新的认识水平

我国企业界虽然也在进行积极的探索与实践，并取得了一定成效，但相对于商业模式创新领先的国家，我国企业的创新实践还相对滞后，而这又与认识不到位有关。商业模式创新作为一种新的创新类型，其重要性已经不在技术创新之下。商业模式创新在我国商业界也早已是个流行词汇，但现在许多人对其含义理解片面或有偏差，常将其当做万能标签用。这种情况和我国学术研究及宣介滞后有关。国际上虽然也不是非常成熟，但有关商业模式创新的研究已取得很大进展，有关商业模式创新的理论研究与实践已经突破了传统的商业领域，向很多包括医疗、教育、扶贫与环境保护等非营利性组织拓展。而我国这方面的研究与宣介相对滞后。因此，我国企业、学界、政府有关部门还需要进一步加强对商业模式创新理论的研究与探索，加强理论与实践的结合，积极探索适合我国国情的企业商业模式创新之路。

3. 自主创新与开放创新相结合

自主创新与开放创新相结合是现阶段我国企业商业模式创新过程中应该

重点关注的另一个问题。虽然在网络经济条件下，博采众长的开放式创新将成为趋势，但对于发展时间不长，企业规模和市场影响力有限的一些本土企业而言，绝不能忽视自主创新的重要性，或者说应该重视创新过程中的自主性，应该将开放创新与自主创新相结合，在保证创新过程自主控制的前提下，利用开放创新方式实现企业目标。

通常认为所谓自主创新是指拥有自主知识产权、独特的核心技术以及在此基础上实现新产品价值的过程。包括原始创新、集成创新和引进消化吸收再创新等不同内容。对中国企业而言，自主创新一方面可以体现为拥有自主知识产权的技术、服务和企业品牌价值的开发、培育与塑造；另一方面也体现为企业能够独立控制和把握创新目标、创新方式与创新进程，即实现以我为主的创新。

强调中国企业应重视自主创新是提升企业竞争力的需要。在改革开放的大环境下，国外顶尖企业纷纷落户中国，给中国本土企业带来了极大的竞争压力，要在强手如林的市场上占据一席之地，本土企业需要在提升核心竞争力和品牌影响力等方面下功夫。为此，应该在可以形成自主知识产权的各种管理技术、新型服务设计专利和塑造企业品牌形象上下功夫，只有通过可以获取自主知识产权的自主创新，才能使企业在日趋激烈的竞争中获取优势和赢得主动。

当然，强调自主创新并不等于排斥公开创新，自主创新并不等于独立创新，其中“自主”是寻求创新目标与技术上的自主，而不是技术自立；是在开放的背景下自主把握技术发展方向和进程，博采众长，为我所用，而不是摒弃外部优秀技术资源，自我封闭。因此，企业也应该跟上时代步伐，在创新过程中积极借助各种现代网络技术，利用开放创新方式，加快自主创新步伐。总之，强调自主创新与开放创新相结合，是强调在竞争激烈的现实环境中，本土企业应该充分重视通过自主创新培育具有自主知识产权的专利技术、新型服务产品以及服务品牌，以逐步形成可以得到知识产权保护的核心竞争力，从而提升企业的竞争优势，实现良性的可持续发展。

4. 技术创新与营销创新相结合

商业模式创新的兴起源于现代信息技术的飞速发展给社会生产生活带来的各种不断加快的变化。伴随互联网与移动通讯技术的发展，人类的生产生活方式发生着深刻的变化。为了适应上述变化，人们需要在传统的技术创新、组织创新和营销创新的基础上，进行一种既包含传统创新又不同于传统创新的新型整合式创新，即商业模式创新。所以，商业模式创新作为一种整合创新，应该可以有效地整合技术创新、组织创新与营销创新，使企业创新活动在更加贴近市场、贴近需求的同时，更加充分地发挥技术创新与管理创新的作用，使企业商业模式创新更具效益与效率。

5. 重视价值创新

推进商业模式创新，不能只关注商业模式的外在形式，也就是不能只重视商业模式中的界面要素的创新，虽然界面要素创新很重要，也是商业模式中最容易识别和最容易形成特色和加以塑造的部分。但应该注意的是，界面模式的创新，并不能真正反映企业商业模式创新的本质与意义，只有基于价值主张、价值理念以及价值形成逻辑的创新，才能形成真正意义上的商业模式创新，否则难免会发生画虎不成反类犬的结局，这往往也是创新过程中简单地模仿他人做法时常发生的现象。形式与内容需要和谐统一，商业模式创新也不例外，只有基于企业价值创造内容与过程的创新，才能真正形成由内向外可以带动企业各个方面的、全面的整合创新。

6. 重视绿色创新

在资源短缺、环境危机事件频发的当今社会，节约资源、降低碳排放量的绿色发展模式渐成趋势。无论是个人消费者还是负责人的企业公民，都在树立与倡导绿色消费与绿色价值理念，并积极地通过创新与改变自身行为，为世界的可持续发展作出贡献。在中国经济快速发展并成为世界能源消耗大国之后，中国企业更应责无旁贷，积极推进绿色创新与绿色生产，积极构建绿色商业模式，承担起促进世界经济与社会可持续发展的责任与使命。

参考文献

［1］商业模式创新［DB/OL］. http：//baike. baidu. com/view/1974811. htm，2010－11－12.

［2］王琦，蔡奇 . 调研商业模式创新时强调加深认识因势利导［DB/OL］. http：//www. hangzhou. com. cn/20080923/ca1576647. htm，2008－09－25.

[3] 乔为国．商业模式创新［M］．上海：上海远东出版社，2009.

[4] GEORGE POHLE, STEPHEN WUNKER. Innovating on your own terms [DB/OL]. http://www.bengin.net/jbc/be_systeme/23% 20Innovation/Externe/IBM_Institute_for_Business_Value_Innovating.pdf, 2008-09-20.

[5] POHLE, GEORGE, CHAPMAN M. IBM's global CEO report 2006: business model innovation matter [J]. Strategy & Leader, 2006, 34 (5): 34-40.

[6] HAMMER M, CHAMPY J. Reengineering the Corporation: A Manifesto for Business Revolution. Nueva York, EUA: Harper, 1993.

[7] CORLEY E A, BOARDMAN P C, BOZEMAN B. Design and the management of multi-institutional research collaborations: Theoretical implications from two case studies [J]. Research Policy, 2006, 35 (7): 975-993.

[8] MAHABUB HOSSAIN. Credit for alleviation of rural poverty: the Grameen Bank in Bangladesh [DB/OL]. http://books.google.com/books? hl=zh-CN&lr=&id=GkrRrt_ao50C&oi=fnd&pg=PA7&dq=Grameen+Bank&ots=Yp_MIqqZpY&sig=J4sOgzf6lUNmQKJ_kcFxkxFMc00#v=onepage&q&f=false, 2008-09-25.

第 2 篇

网络背景下物流企业商业模式创新研究

1 网络背景下物流企业商业模式创新的必要性与可行性

1.1 问题的提出

自20世纪90年代以来，以互联网为代表的信息技术的快速发展，为企业提供了比以往任何时期都更为丰富的创新途径与创新空间，一大批基于互联网技术的新模式企业应运而生。它们以与传统企业完全不同的方式为顾客创造和提供价值，并获得了传统企业无法比及的成功。如Yahoo、Amazon及eBay等新兴互联网企业，在短短几年时间里，以各式各样的全新方式，从小到大，快速发展，在给传统企业带来巨大的冲击与挑战的同时，也给物流企业带来了新的发展机遇和发展空间，而传统物流企业要能够真正抓住机遇，将市场机会转化为自身发展机会，就需要对自身的传统经营方式进行创新，使传统的物流服务模式与网络时代的新型经济模式更好地对接，也只有这样，物流企业才能更好地搭上网络经济飞速奔驰的快车，在网络经济的大背景下，实现自身的发展。正是在这样的背景下，商业模式创新开始引起社会各界的广泛关注，并在很短的时间里成为世界范围内企业界与学术界最为流行的词汇之一。同时，商业模式创新也被认为是能够给企业带来竞争优势的新的法宝，是变革时期企业应该具备的关键能力。

如今，虽然在世界范围内商业模式创新已被广泛接受，有关商业模式创新的实践活动也是空前繁荣，但不能否认的是，关于物流企业商业模式创新的理论研究还处于不成熟的发展阶段，商业模式创新实践也处于探索阶段，所以，为了促进物流企业在网络经济时代又好又快发展，物流企业商业模式创新的理论研究与实践都亟待加强。

1.2 文献综述

1.2.1 国内物流企业商业模式创新文献综述

1. 关于我国物流企业商业模式创新的意义

网络经济背景下企业商务模式创新的研究正在成为管理学界研究的热点问题。北大光华管理学院院长张维迎教授在其2008年1月出版的《2010商务模式》一书中指出："当今企业商业模式创新比以往任何时代都更需要实现伟大的转变，……以往区域性的综合企业将转变为全球网络中的专业化企业，通过弹性信息架构和协作服务网络来加快转型速度，赢得竞争优势。"

在网络经济时代，作为网络时代崛起的新兴服务业，物流企业的商业模式创新更具有现实意义和紧迫性。丁俊发（2007）指出，我国物流企业由于增值服务少，服务附加值低，服务水平不高，经营成本不仅居高不下且呈不断攀升之势从而导致经营困难，竞争环境恶化的情况亟须通过制度创新和企业创新来改变。翁心刚（2005）也曾经提出："物流企业的经营模式，是物流企业盈利的基础，是物流企业核心竞争力的体现，只有具备了成功的经营模式，企业才可能获得盈利并保持稳定发展。经营模式是物流企业成功的关键。"邬跃（2007）认为：我国现代物流业在国民经济高速增长的促进下实现了又好又快的发展的同时，面对外资的强势挤压，也存在着一些令人忧心的问题。仓储、货运等传统物流行业需要转变经营思路，利用物流信息化、标准化开拓新的赢利模式，才能取得良好业绩。鞠颂东（2007）认为：物流网络的理论研究与应用具有重要意义，有利于创新物流服务模式，促进网络经济发展，构筑"综合物流网络"，使物流企业更好地适应市场变化，满足客户的需求。此外，我国众多物流业界的知名学者和管理人士如王之泰、王佐、刘秉镰等都多次指出商业模式创新对于促进我国物流业发展具有重要意义。

2. 关于物流企业商业模式创新的方式

由于长期的计划经济体制和专业化物流市场与物流企业发展较晚等因素影响，与国外对比，国内关于物流企业商业模式创新的理论研究工作无论在数量还是在水平上都存在着较大差距。国内关于物流企业商业模式创新的研究基本可以分为下述3类。

第一类，强调通过物流技术创新实现商业模式创新。认为通过对各类不同物流服务所使用的专业物流技术进行更新改造，通过技术进步提高相应的物流服务效率与服务水平实现物流商业模式创新是物流企业商业模式创新的主要途径。例如，"九五"计划期间，建材运输过程中大力推广水泥的散装运输与配送技术，以提高整体运输效率和节约社会资源（王之泰，1996）；王佐（2004）指出，要大力推广各种适用物流技术促进物流企业创新。通过加快发展多式联运、集装箱运输、通用航空运输等新型运输方式，积极开发散粮、散糖、散肥、散化、散装水泥等大宗产品散装运输技术。加快对传统仓库的多功能现代化改造，特别是升级为配送中心的技术改造和仓库管理信息系统的完善。鼓励企业采用物流机械化和自动化装备，大力开发、改造和引进能有效提高物流效率和降低物流成本的仓储运输、装卸搬运、分拣包装、条码印刷等专用物流技术装备，提升我国物流装备技术水平。大力推广包括专用车辆运输技术、条码技术（BC）、智能标签技术（IL）、无线阅读识别技术（RFID）、分拣配货技术、配载配送和路径优化技术等的应用。通过物流技术创新，促进商务模式创新，提升物流企业竞争力。近年来，专业化运输工具的使用逐渐代替普通运输工具而使运输服务效率与服务水平显著提高，如冷链运输在生鲜食品的运输过程中逐渐推广普及，理论界关于冷链运输服务的管理与规划设计的研究也随之深入（刘斌，2008）。总之，通过物流技术创新促进物流企业商业模式创新和发展，无论是在过去还是在现在，都是我国物流研究领域很多主流专家的共识。

第二类，主张通过物流企业管理方式创新实现物流商业模式创新。刘秉镰（2007）认为，物流企业应提升运营的管理绩效，通过资源整合、企业联盟等手段，拓展物流服务网络和自身物流服务能力。加强物流管理与物流技术的引进，力争通过物流管理技术创新带动物流服务创新。在物流功能拓展方面，物流企业应以物流市场需求为导向，随时留意市场多变的物流需求，改变以往单一的物流服务功能定位，向多功能、高附加值方向转变。安建梅认为，目前，物流服务创新的发展趋势呈现出战略导向性和系统性特征，战略在物流服务创新中起着灵魂作用。李海婴等用轨道概念构建了物流服务创新的动力因素，认为，物流服务创新的外部轨道动力包括技术、制度、服务专业、管理和社会轨道，内部轨道动力包括战略与管理的核心能力提升要求、员工的创新精神、组织的创新性。总之，认为物流企业商业模式创新需要通过各种企业管理方式创新来实现的学者数量不少，并处于不断增多的趋势之中。

第三类，强调利用现代营销理念根据物流市场需求变化直接开发新型物流服务，拓展物流分销模式和价格组合模式，实现物流企业商业模式创新。周勇、郑智（2006）提出物流企业应重视与特定客户不间断地沟通，通过了解客户需求，向客户进行营销努力，与客户一道促成客户的目标，通过不断为客户提供全方位的高度人性化的物流增值服务，实现企业创新发展。尚尔斌（2008）认为，物流公司应该在全面分析市场环境与公司资源特征的基础上，集中力量打造安全、可靠、标准化服务与监督保障体系，根据客户需求提供“全程、一站式、一体化”物流解决方案，优化客户物流模式，降低总物流成本支出，坚持走“资源+客户”的发展路径。通过强化市场营销，深度开发客户，创建现代化的物流公司。袁炎清（2003）认为，物流企业应充分运用现代市场营销理论和方法，综合运用各种营销手段、技术，制订营销策略，创新物流服务，这样才能取得竞争优势。具体而言，物流企业开展营销活动须有先进的营销理念作指导，充分认识物流活动特点，准确做好市场定位，科学设计营销模式，提供整体解决方案。

与前两类观点对比，应该说第三类的研究还只是处于起步阶段。由于营销理论在物流领域的推广时间不长、我国物流研究主流专家的专业背景不同等各种原因，营销理论在我国物流企业的应用与创新亟待提高。结合自身多年营销专业所学和恩师的指导，笔者对于物流企业商业模式创新的研究计划从这一方式入手，以期通过对于营销理论的应用研究与创新，为利用营销理论指导我国物流企业发展作出一定的贡献。

1.2.2 国外物流企业商务模式创新研究趋势

近年来，全球先进国家的物流商务模式向供应链管理服务即第四方物流服务全面转型。欧美等发达国家对于物流商业模式创新研究的热点也转向供应链管理流程、供应链绩效考核、采购、运输、仓储、库存管理、物流外包等供应链管理的具体环节。

2005 年 1 月 1 日有 40 多年历史的美国物流管理协会（CLM）更名为美国供应链管理专业协会（CSCMP），这标志着全球物流商务进入供应链时代。按照美国供应链管理专业协会的定义，供应链管理是物流管理的深度和广度的扩展，是联系企业内部和企业之间所有物流活动和所有商业活动的集成。

进入21世纪，电子商务对物流产业的影响、经济变革中的战略伙伴关系、物流与供应链管理规则的改变、追赶供应链浪潮等，相继成为全球物流产业发展的主题。精益物流、六西格玛物流、闭环物流等管理手段，RFID等高科技手段，相继在物流企业得到实施。在世界范围内，物流与供应链管理研究呈现出如下趋势。

全球物流进入供应链时代之后，物流被放大到供应链的范畴来讨论，这一特点近年来表现得尤为明显。2005年，美国供应链管理专业协会邀请了50家在全球物流与供应链领域有影响的机构，共同编制了《供应链管理流程标准》，从计划、采购、制造、交付、回收和执行6个方面为生产制造业和物流企业提供标准化的操作指引。近一两年来对供应链管理的研究主要集中于业界普遍关心的问题，如流程标准、绩效与指标、供应链战略、精益供应链等方面。

全球物流向供应链管理转型的另外一个体现，就是将对物流环节、物流问题的研究纳入到供应链的框架之内，作为供应链的一部分来讨论，比如，对零售、仓储、运输等传统物流环节的讨论，已经从零售在供应链中的角色、仓储与供应链相关问题、运输在供应链中的角色等角度进行研究分析。

供应链管理研究将在未来相当长一段时期内成为主流趋势，围绕供应链管理的流程、绩效、测评标准、技术手段、企业战略等问题将成为未来物流管理研究的重点。

1. 以全球化视角探讨供应链管理

目前，在关于供应链的研究主题中出现了更多的全球化视角。例如，对于运输问题的研究，前些年的探讨大都集中在运输管理、技术与设备、人力资源、客户关系、管理软件等方面，较少涉及国际物流问题。2006年美国供应链管理专业协会年会运输分会的主题是“运输的全球视角分析”，较多涉及国际运输、跨境运输、不同区域、不同国家的运输问题。

“全球供应链管理”，或说跨国界的供应链管理，正在成为国外研究的新热点。全球外包与全球供应链的问题、物流和供应链管理各个环节的跨境外包问题越来越受到关注。

2. 对新兴市场的关注

与全球化视角相呼应，物流界对新兴市场关注的兴趣日益显现。涉及对拉丁美洲（巴西、墨西哥）、中东（迪拜）、印度、中国、非洲等区域新兴物流市场的研究日益增加。新兴市场的研究重点之一，是如何利用综合物流平台与保税区开拓新兴市场。迪拜物流城的案例分析提供了借鉴。生产与贸易企业，利用迪拜保税区政治自由和优越的地理区位，优化全球运输供应链，连接印度、中东、非洲等新兴市场，建立在印度的供应网络。新兴市场还涉及了非洲、拉美的机会与挑战，墨西哥与巴西的市场成熟度、趋势与项目等问题。

3. 全球供应链外包

外包作为分工和跨国公司全球战略的结果，已经成为跨国企业寻求战略资源的手段。全球供应链外包，覆盖供应链各个环节的外包活动成为备受关注的课题之一。针对财富 100 强企业国际外包经验和教训的案例研究备受关注，相关的研究涉及零售业自有品牌的演进与全球外包能力、全球外包的财务影响分析、全球运费支付外包的是与非、非洲供应链外包解决方案、印度的供应链挑战、新兴市场外包与成熟市场的经验、泛欧洲运输管理等问题。

4. 全球运输挑战

将运输扩展到全球是近年来的新趋势。对运输的研究，从传统的运输管理到现代技术手段，都是多年来研究的主要问题，具体包括：公营与私营企业建立战略伙伴关系，提升运输系统效率的问题；港口未来的调整与发展趋势；运输管理—整合战略、技巧、措施与指标；解决发达国家司机短缺的头痛问题；支持商业发展的汽运挑战；运输基础设施问题；信息技术在运输管理中的应用；未来 5 年运输发展趋势，包括运输协作问题、运输计划、石油时代的结束及对运输的影响、未来 5 年铁路交通的变化、整车运输战略、21 世纪的发货人与多式联运的第三方物流等问题。

5. 库存管理

库存管理是物流与供应链的重点环节，近年来有关库存管理研讨的问题包括：增加运输成本的库存优化问题分析，确认、测量和化解企业供应链风险，优化 + 模拟——世界级供应链的整合设计方法，冲突需求的库存解决方案，全球外包对运营资本的影响，降低成本与提高产品可供性，Caterpillar 如何将供应链成本降低 10%，世界是扁平的——优化全球动态库存的方法等问题。

6. 仓储与物料处理

仓储作为物流和供应链的主要环节，从配送时代、物流时代到供应链时代，都是不可忽略的操作过程。近些年对仓储的讨论，开始纳入管理的框架，重视了仓储环节与其他供应链环节和操作的关联。近来广为关注的研究包括：仓储空间、数据驱动的订单管理、分拣策略、内向物流优化、仓储设备、人力资源管理、运作模型等问题。声控技术在仓储和配送中心的应用，也得到了业界的重视。

7. 供应链管理绩效测评

供应链绩效测评一直是近些年的热门主题。企业实施供应链的绩效，存在多方面的指标，不仅限于将企业的财务指标与流程标准挂钩，最新的研究还涉及单一企业的绩效与对供应链上下游企业的影响联系起来，形成供应链绩效。研究的供应链绩效问题涉及以指标支持供应链战略、服装供应链指标、SCOR 的指标、绩效测评标杆的指标、零售供应链指标、高科技绩效指标等。米其林的绩效指标一度成为一个典型的案例。

8. 精益供应链

将精益的概念应用到物流与供应链，控制流程的变异，把握流程质量，在近些年已经形成了完善的体系。美国供应链管理专业协会 2006 年推出了精益六西格玛物流认证体系，并具体宣传讲解项目的作用与实施。此外，相关的研究还包括了支持精益企业的可回收包装系统、紧密整合供应链的成功、越库—精益整合供应链核心、MRP 与精益等主题。

1.3 物流企业商业模式创新的必要性与现实意义

1.3.1 技术进步与管理实践要求物流企业商业模式创新

随着信息技术的飞速发展，互联网正在全方位地改变着人类的生产、生活方式，越来越多的信息技术融入社会生活，使旧模式发生了深刻的改变。一方面，数据处理能力的加强和通讯技术设施的发达促进企业向全球化发展；另一方面，信息沟通网络化、电子化导致社会交易成本的降低和企业结构的分解，“归核化”与“外包”，“虚拟公司”和“网络组织”等新型企业经营模式与组织形式不断涌现。以现代物流服务为代表的新兴服务业蓬勃发展，企业管理理论也由关注局部向关注企业整体优化的方向转变，价值链、供应链与企业再造等新兴管理理论迅速推广普及，并在世界范围内取得了令人瞩目的成绩。

总之，新一轮以信息技术为代表的科技革命引发了传统企业组织形式与商务模式的变革，并推动管理理论与管理实践进入新的发展阶段。因此，研究新技术环境下物流企业商业模式创新，既是技术进步的要求，也是物流企业管理实践的必然选择。

1.3.2 社会发展期待物流商务模式创新

在社会与经济迅速发展的过程中，消费物流市场迅速扩大。有效满足这种快速膨胀的市场需求，需要物流企业实施商业模式创新。传统物流企业通过研究物流市场及其相关影响因素的变化，进行流通领域有限资源的配置。而现代物流企业，可以利用现代信息技术成果与网络环境，突破有限的流通领域，进行全社会物流资源整合，拓展物流服务领域，开发新型物流服务产品。结合现代营销理论，进而不断创新企业商务活动，提升竞争实力，更好地适应社会发展需要。

1. 满足消费需求的需要

网络技术给人们带来更多选择与更多便利。消费者不仅对有形产品的需求日益呈现出个性化、自主化、复杂化特征，对于包括物流服务在内的各种服务性产品的需求也呈现出同样的个性化、自主化、复杂化特征。与过去不同，个性化的物流需求，要求物流服务做到及时、准确、小批量和过程可视化等。以快递服务为例，传统的邮政快递服务模式只是坐等顾客上门，并将服务简单地分为同城或异地、特快或普通等几种类型，如今上述传统服务方式已很难满足顾客要求。为了更好地满足顾客的物流消费需求，次晨达、2 小时、4 小时等限时服务以及门到门等多种新型快递服务应运而生。总之，在网络环境中，消费者的物流需求与过去相比已经发生了非常大的改变。需求的变化，要求物流企业改变过去片面追求降低成本、实现规模效益的传统商务模式，创建具有敏捷性、柔性化和定制化的新型高效物流商务模式以更好地满足消费需求。

2. 企业经营方式创新的需要

伴随电子商务与虚拟企业等新型经营模式的普及，越来越多的商贸流通企业和制造业企业将物流作为重要的竞争手段加以重视。物流服务外包，已成为世界先进企业的通行做法。在世界范围内，通信技术、网络技术与制造技术和零售技术相结合，使订单驱动的大规模定制生产成为可能。跨越采购物流、制造物流和销售物流多个环节的定制化物流服务模式和供应链物流解决方案等现代物流服务应运而生。由于制造业与流通业对于专业化物流服务的要求不断升级和扩大，传统的运输或仓储等单项物流服务模式已很难满足客户企业要求。要更好地满足客户需求，物流企业必须拓展服务领域，大力发展第三方、第四方物流和供应链物流管理等新型定制化物流综合服务和增值服务，实现传统模式向现代新型商务模式的转变。

1.3.3　物流企业需要通过商业模式创新提升竞争力

经济全球化发展在为我国企业拓展市场空间的同时，也吸引了众多国际领先的物流企业进入我国市场。国际著名物流公司如联邦快递（FedEx）、联合包裹（UPS）、中外运敦豪（DHL）、天地快运（TNT）等，凭借先进技术与专业经验，相继进入我国，并以其先进的商务模式在我国物流市场上攻城略地、迅速扩张。在国际物流企业利用新理念、新技术向社会提供新型服务的同时，我国本土物流企业如果不能加快发展和创新，适时改变落后的传统商务模式，缩小与国际先进企业的差距，必将难于应对激烈的竞争而败下阵来。另外，由于技术进步提高了生产效率，缩短了产品生命周期，强化了需求的差异性和个性化，并导致制造业的竞争焦点由降低成本转变为提高市场响应能力和响应速度，加之由于生产技术和管理水平的不断提高，降低物耗、提高劳动生产率的空间越来越小，因此，过去常常被忽视的物流商务管理已成为企业寻找利润的新的源泉，越来越多的企业希望通过优化物流管理过程和物流商务模式创新，降低经营成本，提高企业盈利和市场竞争力。

综上，如何尽快使我国物流企业适应网络环境下的全球化竞争，如何通过商业模式创新更好地利用包括全球卫星定位、RFID、移动仓库在内的新兴物流技术促进我国物流企业整体水平的提高，如何利用物流商业模式创新全面提升物流企业的市场竞争力，已经成为我国物流企业发展迫切需要解决的问题。

1.4 物流企业商业模式创新的可行性与动力来源分析

1.4.1 企业商务与物流企业商业模式创新概念界定

分析商业模式创新的可行性，应该首先界定企业商务的概念。关于商务概念存在着广义与狭义两种不同的认识。一般认为，广义的商务概念，是指一切与买卖商品、服务相关的事务。而狭义的商务概念特指与商品交易或贸易直接相关的活动。因此物流企业的商务活动，是指物流企业为实现物流服务经营目的而从事的各类有关资源、知识、信息和服务交易等活动的总称。具体可以划分为与物流服务生产、销售直接相关的基本商务活动和为基本商务活动提供支持的各种有关的支持性活动。例如，为了提供专业物流服务必须开展的资金、设备以及人力资源管理和规划等具体工作。本研究主要探讨与物流服务生产和销售直接相关联的物流企业基本商务活动的创新问题。因此，从商务概念出发，可以将物流企业商业模式创新，划分为服务创新与市场创新，下面就结合创新理论对上述两方面创新的可行性进行分析。

1.4.2 基于熊彼特创新理论分析物流企业商业模式创新的可行性

创新作为一种理论最初是由经济学家约瑟夫·熊彼特于1912年在《经济发展理论》一书中提出的。之后他又于1939年和1942年分别出版了《经济周期》、《资本主义、社会主义和民主主义》两部专著，对创新理论加以补充和完善，形成了独特的创新理论体系。熊彼特以“创新”来解释经济周期和经济发展，明确提出创新是经济发展的本质，创新的过程就是一种不断打破经济均衡的过程。其创新理论主要包括以下几点。

1. 创新的内涵

熊彼特认为创新并不是一个技术概念，不是单纯的技术上的新发明。创新是一个经济概念，指经济生活中出现的新事物，一般包括5种情况：

（1）采用了一种新产品，即消费者不熟悉的或具有新特征的产品；

（2）采用了一种新的生产方法，这种方法有可能在科学上不一定成熟或者仅仅是商业上经销商品的一种方法；

（3）开辟了一个从未进入过的新市场；

（4）控制或“掠取”了新的生产原料和半成品的供给来源；

（5）实现了一种新的工业组织形式，比如形成或打破了一种垄断，或实现了托拉斯化。

从熊彼特的创新内涵不难看出，物流企业商业模式创新可以被理解为，开发一种新的服务模式、进入一个新的服务市场或者是创造一种新的商业模式，这些活动都是在物流企业的日常经营活动中经常发生的和可行的事。

2. 创新的主体

熊彼特认为创新的主体是企业家。市场经济是在创新主体——企业家及企业家精神的推动下才实现创新和发展的。因此，企业家精神是经济发展的原动力，是创新的灵魂。因此，对于物流企业而言，物流企业家作为创新的主体同样存在，在企业家争取获得竞争优势的动力推动下物流企业商业模式创新同样不会停滞。

3. 实现创新的制度条件

实现创新的制度条件是资本市场的建立和良好运转。熊彼特认为，在市场经济制度下，资本与高度发达的信用制度是企业家实现创新的必要条件。伴随我国资本市场的不断发展和信用机制的建立，物流企业的创新制度条件日趋成熟和发展，为物流企业商业模式创新奠定了良好的制度基础与条件。

利用熊彼特的创新理论分析可以发现，无论是从商业模式创新的主体、动力还是从创新环境进行分析都可以发现物流企业商业模式创新存在着良好的客观条件，商业模式创新既是必要的，也是可行的。

1.4.3　基于创新过程理论分析物流企业商业模式创新的动力来源

创新过程是管理学视角下创新研究的另一个重要领域，利用创新过程的规律与特征，可以分析检验物流企业商业模式创新的外部动力来源。

创新过程理论的发展演进揭示了企业创新的外部动力来源。由创新理论可知，企业的创新活动源于技术进步、需求变化或者是上述两者的综合作用。因此，分析物流企业商业模式创新的可行性，也可以从上述两个方面进行。一方面，伴随以网络技术为核心的现代信息技术的飞速发展，物流企业商务活动的需求环境发生着巨大变化，新需求、新市场不断涌现，迫切需要物流企业通过商业模式创新改变传统简单落后的服务方式，以更好地适应网络时代社会生产和生活中涌现出的各种新的和更加普遍和更加复杂的物流需求。另一方面，伴随信息技术和物流技术的发展，RFID、全球卫星定位等现代新兴技术也为物流商业模式创新提供了强大的技术支持和支撑，为物流商业模式创新奠定了良好的物质基础和技术基础。因此，从创新理论出发，可以发现物流企业商业模式创新具备良好的外部需求环境和行业内部技术环境，物流企业商业模式创新不仅需求迫切，而且现实可行。

1.5 物流企业商业模式创新应注意的几个问题

1.5.1 树立正确的创新观念

观念作为人们对客观事物的看法，它虽无形、看不见，却直接影响着人们的行为。所谓创新观念，就是企业在不断变化的商务环境中为了适应新的环境而形成的一种创新意识。

创新观念是商业模式创新的灵魂，它指挥支配着创新形成的全过程，没有创新观念的指导，商业模式创新就会被忽视，就会仍然一味追求传统的、已不适应新环境的模式。企业只有把创新这一指导思想提上日程，才能使企业在变化中成长，在竞争中生存，商业模式创新亦能更充分地发挥作用。海尔的斜坡理论是众所周知的，其推力 OEC 管理，拉力就是创新，由此可见海尔已经树立起了创新观念，不断地在指引着海尔各方面的创新工作。管理上“以市场链为纽带的业务流程再造”的创新成果已经获得了全国第七届企业管理现代化成果第一名。商务方面的创新也是接连不断，“亲情商务”这一新思路的执行，不仅提升了品牌形象，而且增强了品牌亲和力。试想，没有创新意识的企业，又何以谈商业模式创新呢？由此可见，树立商业模式创新观念是商业模式创新的首要条件。

1.5.2 培养科学的商务思维

思维是认识活动的高级阶段，是对事物一般属性和内在联系间接的、概括的反映。牛顿是从苹果落地开始研究万有引力的，而苹果落地这一普通的自然现象在我们生活中是常见的，还常常成为人们感慨人生的对象，为什么有牛顿和常人对于“苹果落地”这样两种截然不同的关注点呢？其实这根源就是思维。牛顿所有的是科学的思维，而那些感慨人生的人有的却是文学思维。正是这种科学思维使他发现了万有引力，且不断地发现科学领域的诸多奥秘。那么，企业要做好商务活动就必须具备商务思维。事实上，商业模式创新的切入点就在生活中，或者说就在消费者身边。如果缺乏商务思维，就无法把握住这些切入点，商业模式创新也就成了无本之源。作者在做一项房地产项目商务策划时，在其项目推广造势阶段，将项目的地理位置与国家乒乓球训练基地要扩建的本无关联的两件事联系起来，使本无地理优势的项目一时间变成了抢手货。而且，巧妙地避开了宣传迷信的嫌疑（此房产项目的地理位置与“隆兴寺”在同一轴线上）。正是这种商务思维，使策划者将两件不相关的事物联系在一起，创造出商务佳绩。商务思维的培养要在商务人员的头脑中建立起一种商务意识也即工作状态。首先，要精通理论知识，运用这些知识去观察生活中的诸多事物，培养起在生活中运用商务的能力，自然能培养出商务意识；其次，做生活中的细心人，注意观察周围的“消费者”行为，深度挖掘商业模式创新切入点。

1.5.3　建设严格的制度保障

规章制度使企业的各部门人员有章可循，形成一个组织严密的团队。如果没有制度保障，那么企业就完全丧失了凝聚力，也不可能形成良好的企业文化。要一种思想或文化在企业员工的思想中渗透，运用规章制度贯彻是非常必要的。那么要想将商业模式创新思想变为企业商务人员或其他员工的行动准则或深层次的文化核心，就必须有严格的制度来规范，保证其规范的运行。将商务的观念、精神和思维转化成员工进行商务活动的理念和方法，制度的保障作用是非常必要的。

当商业模式创新制度化后，创新观念、思维和精神便有了根本保障，从而充分地调动了商务人员创新的积极性和主动性，促使企业在复杂多变的环境中有的放矢地进行商务活动，适应变化。其实，这正如管理学中的X理论、Y理论及Z理论所讲的那样，对人这个复杂的有机体必须用严格的制度管理，其效果也是不容置疑的。但是，要将一种思想制度化，甚至将这种思想提到企业文化的平台上，就很困难了。所以，使商业模式创新制度化，还要使用企业文化的魅力，这样才能使效果更好。

在商业模式创新的制度保障中，激励制度最有效的。只有制定适当的激励制度，商务人员的积极性和主动性才能够被调动起来。而企业制定的激励制度，只有将商业模式创新成果与薪酬制度和晋升制度相联系，效果才会更佳。

1.5.4 商业模式创新必须创造价值

创造价值是商业模式创新是否有价值的最重要的评估标准，当然，这里的价值不仅包括经济价值，还包括顾客价值。不创造经济价值对企业没有任何意义，而不创造顾客价值的商业模式创新就无法获得经济价值，因此创造顾客价值是商业模式创新的关键。顾客价值不仅表现在产品功能上，还表现在顾客为购买而付出的精力、体力、时间及货币上，甚至包括情感。所以在商业模式创新中，必须创造顾客价值，否则，难以提高企业的核心竞争力。

1.5.5 注意商业模式创新组合与运用合力

企业商业模式创新往往是一个商务环节的成功创新，同时，应该强调的是，也不能忽视与企业其他商务环节的配合与组合创新。一方面或一个环节的创新要有其他商务组合要素的配合，否则这种商务成功就要大打折扣。例如，农夫山泉商业模式创新的案例就是缺少商务组合的典型案例。2000 年，农夫山泉从 4 月的“小小科学家活动”到宣布纯净水无益身体健康，再到 8 月“农夫山泉，中国奥运代表专用水”的诉求呼应“纯净水是否有益人身健康”的话题暗示的商业模式创新企划，可谓是“天衣无缝”，但却因为渠道的问题没有配合好整个策划的执行，既损坏了品牌形象又损失利润。由此可见，商业模式创新的实质是创新的组合，企业的创新工作应与商务组合相互配合。

此外，在商业模式创新时应该注重运用团队的力量。团队的合力总要大于个体的力量。在商业模式创新方面，团队的力量就显得更为重要了，因为，团队的创新较个人创新多些完整性和可行性，而且在执行过程中，对于整体的沟通与理解要强于个体，效果也要比个人或单一部门的创新更加有效。另外，商业模式创新的合力还需要有知识的整合。商务本身就与许多学科休戚相关，如经济学、哲学、数学、行为学和心理学等。没有这些学科的基础，商业模式创新就不能够尽善尽美。因此，商业模式创新不仅要有人员组合，还要求有知识的整合。

参考文献

［1］丁俊发．中国物流业现状与发展趋势［J］．物流技术与应用，2007（2）．

［2］翁君奕．商务模式创新：企业经营"魔方"的旋启［M］．北京：经济管理出版社，2004.

［3］王伟毅，李乾文．创业视角下的商业模式研究［J］．外国经济与管理，2005（11）．

［4］王佐．我国物流业在发展中面临的机遇和挑战［J］．中国储运，2007.

［5］周勇．我国第三方物流企业的营销创新［J］．商场现代化，2006.

［6］曾洁雯．电子商务发展与物流营销体系构建方略的思考［J］．物流技术，2005.

［7］鞠颂东．物流网络理论及其研究意义和方法［J］．中国流通经济，2007（8）．

［8］翁心刚．现代物流企业的经营运作模式［J］．企业改革与管理，2005（10）．

［9］王微．"十一五"我国物流产业发展的环境与新趋势［J］．中国流通经济，2007（2）．

［10］尚尔斌．创新发展方式打造现代化铁路物流企业［J］．铁道知识，2008（1）．

［11］刘斌．基于食品安全的冷链物流管理策略研究——以上海可的便利店为例［J］．生产力研究，2008（1）．

2 物流企业商业模式现状及创新方式研究

2.1 物流企业概述

2.1.1 物流企业概念界定

我国对物流企业的界定存在着一个不断发展变化的过程。早期的物流企业（Logistics enterprise）被定义为从事物流活动的经济组织。2004 年 8 月 5 日在九部委颁发的《关于促进我国现代物流业发展的意见》中，物流企业被定义为："具备或租用必要的运输工具和仓储设施，至少具有从事运输（或运输代理）和仓储两种以上经营范围，能够提供运输、代理、仓储、装卸、加工、整理、配送等一体化服务，并具有与自身服务相适应的信息管理系统，经工商行政管理部门登记注册，实行独立核算、自负盈亏、独立承担民事责任的经济组织。"这里，对物流企业的经营服务范围要求较广泛，不少只经营单项服务的企业被排除于外。但是对企业的管理要求强调不够，不利于企业加强管理。

在 2005 年 5 月 1 日发布的《物流企业分类与评估指标》（GB/T 1980—2005）中，将物流企业定义为："至少从事运输（含运输代理、货物快递）或仓储一种经营服务，并能够按照客户物流需求对运输、储存、装卸、包装、流通加工、配送等基本功能进行组织和管理，具有与自身服务相适应的信息管理系统，实行独立核算、独立承担民事责任的经济组织，非法人物流经济组织可比照适用。"很显然，这里对物流企业的经营服务范围的要求不高，但是对服务的管理却提出了较明确的要求，以便与国外企业相一致。

2.1.2 物流企业类型

《物流企业分类与评估指标》标准根据物流企业以某项服务功能为主要特征，并向物流服务其他功能延伸的不同状况，划分物流企业类型。

1. 运输型物流企业

运输型物流企业应同时符合以下要求：

（1）以从事货物运输服务为主，包括货物快递服务或运输代理服务，具备一定规模；

（2）可以提供门到门运输、门到站运输、站到门运输、站到站运输服务和其他物流服务；

（3）企业自有一定数量的运输设备；

（4）具备网络化信息服务功能，应用信息系统可对运输货物进行状态查询、监控。

2. 仓储型物流企业

仓储型物流企业应同时符合以下要求：

（1）以从事仓储服务为主，为客户提供货物储存、保管、中转等仓储服务，具备一定规模；

（2）企业能为客户提供配送服务以及商品经销、流通加工等其他服务；

（3）企业自有一定规模的仓储设施、设备，自有或租用必要的货运车辆；

（4）具备网络化信息服务功能，应用信息系统可对货物进行状态查询、监控。

3. 综合服务型物流企业

综合服务型物流企业应同时符合以下要求：

（1）从事多种物流服务服务，可以为客户提供运输、货运代理、仓储、配送等多种物流服务，具备一定规模；

（2）根据客户的需求，为客户制定整合物流资源的运作方案，为客户提供契约性的综合物流服务；

（3）按照服务要求，企业自有或租用必要的运输设备、仓储设施与设备；

（4）企业具有一定运营范围的货物集散、分拨网络；

（5）企业配置专门的机构和人员，建立完备的客户服务体系，能及时、有效地提供客户服务；

（6）具备网络化信息服务功能，应用信息系统可对物流服务全过程进行状态查询和监控。

此外，一些学者还从不同角度对物流企业进行了如下划分。

1. 根据产权形态划分

（1）国有物流企业。国有独资企业、国有控股企业。

（2）非国有物流企业。民营企业、外资企业、合资企业。

2. 根据组织结构划分

（1）单厂型物流企业。

（2）总厂型物流企业。

（3）公司制物流企业。

（4）企业集团（或战略联盟）。

（5）虚拟企业。

3. 根据物流服务范围的大小和所承担的物流功能划分

（1）功能性物流企业。也叫做单一物流企业，仅承担某一项或几项物流功能，分为运输企业、仓储企业、流通加工企业。

（2）综合性物流企业。如物流中心，能够完成和承担多项甚至所有的物流功能。一般规模较大，资金雄厚，有良好的服务信誉。

4. 根据物流服务的最终承担者划分

（1）物流自理企业。就是一般意义上的物流企业。

（2）物流代理企业。指委托他人对物流服务进行操作的，可分成综合性物流代理企业和功能性物流代理企业，功能性物流代理企业又可分为运输代理企业（即货代公司）、仓储代理企业（仓代公司）和流通加工代理企业等。

5. 根据提供物流服务的企业性质划分

（1）第一方物流。由卖方（如制造商）自己完成的物流活动。它不是严格意义上的物流企业，而是制造商。

（2）第二方物流。由买方（如中间商）组织的物流活动。它也不是严格意义上的物流企业，而是分销商。

（3）第三方物流企业。指独立的、专门从事物流服务的企业。它是真正意义上的物流企业。

（4）第四方物流企业。即物流咨询服务商，通过物流系统分析和诊断，为物流客户提供物流系统优化方案。它不从事具体的物流活动，而要求具备良好的物流行业背景和经验，对整个供应链提供整合方案。

（5）第五方物流企业。即物流信息服务商，所提供的物流信息服务包括大范围、多行业的供应链物流信息的搜集、设计、整理、分析、开发、集成和推广等。它属于电子商务或信息中介一类的企业。

6. 根据物流企业的服务内容划分

（1）物流作业企业。如提供运输、储存、配送、包装、装卸搬运、流通加工等第三方服务的独立企业。

（2）物流信息企业。即物流信息网站，通过互联网和电子商务等手段向社会、企业及个人提供新闻、行业动态、企业目录、供求检索等信息服务。

7. 根据物流企业的组织形态划分

（1）实体物流企业。

（2）虚拟物流企业。不具备独立企业的名义和组织结构形态却又从事物流活动的企业，如物流网站、虚拟物流联盟等。

8. 根据企业提供的服务类型划分

（1）仓储型物流企业。

（2）运输型物流企业。

（3）综合型物流企业。

9. 根据物流发展的历史过程划分

（1）传统物流企业。主要集中在运输和仓储领域，如中远、中外运、中国物资储运总公司等。

（2）现代物流企业。朝着一体化物流方向发展。

一体化物流（integrated logistics）是指不同职能部门之间或不同企业之间通过物流活动的合作，达到提高物流效率、降低物流成本的效果。它包括3种形式：垂直一体化物流、水平一体化物流、网络一体化物流。物流一体化是物流产业的发展形式，它必须以第三方物流充分发育和完善为基础。物流一体化的实质就是专业化，即专业化物流管理人员和技术人员，充分利用专业化物流设备、设施，发挥专业化物流运作和管理的经验，取得整体的最优效果。

物流一体化与第三方物流的发展是同步的。在物流一体化的第一个阶段，出现了第三方物流，这时只有数量有限的功能性物流企业。在物流一体化的第二个阶段，第三方物流得到迅速发展。如专业化的功能性物流企业和综合性物流企业的出现和迅速发展。这些企业发展到一定水平，物流一体化就进入了第三个阶段。西方发达国家在发展第三方物流，实现物流一体化方面积累了较为丰富的经验。德国、美国、日本等先进国家认为，实现物流一体化，关键是具备一支优秀的物流管理队伍，管理者必须具备较高的经济学和物流学专业知识和技能，精通物流供应链中的每一门学科，整体规划水平和现代管理能力都很强。

2.1.3 现代物流企业的特征

物流企业由传统走向现代，表现出许多新的特征。

1. 服务功能

传统物流的服务功能相对独立，不具备控制整个供应链的功能。现代物流强调对供应链的全面管理和有效控制，其服务功能日益丰富。电子商务也有利于物流企业服务功能的多样化，目前美国的物流业提供的服务内容已远远超过了仓储、分拨和运送等。物流服务商正在变为客户服务中心、加工和维修中心、信息处理中心和金融中心，它可根据顾客需要而增加新的服务。

2. 服务目标

传统物流企业在自身单一企业范围内追求物流成本、效率、服务；而现代物流企业则是在供应链范围内、物流活动的全过程中追求最小的综合成本、最快捷和多样化的服务。现代物流企业不仅考虑从生产者到消费者的货物配送问题，还考虑从供应商到生产者的原材料采购，以及生产者在产品制造过程中的运输、保管和信息等各个方面，它以客户为中心，把制造、运输、销售等活动统一起来，使传统物流向生产、流通以及消费全过程延伸。这与传统物流企业把物流仅看做是“后勤保障系统”和“销售活动桥梁”的概念相比，在深度和广度上进了一步。

3. 客户关系

传统物流企业与客户的关系是短期合约，以价格竞争和标准服务赢得客户。现代物流企业与客户通常是战略合作伙伴的关系，以降低成本、提供增值和定制物流服务满足客户需求。

4. 信息系统

传统物流企业没有与外部应用系统整合的要求，没有 EDI 联系，更没有卫星定位系统；现代物流企业实施供应链管理应用系统，广泛运用 EDI 以及卫星跟踪系统等，与供应链各节点保持密切的联系，通过区域性的物流平台与社会各部门建立实时的联系。电子商务与物流的紧密结合已成为不可逆转的趋势，而电子商务物流则是信息化、自动化、网络化、智能化、柔性化的结合。

5. 物流管理

传统物流企业通常采用分散、传统、人工的管理；而现代物流企业则实施现代化、信息化、全方位的管理，以提高其竞争力。

2.2 我国物流企业的发展演进与商业模式现状

2.2.1 几种代表性的物流企业演进历程

随着我国现代物流的快速发展，物流市场上出现了多种类型的物流企业。从形成结构来看，由传统仓储和运输企业转型而来的第三方物流企业占主导地位；同时专业的物流企业发展迅速，是我国物流行业中最具朝气的一股力量；还有一些工商业企业将物流功能剥离出来，形成独立的物流企业；伴随着我国加入 WTO，国外有实力的物流企业也利用合资或独资的形式进入我国市场。另外，物流软件的提供商以及物流装备制造商等也迅速成长起来。

1. 传统仓储运输企业转化而来的物流企业

传统的运输、仓储、货代企业，如中远国际货运公司、中国物资储运总公司、中外运集团等，改变原有单一的货运和仓储服务，依托原有的业务基础和客户、设施、经营网络等方面的优势，通过不断拓展和延伸其物流服务，积极扩展经营范围，逐步向专业物流企业转化。

2. 专业物流企业

国内一些专业企业，如宝供物流企业集团有限公司、华运通物流有限公司等，依靠灵活的竞争策略和对专业化物流的认识，在市场竞争中发展较快，成为我国物流发展中一股不容忽视的力量。宝供物流自 1994 年成立以来，一直致力于为大多数制造企业提供门到门的一站式联运服务，1997 年率先使用先进信息化网络技术对物流运作全过程，进行实时跟踪和库存管理，目前为 40 多家国内外著名的生产企业提供物流服务，涉及领域包括消费品、食品饮料、电器和 IT 电子产品等。这些企业为用户提供多样化的物流服务形式，提供从物流方案设计到全程物流服务的组织与实施。

3. 工商企业自身成立的物流部门或物流公司

近年来，一些工商企业认识到物流是企业的“第三利润源泉”，将自己的仓储运输部门独立出来，建立自己的物流体系，以整合分布在不同部门的物流资源，降低企业的物流成本，提高企业的效益，促进企业物流合理化。同时，它们利用现有的市场网络和闲置资源对外开展第三方物流业务，如制造业的海尔、长虹、联想，商贸行业的华联超市、国美电器、辽宁成大等都已经建立或正在筹建自己的物流体系。

4. 外资/合资物流企业

目前，国际上一些大型物流企业纷纷进入中国，如 Maersk、UPS、DHL、TNT、Fedex、铁行渣华、海陆、美国总统轮船、日通、近铁、宅急送等。这些企业看好中国的物流市场，采取合资或独资形式，开始在国内开展物流业务，建立物流网络及物流联盟，运用其成功的物流服务经验，为客户提供完整的综合物流服务。日本的通运、伊滕忠、住友，澳大利亚的 TNT 和英国的英之杰等公司已在上海、北京、广州、武汉等大中城市建立物流机构和货运网络。1997 年以来，我国先后批准了丹麦马士基、美国总统班轮等 4 家外国航运企业，在我国设立独资集运服务公司，进行物流服务试点。这些企业通晓规范的物流运作，且大多与大型跨国公司有传统的业务联系，它们凭借丰富的经验、优质的服务、一流的管理和优秀的人才，占据了三资企业物流服务的相当大份额。

5. 物流软件供应商

2000 年 10 月 19 日，杰合伟业软件技术有限公司发布了中国第一个城市物流配送管理应用软件——杰合配送管理系统，以及该公司针对城市物流配送领域的 ASP 应用服务提供商解决方案，拉开了物流配送电子化的序幕。之后，又有招商迪辰系统公司、快步易捷（广州）信息服务有限公司、上海凡丰科技有限公司、上海尼奥计算机系统有限公司、新图行天下软件（北京）有限公司、上海大潮科技有限公司、华为科技、中储在线、方正数码等软件公司加入了物流软件开发的竞争行列。据 IDC 数据分析指出：全球供应链市场将从 1999 年的 250 亿美元暴增至 2004 年的 1400 亿美元。而 1999 年亚洲在实施供应链管理与优化方面的投资高达 2.92 亿美元，据预测，此部分的市场份额将在 2004 年增长到 10 亿美元。

6. 物流装备企业

我国物流装备设施发展很快。20 世纪 70 年代初，我国较大的自动化物流设施供应商只有昆船。到 90 年代初，已经增加到 8 个企业。近几年来，随着物流信息化、自动化、智能化的推广普及，我国的自动化仓库设施供应商成长很快。目前，国内大多数物流设施设备提供商主要提供叉车、货架、升降机等装卸搬运、输送设备，一些国外知名品牌如林德叉车、海斯特叉车、丰田叉车等占据了中国的部分市场。对于自动控制程度较高的立体化仓库等智能控制系统，提供商较少，较大的主要有昆明船舶设备集团、北京起重运输机械研究所等供应商。

2.2.2　物流企业商业模式现状与特征

1. 传统外包模式

传统外包模式是指物流企业独立承包一家或多家生产商或经销商的部分或全部物流业务。随着现代经济运行方式向全球化、专业化方向发展，企业往往会将精力集中于主营业务，而把与业务开展相关的物流业务外包给专业的物流企业。当前大多数物流企业都是这种运营模式，这种模式的特征在于：第一，物流企业以契约形式与客户形成长期合作关系，保证了自己稳定的业务量，避免了设备闲置；第二，以生产商或经销商为中心，物流企业几乎不需专门添置设备或进行业务训练，管理过程简单；第三，订单由产销双方完成，物流企业只完成承包服务，不介入企业的生产和销售计划；第四，生产企业、销售企业与物流企业之间缺少沟通的信息平台，会造成盲目生产和运力浪费或不足的矛盾，以及库存结构的不合理。

2. 战略联盟模式

战略联盟模式是指物流企业以契约形式结成战略联盟，实现内部信息共享和信息交流，相互协作形成的物流网络系统。联盟可包括多家同地和异地的各类物流企业，理论上联盟规模越大，可获得的总体效益越大。目前我国电子商务物流企业大多属于这种运营模式。这种模式的特征在于：①联盟企业信息处理可以共同租用某信息经营商的信息平台，由信息经营商负责收集处理信息，也可连接联盟内部各成员的共享数据库，实现信息共享和信息沟通；②联盟企业间实现了信息共享和信息交流，并以信息为指导制订运营计划，在联盟内部优化资源；③信息平台可作为交易系统，完成产销双方的订单和对物流服务的预购；④联盟内部各实体实行协作，联盟内部通用某些票据，可减少中间手续，提高效率，使得供应链衔接更顺畅；⑤联盟成员是合作伙伴关系，实行独立核算，彼此间服务租用，有时难以协调彼此利益，在利益不一致的情况下，要实现资源更大范围的优化，就存在一定的局限。

3. 综合物流模式

综合物流模式是指集仓储、运输、配送、信息处理和其他一些物流服务（如包装、装卸、流通加工等）为一体，提供综合性、一体化物流服务的商业模式。这种模式的特征如下。第一，必须进行整体网络设计，即确定每一种设施的数量、地理位置、各自承担的工作。其中信息中心的系统设计和功能设计，以及配送中心的选址流程设计，都是非常重要的问题。第二，综合物流模式的构建主要有 3 种方案。一是投资新建或改建自己原有设备，完善综合物流设施，组织执行综合物流功能的业务部门，这种方案非常适合迫切需要转型的大型的运输、仓储企业，可充分利用原有资源，凭借原有专项实力，打造较强竞争力。二是收购一些小的仓储、运输企业以及一部分生产、销售企业原有的自备车辆和仓库，对其进行整编改造。三是原有的专项物流运营商以入股方式进行联合，这种方式初期投入资金少，组建周期短，联合后各单项物流运营商还是致力于自己的专项，业务熟悉利于发挥核心竞争力，参股方式可避免联盟模式中存在利益矛盾，更利于协作。第三，必须根据自己的实际情况选择网络组织结构。主要有两种网络结构，一种是大物流中心加小配送网点的模式，另一种是连锁经营的模式。前者适合商家、用户比较集中的小地域，选取合适地点建立综合物流中心，在各用户集中区建立若干小配送点或营业部，采取统一集货，逐层配送的方式。后者在业务涉及的主要城市建立连锁公司，负责对该城市和周围地区的物流业务，地区间各连锁店实行协作，该模式适合地域间或全国性物流，连锁模式还可以兼容前一模式。

4. 协同运作模式

协同运作模式是指为其他物流企业提供信息技术、管理技术、供应链策略和战略规划方案等，并与这些企业共同开发市场，但并不参与物流业务的具体实施，只是指导其他物流企业完成物流业务。这种模式的特征在于：具有雄厚的物流配送实力和最优的解决方案，业务范围多集中在物流配送管理方面，针对性强、灵活性大。

5. 方案集成模式

方案集成模式是指为物流需求者提供运作和管理整个供应链的解决方案，并利用其成员的资源、能力和技术进行整合和管理，为需求者提供全面、集成的供应链管理服务。这种模式通常由物流公司和客户成立合资或合伙公司，客户在公司中占主要份额，物流企业可集成多个服务供应商的资源，重点为一个主要客户服务。如中远货运公司在广州与科龙电器公司合资成立的安泰达物流公司，就主要为科龙集团服务。这种模式的特点在于：①运作一般是在同一行业范围内，供应商和加工制造商等成员处于供应链的上下游和相关的业务范围内，彼此间专业熟悉，业务联系紧密，有一定的依赖性。②物流企业以服务主要客户为主，带动其他成员企业的发展。③该模式的好处是服务对象及范围明确集中，客户的商业和技术秘密比较安全。④物流企业与客户的关系稳定、紧密而且具有长期性。⑤要求客户的业务量要足够大，使参与的服务商对所得到的收益较为满意，否则大多数服务商不愿把全部资源集中在一个客户上。

6. 行业创新模式

行业创新模式是指通过借助自身资源、技术和能力的优势，为多个行业的客户提供供应链解决方案，以整合供应链的职能为重点，以各个行业的特殊性为依据，领导整个行业供应链实现创新。这种模式的特点在于：以核心物流企业为主导，联合其他物流企业，为多个行业客户提供运输、仓储、配送等全方位、高端的供应链解决方案。如美国卡特彼勒物流公司从起初只负责总公司的货物运输，发展到后来为其他多个行业的客户提供供应链解决方案，包括戴姆勒克莱斯勒公司、标致公司、爱立信公司等。

7. 动态联盟模式

动态联盟模式是指一些相对独立的服务商（如3PL、咨询机构、供应商、制造商、分销商）和客户等，面对市场机会，通过信息技术相连接，在某个时期内结成供应链管理联盟。它的组成到解散，主要取决于市场的机会存在与消失、原企业可利用的价值。这种模式的特点在于：①各联盟企业在设计、供应、制造、分销等领域里，分别为该联盟贡献出自己的核心能力，以实现利润共享和风险分担。②它们除了具有一般企业的特征外，还具有基于公共网络环境的全球化伙伴关系，以及企业合作特征、面向经营过程优化的组织特征、可再构与可变的特征等。③能以最快速度完成联盟的组织与建立，优势集成，抓住机遇，响应市场，赢得竞争。

2.3 物流企业商业模式创新方式探讨

现代物流企业商业模式的组成具有一些共性的部分，如信息系统、配送系统、结算系统等方面，它们互相结合可能开展多种商业模式。例如，具有物流信息系统的公司，就可能延伸开展物流软件及相关的业务；具备信息系统和配送系统的公司，就可以开展软件、硬件和配送等多种业务。在实际情况中，具有全面业务能力，并选择进行所有种类业务的商业模式的企业，全球也就只有 UPS 等极少数企业，其他绝大多数现代物流企业还是只选择其一，各有侧重地展开自己的商业模式。以下就将介绍一些有针对性的、开展物流企业商业模式创新可以基于的因素。

2.3.1 基于物流管理软件的创新

毫无疑问，日益飞速发展的信息技术是物流业进步的基础，可以说，没有现代信息技术的发展，就没有现代物流业。物流所涉及的方面非常庞杂，对于物资流通全过程的控制，是物流管理的核心问题。要全面把握分散在全球（全国）各个中转仓库或物流基站、供应商、经销商、零售商，以及汽车、火车、飞机、轮船等各种运输环节之中的产品流动状况，并随时发出调度指令，必须有全面的电子信息服务能力。目前大部分物流企业依然是传统的运输、仓储企业，在逐步走向现代全程物流体系链条的过程中，所有参与现代全程物流的企业都必须对物资流通环节进行新的改造，与上下环节的企业建立统一的标准接口，这就需要现代物流软件及其相关的服务的支撑。在现代全程物流中，国内几十万家流通企业，都是现代物流企业软件服务的潜在客户。

现代物流软件服务商的来源主要有如下几个方面：一是由物流项目产生；二是现代全程物流企业的信息系统部门在自身软件发展后独立出来的软件服务商；三是翻译外国物流软件而产生的软件商。

现代物流软件主要有以下几种服务。

（1）围绕生产企业的物资计划、配送、管理的系统软件。物流企业发挥其专业物资统筹能力，开发相应的物资计划系统软件，以帮助生产企业提高物资的利用率，对拥有的物资进行动态数字化的描述、展示及管理。

（2）围绕仓储企业物流系统软件。除对物资的精确描述外，还将它放到一个全程物流的过程中，成为其中的一个环节，使进行仓储业务的企业，实现管理现代化、信息化、网络化。

（3）围绕运输系统软件。涵盖有效需求、供应者以及中央调度和电子票据等内容，使现代物流运输向配送概念发展。运输业因配送运输软件的应用，又增添了新的应用含义。

（4）围绕商业系统的物流软件。根据各种商业企业的物流特性，开发相应的商业管理软件，根据商业经营形式与规模的不同，分为连锁店超级市场版、连锁快餐店管理版、综合门店版、大型商厦版等多个版本。

（5）供应商、生产商、分销商、零售商等企业的配送中心软件。有一些企业式商场或大商场自办配送，在其配送能力富余中，也有向社会化配送中心发展的趋势，专业物流公司大可以向这类新兴的社会化配送中心提供软件服务。

（6）围绕现代物流商的物流基站系统应用软件。现代物流企业的基站含有信息、配送和资金结算体系，它是现代物流企业的物质力量的基石。

（7）EDI 软件。随着码头、船务、货运代理等公司业务的增长、要求的提高，EDI 转换工作将越来越重要。

（8）电子报关业务。随着海关效率的提高，将来要进行电子报关来提高效率的过程中，现代物流企业大可将手中广泛而详尽的、信息方面的结算和点对点的配送能力，转化成核心竞争力与传统的报关公司竞争以取得利润。

应用分析：物流软件服务商针对迅速扩大的中国物流软件市场需求，针对传统物流服务商现代全程物流转变中的专业软件需求，生成现代物流软件服务，以系统集成和应用集成的物流解决方案来获取销售利润，这是开展现代物流服务重要的内容。开展软件及相关业务，这样切入的业务起点低，见效也快，但起步低就难免会面临传统的专业软件公司的强有力的竞争。物流软件的发展方向主要向网状、全程、虚拟化方向发展，而随着资本市场的发展，相当一部分物流软件服务商也会导入研发—投资—业务等新的商业模式。

2.3.2 利用现有的物流基础设施的创新

传统的物资流通企业，经过多年的发展积累了大量的基础硬件。在现代全程物流的发展中，原有的绝大部分硬件是能够使用的。所以，现代物流的硬件市场相对不大，这就需要对原有的一些硬件设备进行一些新的信息化改造。如今，当一个公司要决定整体物料管理方式时，它们往往可以有多种选择，包括设备的形式、仓库的布局及控制运作流程的管理系统等。一个大企业的物资管理者最主要的目标，是在整体运作可靠性的基础上，保证最低的运行总成本。

物流硬件设备主要有仓库内物流设备、工厂内物流设备、装卸工具、集装器具、物流信息设备，如 GIS、GSM 等无线数据链传输设备等。

现代全程物流硬件供应商的设备供应服务，主要是将原有的物流设备进行信息化改造，并且能够在流通的全过程中执行统一的标准。对于早已成为传统行业的机械制造业，其信息化改造并使之具有统一的使用标准，并不是一个很高的门槛。在没有统一标准的物流硬件市场中，目前物流硬件的销售绝大多数都是采用与软件系统集成的方式一起销售。

物流的软件、硬件系统集成，较单一的软件或硬件业务门槛高，业务利润也大，很多业务周期相应也长，这就可以构成现代物流企业利润重要的一部分。另外，物流超级硬件——物流基础设施有着巨大的需求，国家为了推行现代全程物流，大力加快各种适应现代物流企业基站的基础设施建设，并对原有的交通枢纽进行现代化全程改造。各地政府的具体规划不同，具体的做法也有所不同，但加大投入而使得市场需求增速迅猛，却是共同的。

应用分析：物流硬件设备制造和物流硬件基础设施服务商，针对中国传统物流设备需要，进行现代信息化上下全程衔接的改造，各地方政府也全力改造交通枢纽等市场需求。生产设备制造改造、基础设施的建设改造等服务，以各种传统或现代的营销方式进行销售，获取各种有形、无形的利益，是开展现代物流服务不可或缺的内容。

2.3.3　基于运输、配送的增值服务

指引式的现代全程物流较传统等级式物流方式，节约了大量流通成本，不断增加的可能的利润中，大部分将由现代全程配送来完成。在中国原有的计划体制下，物流运输是由全国供销总社，到省分销社，到批发商，到零售商，再到消费者的流通方式，是以控制为目的的流通。随着市场的建立、生产的繁荣，这种运输体制已经打破，但是又陷入到一种混乱的、各自为政的流通方式。电子商务的巨大冲击已对混乱的、各自为政的流通市场带来了新共识——现代全程配送。现代全程配送按区域划分为：进出口全程配送、域间配送、城市配送。

供应商、生产商、分销商、零售商很多都有配送中心，但他们的配送是以自己的业务为中心，是环绕型的功能，而现代全程物流或第三方物流公司的配送中心、物流基站是指引式上下全程连接的配送，与传统的企业自有配送有本质的区别。目前，现代物流企业为传统企业设计管理的配送中心，主要是将原有的环绕型的配送逐步实现上下延伸，使之成为全程配送中的最重要一环。

应用分析：配送服务的本质决非简单的运输服务。在配送过程中，现代化全程物流企业的配送系统也应相应地完成物资、物品的增值服务。这种增值既包括简单再加工的硬性的增值服务，如包装、加固等，也包括流通过程中的货物安全，以及产品在市场上的如销售之类的信息反馈或流程的再造设计等软性增值服务，这都是现代物流企业在配送过程中应该完成的。

配送服务对于生产商、供应商、分销商、零售商的业务开展，有着非常重大的影响，所有的大的生产商、零售商都对现代全程物流企业的业务，提出了很高的要求。在具体的业务往来中，也非常慎重地选择。但一旦生产商、分销商、零售商等选择了其物流合作伙伴，一般情况下，客户很少变更其物流合作伙伴，因为转移的成本非常高。

2.3.4　开放物流基站

越来越大的中国消费者的活动力、零售商的经营活力，使物流公司基站的开放成为可能。现代物流企业的运行方式，必须使其运输配送结成网络，

在一个区域内进行全程配送，否则只可能是物流线上的配送，无论内容还是范围都将大打折扣，并且全程运输必然是多种运输工具混合使用，这样也才可能应对复杂的地理环境和随时改变的物流信息。

现代物流企业往往拥有物流基站、配送中心组成的全国网络、区域网络或者城市网络。物流基站应具备集货、储存、货物展示、送货、信息处理、资金往来等基本功能，应能够提供全方位、多功能服务。随着国内生活水准的提高，拥有了自主的交通工具，人的流动性也越来越大，掌握的商品信息也越来越多，因此就具有缩短商品供应链的可能。在现代物流企业的基站里，往往是从生产企业直接运到的商品，将产品仓库作开放式设计，配以信息、资金往来体系，就可以直接对消费者开放，就可以缩短零售商的供应链环节。

开放物流基站或社会化配送中心最有可能取代批发商和部分零售商，同时彻底扭转中国原有的计划经济体制层层加价的流通体系，彻底实现以现代物流企业的物流基站、配送中心为指引的流通体系。这既是物流革命，也促进了商业进步。物流基站的建设涉及相当庞大的土地、建筑、自动化设备、运输车辆、信息系统等物资设备，要建成一个中型规模的物流基站，对于尚没有完成巨大原始积累的现代物流企业来说，完全用自有资金自主建设将会带来巨大资金压力。那么开放物流基站的股权，是必然的选择。必须注意到另一市场因素：由于现代大的生产企业为保持其核心竞争力已经或将会将物流设备逐步外放，同样，也会将其配送力量外包，这就会有巨大的物质、运输力量过剩等现象。这些都为现代物流企业开放物流基站的股权，进行资本运作提供了可能。

以互利为原则，集合和利用现有的或其他行业的仓库、装卸机械、运输车辆、资金、人才、管理等方面的优势，运用先进的技术和管理手段实现资源优化配置，以实现利益共享，就能真正体现出它的许多优势：克服地区保护、部门分割等妨碍宏观物流活动的现象，合理有效地利用国有或地区所有的物流设施与设备，做到物尽其用，既扩大了企业的运营规模，同时所承担的风险也减小。我国当前物流企业面临的主要问题，如资金不足、资源有限、企业间拥有状况不平衡等，这些都可得到解决。开放物流配送中心、基站，进行物流基站开放业务的商业模式，也可进行研发、商业计划、导入投资、业务建设等商业模式。

应用分析：建立开放物流基站服务，是针对中国广大消费者越来越大的商品信息的获取能力和越来越大的活动能力的。中国正迅速结成统一的大市场，生成以开放物流基站、社会化配送中心服务，以各种逐步渗透的方式进行推广，获取利润的商业模式。

2.3.5　解决物流资金积压问题

现代物流企业是连接供需双方的桥梁，在物流过程中发生了物品的产权变化，需进行资金结算，这其中就有一个时间差的问题。物流企业在向供方取物品时，并不是买断承担这物品的所有权，而只是运输配送。这在某种意义上，现代物流企业向供货者赊了物品，但在需求方收货时，却一定是现付所有款项。由于各种条件限制，物流企业不可能及时向供方付款，真正付款时，往往已经是收款后的10天或更长时间后，这样在物流企业的账户中，由于不断收款付款，从而积淀下一笔非同小可的资金。如何使这样的资金洼地形成、发展、壮大并且使用好，是至关重要的。因为这种资金沉积，在现代物流企业跑马圈地的今天是非常重要的。现代物流企业的基金业务，应当有相当的比重。

应用分析：现代物流指引式的全程物流服务，因为时间、空间限制，天然具有自然沉淀资金的可能，针对这一领域的实际情况收效大、风险小的特征，生成现代物流短期基金服务，以持续不断的品牌为支撑，获取各种短期融资投资收益的商业模式。

2.3.6　提供市场调查、市场研究、营销等服务

物流市场尚未发展到成熟的地步，目前市场上也还没有从物流这个立场去看待生产企业的市场调查、市场研究和营销等。一般市面上所理解的市场调查、市场研究和营销等服务，都是站在社会的立场上的。但是随着物流市场的迅速壮大、物流企业业务的发展、物质力量的增强，赋予其配送服务体系的人员一定的市场信息收集功能。因此在市场中就掌握了对某项产品在哪片地域、哪类社会群体以及同类产品的优长短缺等，对生产企业至关重要的市场反馈信息。从物流这个角度开展对生产企业的市场调查、市场研究、营销服务等软性服务。这种服务反过来又会对现代物流企业的软硬件、配送、

基金等业务有着有益的作用。

1. 市场调查业务

由于现代物流企业强大的配送体系深入到市场每一部分的消费者中，因此，物流企业对某一项产品在市场上的表现了如指掌。这种市场第一手的信息，对生产企业的产品设计、生产和市场营销将产生重大的影响。

2. 市场研究业务

现代物流公司在多年的市场配送过程中收集了各种对产品的需求，特别是有效需求的认知，这种贴近于市场的认知，对于一个产品企业来说是非常有价值的。

3. 顾问业务

物流企业应当开展一些顾问业务，如为企业开展物流诊断及业务重组、企业物流管理及组织策略、仓库规划、选址及库存策略、运输规划、信息技术及网络技术应用、物流系统运行仿真、物流成本控制目标实施、物流设备优化配置等顾问业务。

4. 市场营销服务

现代物流企业如联邦快递、UPS 等都甚少通过广告宣传，即使用，也只是做一个形象广告。这是因为现代物流企业业务本身就已深入到社会中，这种点对点的配送行为能力，就附带具备为产品企业进行市场营销服务的可能。

应用分析：现阶段业务咨询、顾问类的公司，从社会角度分析生产类的问题较广泛，但内容缺乏针对性，又难以深入市场现实。基于物流企业在业务过程中掌握的市场第一手与生产企业最贴切的信息，从而开展生产企业市场调查、市场研究等服务，以单个课题的销售方式，获取有形、无形利益的商业模式。

2.3.7 物流地产创新

我国物流业已进入快速增长时期，而物流业的扩张必然要求物流地产等配套设施同步发展，特别是对高标准仓储的需求急剧增加。我国真正符合需要的仓储设施还相当匮乏，远远不能满足现代物流的需求。根据美国阿伯丁公司的调查，越来越多的跨国企业和第三方国际物流企业会在我国设立物流中心。同时，国内零售和快速消费品企业的快速发展，也对其自身运作或者第三方运作的配送中心要求越来越高，需要在市场的战略要地建物流基地。这些都加大了对具有高标准仓储和专业化物业管理的物流地产的需求。

目前，物流地产的投资回报率在 10% 左右，而商业地产投资回报率在 8% 左右，显然，物流地产的投资回报率较为稳定。并且，出于发展物流提升地区经济竞争力的考虑，各地政府对物流地产都会给予优惠政策，因此，物流地产是物流业中的“金牛”，具有较强的盈利空间和发展潜力。

参考文献

［1］丁俊发．中国物流业现状与发展趋势［J］．物流技术与应用，2007(2).

［2］翁君奕．商务模式创新：企业经营“魔方”的旋启［M］．北京：经济管理出版社，2004.

3 物流企业商业模式创新路径与策略研究

3.1 物流企业商业模式创新的5条路径

物流企业商业模式创新是当前理论界和实业界共同关注的焦点之一，那么，商业模式创新具体有哪些基本路径呢？在对几十家企业创新案例研究的基础上，本文提出了5个基本的商业模式创新路径。

1. 基于价值活动的商业模式创新

这种创新把关注的焦点放在价值活动的定位、设计与匹配上。具体讲，有3种创新策略可供选择。

（1）价值链上的重新定位。通过专注于价值链上的某些活动，通常是高利润的活动，而将其余活动外包出去，从而实现商业模式的创新。

（2）重组价值链。通过对产业价值链进行创造性重组，砍掉中间不必要的环节，也能创造出新的商业模式。

（3）构造独特的价值活动体系。价值活动体系是对价值链的另一种表述方式，它能够把企业所从事的主要价值活动以一种相互联系的系统图来展示，能够更为直观地展示不同活动的主次及关联关系。

2. 基于资源能力的商业模式创新

这种商业模式创新重在新资源的发掘和利用，或是充分挖掘现有资源的潜在价值，从而建立起竞争优势。

（1）围绕新资源构建商业模式。新资源为公司创造新的顾客价值提供了潜力，商业模式的意义在于将新资源的潜力释放出来。

（2）创造性地利用现有资源。

3. 基于价值网络的商业模式创新

这种创新的重点在于打造独特的价值网络，设计各种交易机制，将企业自身与价值创造伙伴有机联系起来，形成价值创造的合力。具体讲，采取这种商业模式创新的企业，可以选择成为交易的组织者、平台的构建者或交易的中介者。

4. 基于收入模式的商业模式创新

此类模式创新至少有如下5类。

（1）利用互补品。这是一种“此失彼得”的策略。具体有3种基本方式：第一种是“产品+产品”的互补，即所谓的“剃刀—刀片模式”；第二种是“产品+服务”的互补；第三种是创造“间接的互补品”。

（2）从免费到收费。基于互联网提供的便利，消费者对很多信息产品期待免费获取，成功的公司大多对“免费—收费”模式的细节进行创新，发掘了赚钱的机制。

（3）第三方付费。这种方式并不需要消费者付费，企业通过其他利益相关方赚取收入。

（4）付款方式创新。

（5）多收入流模式。这种模式一般与价值网络构建密切相关，由此企业可以扩大各种可能的收益来源。

5. 基于价值曲线的商业模式创新

这种模式创新策略聚焦于企业所提供的顾客价值。在以服务而非实体产品提供方面，此策略尤为重要。企业通过创造独特的价值曲线，实现服务创新，在为顾客提供非凡的价值感受的同时，获得自身的成功。

3.2　物流企业商业模式设计与重构的步骤

3.2.1　物流企业商业模式设计的步骤

物流企业对其商业模式进行设计，应按如下步骤进行。

第一步，确定业务范围，并寻求产品及服务在市场中的最佳定位。

无论是在位物流企业还是新进企业，在进行商业模式设计时，都必须选定一个企业可以据为己有的战略位置。具体讲，企业可以参照成功企业来界定自己的业务范围：①按照企业所销售的产品或服务来定义自己的业务；②针对某客户群的某些或所有需求，定义企业的业务；③依据企业所处的行业价值链环节确定其业务；④按照企业的关键资源能力及其组合来定义其业务。

第二步，分析把握顾客需求，以锁定目标客户。

企业的目标客户是企业必须考虑服务的地理区域和客户细分。分析把握客户需求是最重要、最关键的，识别和满足新的或潜在顾客需求，或掌握客户未被满足的隐性需求，从产品创新转变到需求创新，发现新的增长机会。

第三步，构建打造企业独特的业务系统，提高对手模仿的难度。

业务系统就是一系列业务活动有机构成的系统和网络，它反映的是企业与内外利益相关者之间的交易关系。从某种程度上来说，“商业模式就是利益相关者的交易结构”。业务系统主要指企业与客户、供应商及其他合作伙伴所形成的价值链网络。

第四步，发掘企业的关键资源能力，以形成核心竞争优势。

业务系统决定了企业所要进行的活动，而要完成这些活动，企业需要掌握和使用一整套复杂的、让商业模式运转所需要的关键资源能力。商业模式中关键资源能力的确定方法有两种：一是根据商业模式的其他要素的要求确定；二是以关键资源能力为核心构建整个商业模式。

第五步，构建独特的盈利模式。

盈利模式指企业利润的来源及方式，构建科学独特的盈利模式对企业的长久发展有着重要的战略意义。

第六步，提高企业投资价值，获得资本市场号召力。

在商业模式的整个体系中，起点是价值定位，中间是价值创造活动——业务系统、关键资源能力、盈利模式，归宿是企业投资价值。对企业来说，如何优化自由现金流结构，获得较大的自由现金流是提高企业价值的关键。简单讲，要获得较高的企业价值，需投资少、收入多、运营成本低。

3.2.2 商业模式重塑的步骤

1. 顾客价值的重新定位

在商业模式重塑的过程中，需要对目标顾客、顾客的需求进行重新定位，进而确定企业新的顾客价值主张，进行相应的资源调配和流程建设。一般而言，企业的顾客价值重新定位包括两种方式：一是向原有顾客提供新的价值和利益，提高企业的溢价能力；二是向新的顾客提供更具竞争力的解决方案，为新顾客创造价值和利益。

2. 重新设计赢利模式

即根据新的顾客价值定位，对赢利模式中的主要构成要素进行根本性转变。这一阶段主要涉及运营总成本的优化，这一优化可以通过非核心活动的外包、价值链的整合、管理职能活动的改善等措施加以实现。

3. 确认关键资源和关键流程

在明确顾客价值主张后，企业必须考虑向顾客传递价值所需的资源和流程。企业应该通过独特的方式，把自己的关键资源和流程整合在一起，以达到帮助客户群圆满完成工作的目的。

4. 制定利润保护体系

企业在确立自己与众不同的利润保护机制，保护企业利润获取的持续性与有效性时，一般有两种方式：①寻求产业异质性来获得利润保护机制，主要通过依赖外部因素，进入新的产业或同产业内新的战略集团，通过壁垒效应形成利润保护；②寻求产品异质性来获得利润保护机制，主要通过依赖内部因素，以建立新的产品异质性为基础。

3.3 在位物流企业的颠覆式创新策略

3.3.1 在位物流企业商业模式创新模型

在位物流企业与新进企业争夺市场、消费者和生存空间的过程，实际上就是两者动态竞争战略选择博弈的过程，是一种竞争的循环，更是两种不同市场地位的企业、两种不同力量动态调整利益均衡的过程，因此会不断呈现出均衡→破坏→新均衡→新破坏→再均衡→……的演进过程。

在实施颠覆性创新战略之前，在位企业会经历一个持续性创新的加强期。当新进企业争夺在位企业市场份额的势头较弱、竞争破坏作用很小时，在位企业仍可通过满足主流市场现有顾客的需求来不断强化现有市场的进入壁垒，以抵御来自新进入企业的破坏。当新进入企业针对低端市场的侵蚀进一步显现其优势，不断扩大细分市场，并将竞争扩张到与在位企业现有市场相邻的市场时，在位企业开始意识到新进入企业的破坏力，通过持续改进现有技术、产品、服务和商业模式等，来更好地满足主流市场顾客业已升级的需求，同时还通过提升现有市场价值元素组合的感知价值，利用自身的声誉和品牌效应来进行价值延伸，对高端市场进行侵蚀，并开始积极抵御新进企业的颠覆，努力扩大正面对抗竞争的缓冲地带。

由于新进企业的颠覆性创新速度超过了低端市场顾客使用创新产品的速度，因此，一些“相对较差”的产品在一定程度上也变得“足够好”，以“足够低”的价格来满足消费者感知价值的标准，新进企业则可进一步扩大其竞争版图，开始迈入在位企业构筑的缓冲地带，并与在位企业展开大规模的正面对抗。而在位企业一方面因受新进入企业破坏的牵制而陷入价格拉锯战，其竞争优势地位开始动摇。另一方面又在极力寻求反破坏、反牵制的新路径，试图分散新进入企业的精力，转移竞争焦点，开拓新的有所作为的天地。此时，针对新市场的颠覆性创新魅力尽显，在位企业富有先见的开拓新市场的行为，会使它们在争夺新市场的过程中胜人一筹，重新建立自己的优势地位。

在位企业适时实施颠覆性创新，能对新进入企业发起有力的反击，阻断新进入企业早期在原有市场上通过实施颠覆性创新开辟的侵蚀路径，并重新使它们陷入被动赶超的境地，迫使它们重新寻求新的突破，展开新的争夺。

模型的关键因素极大地影响着模型的作用效果，对关键因素的把握有利于在位企业调节可控的内外部因素，从而在既定条件下收到最好的效果。该模型主要有 4 个关键因素，即对环境的高度敏感性、宽容的文化氛围、柔性组织再造及强劲的市场推进能力。见图 3 – 1。

3.3.2 在位物流企业实行颠覆性创新的关键点

1. 企业高层管理决策

在中国，领导层对一个项目的重视是非常重要的，但是，企业高层管理者在颠覆性创新管理决策上可能犯两个错误，一是对颠覆性产品未来市场缺乏远见；二是对原有企业文化具有路径依赖性。

2. 整合企业的创新资源

形成企业颠覆性创新能力障碍的原因，不仅在于缺乏资源，更重要的在于缺乏一种对资源的整合能力。

（1）企业外部创新资源的整合。重视领导型用户的创新，完善企业外部联系网，建立技术创新网络和知识联盟。

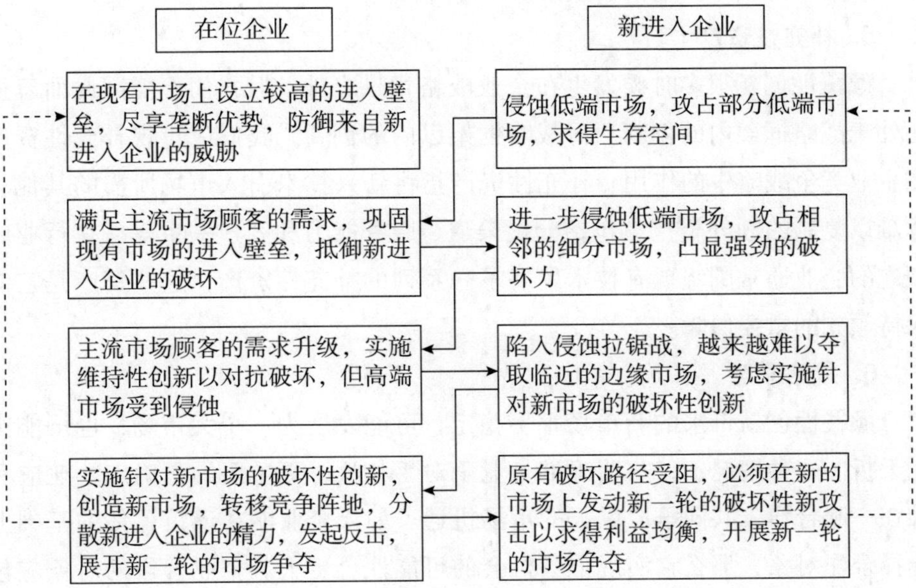

图3－1　在位物流企业商业模式创新模型

（2）企业内部创新资源的整合。建立学习型组织，实现知识共享，对企业员工进行激励。

3. 风险资本

风险资本可以解决颠覆性创新商业化过程中的两大问题：融资问题，以及如何把颠覆性创新项目和已有的商业模式隔离开来的问题。典型的风险投资契约具有股权融资的特征，风险资本家分阶段提供融资，可以等待若干年的时间，以确保取得最大化的期权价值。

建立风险投资企业可以使颠覆性创新项目从母公司商业模式的桎梏中解脱出来。在新建的风险投资企业里面，母公司只掌握着部分股份，其角色是一个被动的、行动有限的合作伙伴。这种运行机制有利于新业务从主体经营环境中脱离出来。

4. 试错机制

颠覆性创新提供了新的产品性能组合，最初设想的市场可能并不合适，可能需要多次试错。这种试错并不是漫无目的的，在试错的过程中，尽管企业和用户可能在使用某种颠覆性产品之前谁都不知道这种产品是否能够被使用，但他们可以通过试错，逐渐学会识别新市场的关键信息，发现错误的假设和预期外的结果，进而调整错误的行为。

5. 补充性资产

颠覆性创新很多时候发生在企业战略背景之外，但我们不能因此而忽视还处于战略框架内的创新。对战略框架以内的创新，我们应重视补充性资产在企业竞争战略中的作用。补充性资产指将新兴技术引入市场所需的其他企业难以复制的额外资产，包括分销渠道、服务能力和客户关系等。在行业内领先的企业通常围绕现有技术发展了一系列的补充性资产，这些资产是它们保持领先的重要保障。

6. 战略联盟

颠覆性创新带来的新市场很不稳定，可能发展为一个大市场，也可能中途夭折。这种情况下，与明确谁是竞争对手相比，更重要的是确定企业应和谁在一起合作，共同争取巨大的市场机遇。如果企业能在谨慎评估的基础上选择合作对象，那么它实现市场机会的可能性会更大。企业合作的对象应包括供应商、客户和能够提供某种特殊能力的企业。

7. 创造或购买新的能力

公司的能力是在其价值体系内形成的，颠覆性创新所要求的能力通常迥异于既有的能力。怎样在竞争中获胜，怎样更好地拥抱颠覆性创新，企业需要找出与其相匹配的能力。这个过程中，企业除了可以自己不断地打造能力外，同时也可以根据时机，直接从企业外部购买、收购别的公司的能力。

8. 建立颠覆性创新引擎

企业应建立颠覆性创新引擎，未雨绸缪，做到有备而战。引擎有 4 个关键部分：①有节奏地根据政策运转，而不是响应公司的财务发展状况；②公司的高级主管领导全力支持此项目；③建立一个小型的公司内部小组，开发出一种成熟的、可重复的系统，用来把创意转变为颠覆性的商业计划，并且投资创建；④需要一个对组织内的人员进行培训和再培训的系统，以便能够识别机会，并能及时将其反馈。

3.3.3 在位物流企业商业模式创新的具体措施

1. 做好常规服务

常规服务是物流企业生存的基础，其水平直接影响企业市场占有率和物流总成本，伴随着成功商业模式的建立，其最终影响企业赢利能力。

2. 重新整合业务流程，实现资源最优化配置

物流企业应对顾客及市场变化快速响应，将优势资源集中于供应链的核心环节，将其他业务外包，以提高生产效率，降低产品成本，减少库存。同时采用网络化、信息化技术整合物流资源，提高物流资源的利用效率，减少或杜绝资源的闲置，降低拥有资源的经营成本，提高企业的经济效益。

3. 应用先进的信息技术提升操作能力

信息化是物流企业在新经济时代企业竞争中获胜的一个必要条件。物流企业应根据企业的发展战略及市场需求等，逐步促进企业的信息化进程，并把企业内部的信息化平台打造为一个集信息、交易、客户关系管理和内部管理平台一体化的综合管理平台，为企业商业模式创新、经营方式与经营内容等转变提供强有力的信息技术平台支撑。

4. 采取网上集中交易

互联网的普及、电子商务的发展、应用软件和网上交易平台的开发，给网上采购、网上交易提供了很好的条件。网上采购、网上交易不仅节约了大量的采购和交易的时间、大量的店面资金，而且也大大降低了企业的采购和交易费用。

5. 进行服务创新，提高增值服务

物流企业在提供基本物流服务的基础上，可以利用自身的优势，结合客户的具体需要开展增值创造，提供增值服务。为客户提供增值服务是现代物流企业创造财富的又一重要源泉，也是物流企业生存的基本点，还是赢取客户的出发点。

6. 提升员工素质

物流企业商业模式的转变、发展战略的制订与执行等，都离不开一个经营管理团队的高效执行，物流企业要形成核心竞争优势，经理们的战略决策将最终决定其命运。

总之，在位物流企业可以借助网络、信息技术，利用系统方法对社会物流资源进行整合再造，用整体最优对用户的应用链、企业内部生产和销售链进行管理，从而在诸多环节上降低企业的物流费用，同时不断进行服务创新，在为客户提供增值服务、提高客户竞争能力的同时，找到自己的利润源泉，创造出适合自身发展的颠覆性商业模式。

3.3.4 在位物流企业应对颠覆性竞争的方法

1. 专注传统

企业采取颠覆性创新能快速发展，控制一定比例的市场，但不能完全追上采用传统经营模式的对手。成熟企业不一定被动地接受创新，还可以把传统经营模式做得更有吸引力、更有竞争力。

2. 置之不理

在决定是否接受颠覆性创新之前，成熟企业必须仔细评估新的业务模式是否与其现有经营方式相关。成熟企业容易犯的一个错误，是简单地认为进入颠覆性创新在行业内创造出的市场并取得快速发展非常容易。但如果真正进入这个全新的市场，面临的可能是另一种局面。因此，更恰当的办法是对颠覆性创新置之不理。

3. 强力反击，以破坏迎击破坏

成熟企业有一套强调特定的产品特性，锁定特定的目标客户的业务模式。颠覆性创新企业则是另一种模式：其成功建立在全新的、非传统的产品或服务特性的基础上，以此不断吸引新客户。经过一段时间，创新者也能在传统客户所重视的产品特性上做得很好，开始吸引原先对成熟企业非常忠诚的客户。成熟企业最佳的应对方式，就是开发出第三种模式，通过强调全然不同的产品特性来同创新者竞争。

4. 吸纳创新，两线作战

吸纳颠覆性创新是在细致的成本、收益分析的基础上进行的。成熟企业不得不承认，颠覆性创新不会昙花一现，想办法吸纳它无疑是一个明智的选择。已经有一套业务模式的成熟企业，如果决定采纳战略创新，就必须找出同时经营两种不同甚至冲突业务的有效办法。

5. 全面接受创新，并提升创新

成熟企业最后一个选择是放弃现有业务模式，完全接受创新。在这种情况下，目标不仅是模仿创新，还要升级并培育成规模化市场。

上述5种颠覆性创新的反击措施，哪一种适合特定的企业，需要根据企业在行业中的地位、能力、破坏发展程度、变革者的性格来决定。换言之，即每个企业要根据自己所面临的情况有针对性地采取应对策略。明白了新的业务模式并不比现有模式更胜一筹，明白了成熟企业可以有多种选择，就会事半功倍。

3.4 中小物流企业商业模式颠覆性创新策略

3.4.1 中小物流企业进行颠覆性创新的必要性

中小物流企业与较大企业在品牌、资金实力、融资能力、技术能力、人才资源以及市场控制力等方面有着全方位的明显差距。在实践中，越来越多的研究结果表明，简单地复制大企业、大品牌的成功经验和模式，或简单运用现代理论到中小物流企业的实践活动中，效果往往会差强人意。也就是说，中小物流企业需要摸索出一条与众不同的、适合自己的商业模式。

中小物流企业在成立之初，手上往往握着自己信得过的特性服务，或相当的潜在市场需求，没有这两个前提条件，它们不会把自己的血汗钱轻易投下。因为这两个先天的优势，再加上基数小，以致中小物流企业发展的速度非常快，倍速式增长几乎只能是中小企业的专利，但是商机稍纵即逝，企业要进一步把握商机，则需要快速投入人力物力，扩大产能，不断保持对于颠覆性创新的敏感性，才能不致过早被扼杀。

由上可知，中小物流企业商业模式设计有两个要点：①中小物流企业在商业模式上不能简单模仿成熟企业的商业模式；②中小物流企业的商业模式通常要具备很强的资源整合能力，尤其是创业型的中小物流企业，因为把企业已经拥有或能够拥有的资源组织起来，实现最佳的产出或价值创造，这种组织方式就是商业模式，而商业模式设计的实质是资源优化配置的方式。

在竞争激烈的市场环境中，寻求差异化、获得比较优势是企业获得成功的关键。由于创新成果在短期内很难被竞争对手模仿和超越，易于获得领先地位，体现出企业的核心竞争力。所以，创新无疑是形成企业核心竞争力的重要手段。因此，中小型物流企业只有通过不断创新，激发企业潜能，培育出企业的核心竞争力才能在激烈的市场竞争中生存。

商业模式的个性化是不容拷贝的，而对于资金水平有限、多方面实力与较大企业存在明显差距的中小物流企业来说，采用立足于边缘市场和新市场开发、可操作性强的颠覆性创新理论进行商业模式设计，无疑是使其在竞争市场中杀出一条血路的最佳选择。

3.4.2 中小物流企业颠覆式创新商业模式的策略

1. 蚕食

蚕食是中小物流企业以颠覆性创新攻击大企业的第一撒手锏。面对大公司咄咄逼人的竞争压力，我国中小物流企业应以低端市场为自己的最初目标，采用渐进式的市场占领方法，保住现有市场，抢占新兴市场，一步一步地将大公司逼向穷途末路。但是，选择蚕食的路径必须注意，尽管利润第一、客户至上几乎是商界的金科玉律，然而，正确并不意味着有用，中小物流企业千万不能为此所累，走上下坡路。

2. 鲸吞

中小物流企业进行颠覆性创新的另一个撒手锏，即鲸吞。对于在市场竞争中处于下风的中小物流企业而言，可以选择鲸吞的路径，主动开辟新市场，以非主流消费者作为自己的最初目标，努力将其培养成主流消费者，最终达到以小搏大、占据主流市场的目的。动态变化的市场需求总是会不断创造出新的机遇。所以，对于灵巧的中小物流企业而言，变动的物流市场其实正在为其不断地创造鲸吞的机会。

3. 并购

大企业常常由于盲目自信，不经意间犯下一些错误，对此，中小物流企业要时刻警惕，积极应对，选择并购的路径，把潜在竞争者消灭在萌芽状态。当然，在选择并购对象时，一定要考虑对方是否对自身发展有帮助。在并购后，切记不要用自己的管理方法去管理并购企业，因为两者的利润率、市场环境、产品要求是不尽相同的。

3.4.3 中小物流企业创新商业模式的具体选择

1. 区域配送模式

区域物流配送模式是指中小物流企业由于实力有限，不能在更广泛的地域来建立健全的物流网络，但在本地区的区域范围内有较多的业务网点，企业只要继续投入部分资金，就能建立健全的区域配送网络。这类运输企业可与本地域以外的大型物流企业合作，作为大型物流企业在本地区物流网络的延伸和扩展。

2. 供应商/分销商合作模式

供应商/分销商合作模式是指中小物流企业与生产企业或分销企业建立长期的合作关系，通过合同形式成为其固定的物流提供商。为更好地建立合作伙伴关系，中小物流企业要注意两点原则：专业化原则与服务创新原则。

3. 特许连锁经营模式

中小物流企业的特许连锁经营模式就是中小企业通过签订连锁经营合同，使用特许者——大型品牌物流企业的物流经营品牌、流程操作规范、物流管理技术、信息网络等资源，自己承担独立法律责任和义务来开展物流经营的模式。

4. 虚拟经营模式

物流企业的虚拟经营是由完成不同物流功能的各种企业联合起来的一种联盟模式，联盟中的企业对于平时小宗的低附加值的服务仍然像单个物流企业一样各行其是，独立完成或由很少的两三家企业共同完成，但是当客户需求是大宗的、高技术含量的一体化增值服务时，它们就会迅速地组合起来，制定系统运营方案，分工协作，达到与大型综合物流企业相同的服务效果。

5. 中外合资模式

中外合资模式是指内资物流企业与外资物流企业合作，组建中外合资物流企业的一种模式。外资物流企业将自己在资金、管理和信息方面的优势，与本土物流企业网络优势结合起来。并非所有的大型物流企业都愿意与外商合资，因为它有足够的实力与外资抗衡，这样就给那些中小物流企业提供了与外资企业合作的机会。

参考文献

［1］田志龙，盘远华，高海涛．商业模式创新途径探讨［J］．经济管理，2006（1）：42－45.

［2］乔为国．商业模式创新［M］．上海：上海远东出版社，2009.

4 物流企业服务创新研究

4.1 物流企业服务创新概述

4.1.1 物流服务定义

物流服务（logistics service）：物流供应方通过对运输、储存、装卸、搬运、包装、流通加工、配送和信息管理等基本功能的组织与管理来满足客户物流需求的行为。（国家质量监督检验检疫总局，国家标准化管理委员会于2005 年发布的《物流企业分类与评估指标》标准中的定义。）

综合物流服务（integrated logistics service）：为客户制定整体性的物流方案，并对物流活动要素进行规划、组织、实施和系统化运作的行为。

第三方物流企业作为独立从事物流经营的企业实体，它一方面能直接感受市场竞争的压力，具有管理创新的主动性；另一方面它们在组织上相对独立，因此具有管理创新的可能性；同时，第三方物流也最能体现现代物流的管理水平和特色。所以，本文以第三方物流企业为重点，说明现代物流服务的内容和形式。

发达国家已出现的第三方物流实践，概念没有明确界定。目前对其概念的主要表述如下。

（1）J. Bonney 在 1993 年提出，第三方物流是指“利用外部企业为另一企业提供全部或部分的物料管理或产品配送服务”。

（2）Lieb，Millen 等人认为，第三方物流与外部采办和合同物流（后勤保障）相似。

（3）有的学者（S. E. Leahy）认为，传统的物流外购倾向于具体、单一的物流服务，如运输公司提供的运输服务、仓储公司提供的仓储服务等；而现代第三方物流除了提供以上具体服务外，还应为客户企业作出长期承诺，提供供应链过程中的多种物流管理服务。这一看法与合同物流的含义基本相同。

综合欧、美、日等发达国家的物流理论和实践成果，归纳出第三方物流概念的核心要点如下。

（1）第三方物流的主体是第三方，既非生产者自身或货主，也非最终用户。

（2）物流内涵本身随着现代科技、管理理论和实践的发展还处于不断发展变化之中，第三方物流应是建立在现代技术支持之上的、能充分满足用户物流需求的物流活动。

（3）第三方物流经营者与被服务方之间是一种现代经济关系，如经济合同关系、企业集团成员关系等，而不应该仅仅是临时或随机的买卖关系。

4.1.2　现代物流企业服务内容及其创新

1. 现代物流企业服务内容

根据服务内容的侧重点不同，物流服务商提供的物流服务基本可分为两类。一种认为物流服务是以运输为中心的服务延伸。目前，国内外很多船运公司都持这种观点，并以此为依据提出了自己的物流发展计划。它们的基本目标就是通过物流服务来扩大运输主业的份额和收入。另一种观点认为物流服务是一种以综合控制为中心的管理体系，它强调企业的长期成本控制和供应链的稳定协调，现代物流管理的基本目标是对传统的物流要素进行产业创新，提供一种全新的服务产品，一般由货代演变而来的物流企业多以这种思想为主。

2. 物流企业服务创新

物流经营者提供的服务内容是反映其经营水平的最重要指标。现代物流思想产生并推广以来，大量的传统物流企业都在服务内容上大做文章，努力改造传统的服务内容。仅以国际航运企业为例，海陆（Sea - Land）、总统（APL）、铁行渣华（P&O Nedlloyd）、马士基（Maersk）、日本邮船（NYK）等世界知名的航运企业，都以其敏锐的市场洞察力，通过服务内容的拓展，一步步迈向现代物流服务的新天地。航运企业进入物流领域最早是在 20 世纪 70 年代，那时的一些船运公司意识到仅仅经营港到港的货物运输已经难以满足越来越复杂的顾客需要，提供物流服务才是一种充分利用舱位的有效手段。

海陆公司早在 1971 年就建立了以现代物流为主要经营内容的 Buyers 集团，并通过 Buyers 集团和海陆公司在全球各地的办事处及仓储设施为新老客户提供以卡车运输、仓储和海上运输为主的各种物流服务。特别是20世纪70年代初期，亚洲厂商大举进攻美国零售业时，海陆公司就相应地扩大了各种增值服务的范围，例如，通过集装箱的拆拼运输和Buyers的物流网络优势为特定的零售业客户提供时效性很强的流行商品运输服务，并以此为手段，稳定和扩大了海陆的传统服务。

铁行渣华也成立了专门拓展现代物流服务的全球化物流公司（P&O Nedlloyd Global Logistics）。它们在拓展服务内容上的主要做法是尽量帮助客户减少存货，从而降低存货成本，减少流通资金占用量。企业可以帮助客户进行存货管理，在整个供应链体系中代为客户从事订货、选拣和质量控制工作，并可为客户提供通过EDI下载的电子信息服务。同时，它们还为许多欧洲的酿酒厂提供分装和配送服务。目前，铁行渣华全球物流公司正关注于毛里求斯和马达加斯加等国市场，因为这些国家的纺织业发展迅速，且出口导向十分明显。铁行渣华正在策划新的服务内容，以期获得这部分市场。

马士基物流公司（Maersk Logistics）一直在拓宽它的服务范围。Maersk物流从20世纪70年代就开始为客户提供各种增值服务。80年代，Maersk物流已将供应链管理技术应用于现代物流领域，目前正在向以电子信息技术为基础的全方位服务方向发展。

日本邮船（NYK）的物流中心遍布全球，并且不断有新的中心建立。NYK物流中心的经营理念是：与客户分享集中存货的好处，既要降低存货成本又要避免缺货。NYK在新加坡的物流中心直接参与到日资企业的物料需求计划（MRP）体系中。NYK认为这是一个巨大的市场领域，因为MRP服务必须保证零配件供给的数量、质量、时间和送达方式等与企业的主生产计划相匹配，以便最有效地降低生产成本、节约劳动力。显然，当零配件和卖方数目增加时，MRP系统的复杂程度也会随之增加，物流企业创造的机会也增加。

4.2 影响物流企业服务创新的因素分析

4.2.1 物流企业服务创新的驱动模式

物流企业作为服务行业的一员，服务创新的原理和驱动模式在一定程度上可以适用于物流企业服务创新过程当中。在服务创新的现有研究中，人们发现服务创新不同驱动力之间存在交互作用。Enkel（2002）指出，服务企业的创新实际上是随处发生的，有关新产品和服务改进的创意和新知识更多地来自于研发部门以外的其他员工、顾客甚至是竞争对手。总结目前的服务创新研究，可以将服务创新的驱动力归为以下几类。

1. 技术驱动力

Keegan 和 Turner（2001）认为，推动创新的关键因素之一是和外部技术组织的良好交流。Kuusisto 和 Meyer（2003）的调查结果也显示，信息技术是服务创新的关键驱动力，基于数据处理和移动通信的信息技术使得新服务如远程诊断、远程监控等得以运用。新信息技术创造了完善的劳动分工和新型的部门间价值链构造，分布式的知识开发又创造了对知识密集型整合服务的需求。

2. 需求驱动力

Von Hippel（1988）指出了顾客在客户主导创新过程中的能动作用。通过客户需求的感知理解，形成解决方案，建立原型的创新范式称为用户创新。Keegan 和 Turner（2001）认为，推动创新首要在于对市场的关注，以及通过教育和帮助加强客户参与。Srivastava 和 Mansell（1998）认为，客户密集度和参与度是影响服务企业创新模式的两种主要市场驱动力之一。

3. 竞争驱动力

Srivastava 和 Mansell（1998）认为，成本或价格竞争是影响企业服务创新模式的另一种重要驱动力（和前面的客户密集度和参与度并列）。Kuusisto 和 Meter（2003）发现，反常规的变化增强了竞争，使得新型服务被开发出来并提供给顾客。而行业结构的刚性、竞争的缺乏、生产能力过剩则导致服务创新驱动力不足，形成服务创新障碍。

4. 政策驱动力

欧洲 SI4S 研究项目中发现，政府的一个重要作用就是服务创新的触发器。这个角色非常重要，它可能直接促进某种创新（通过 R&D 资助等），也可能导致新规则的产生。例如，严格的环境控制带来了对测试、诊断和控制服务的需求，同时也需要开发合乎环境要求的服务产品和工艺（Kuusisto 等，2003）。

对服务创新驱动力做出更加系统描述的是 Sundbo 和 Gallouj（1998）。他们在对欧洲多个服务企业调查的基础上，将单个企业作为识别驱动力的界面，把驱动力分为内部驱动力和外部驱动力，从企业内部和外部两个方面出发，提出了服务企业创新的基本动力模型，见图 4－1。

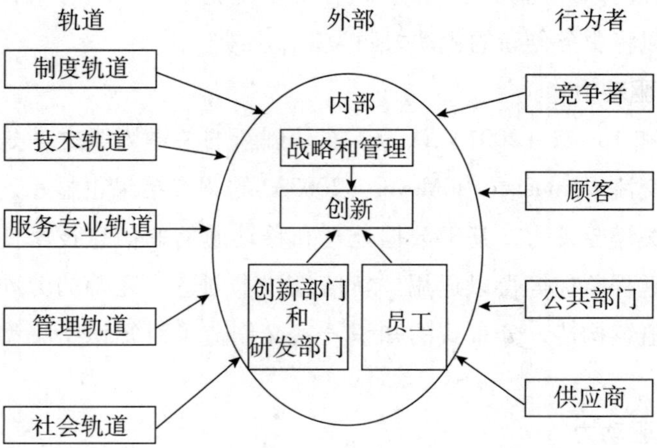

图 4－1　服务创新的驱动力模型

1. 内部驱动力

服务创新的内部驱动力包括企业的战略和管理、员工、创新部门和研发部门。

（1）企业战略和管理。战略是服务企业关于自身发展的长远规划，这是一种最根本的内部创新驱动力，具有创新意识的服务企业都会将创新作为战略规划的重要组成部分，以此作为获得竞争优势、占领市场和赢得顾客的根本手段，从而使创新成为企业谋求生存和发展的内在需求和根本动力。管理作为另一种重要的内部创新驱动力，主要指企业高层管理和营销部门的管理活动，因为服务经常是由市场驱动的，营销部门根据市场变化和顾客需求及时做出反应，激发某种形式的创新，而高层的管理活动通过组织变革、新市场开发、运作过程的改进促成创新。

（2）员工。服务创新过程是服务员工与顾客一系列的交互过程，员工因此成为一种重要的驱动力。他们可以发现顾客需求，产生创新思想，还可以根据自身的知识和经验提供有价值的创新思想。

（3）创新部门和研发部门。服务企业不一定具有像制造业一样的正式的创新部门和研发部门，它们只是形式上的对创新担负一定责任的“交流”部门，主要负责在企业内部诱发并搜集创新概念和思想。

2. 外部驱动力

服务创新的外部驱动力可分为轨道和行为者两类。

（1）轨道。轨道（Track）是指在社会系统（如一个国家、一个国际性产业网络、一个地区性的专业网络等）中传播的概念和逻辑。这些概念和逻辑通过传播与周围环境相适应。轨道概念的关键是内容（被传播的概念和逻辑），而不是路径（通过哪些行为者进行传播）。轨道作为重要的外部创新动力，会给企业施加作用和影响，使企业在轨道约束的范围内进行创新。

服务企业创新活动的外部驱动力主要受技术、制度、管理、服务专业、社会 5 种类型轨道的制约，其中最重要的是服务专业化轨道，它指存在于不同服务专业（如律师、医疗、金融、交通）中的一般知识规则、基本方法和行为准则。这类轨道由特定服务部门的专业性质所决定，创新活动的发生都必须以此为基础，在轨道约束的范围内进行。其次是管理轨道，即针对新组织形式的一般性管理概念，如激励机制、服务管理系统等。服务专业化轨道和管理轨道在知识密集型商业服务中会高度重叠，两者经常是同一的。第三类轨道是技术化轨道，即服务生产和传递过程必须遵循的有关技术使用的逻辑，如信息和通信技术、网络技术等。技术化轨道经常会引发很多创新的出现，值得注意的是，一些服务部门（如软件、金融服务、技术服务等）对信息和通信技术（CIT）的发展比制造业有更大的贡献，它们对 CIT 产生了更大的影响。第四种轨道是制度化轨道，它指服务企业外部制度环境的一般演变规律和趋势，包括政治环境、管制规则等的变化。制度化轨道对服务企业创新活动的影响比对制造业的影响更大，制度环境的变化会促使大量创新的出现，同时也可能抑制创新活动的发生。最后一种轨道是社会轨道，它是一般性社会规则和惯例的演进，如生态和环境意识的加强就对服务企业的创新活动产生了重大影响。社会轨道可能与技术化轨道相符，也可能不符，甚至相反。

上述几种轨道并不是孤立的，它们在很多情况下都可能相互交织并共同对服务企业的创新活动产生影响。

（2）行为者。服务创新的另一个重要外部驱动力是“行为者”。它是指人、企业或组织的行为对服务企业的创新活动有重要影响。

在行为者中，顾客最为重要，他们经常是信息及创新思想的来源，而且还能参与到服务企业的创新过程中，对创新的顺利进行有重要影响。在某种意义上，服务提供者和客户间的界面可以看做一个“实验室”，在这里创新被合作生产出来。因此，顾客是推动服务企业创新的重要外部驱动力。

同时，竞争者对创新活动也相当重要。服务企业可以通过模仿竞争者的创新行为而在自身内部产生创新，另外，由于服务企业通常不采取进攻性创新战略，因此一项创新出现和发展经常是竞争者首先行动。

供应商特别是知识供应商（如 KIBS）也是创新思想的重要来源和创新活动的推动者，它们为服务企业提供创新思想，并帮助企业具体实施，Sundbo 和 Galluoj 将其定义为“顾问协助型”创新模型。目前，知识服务供应商已被学者认为是创新研究的新焦点。此外技术供应商（包括软件供应商）在创新过程中也可能成为重要的合作者，如很多软件是在服务企业和技术供应商之间合作开发，由此它也会成为创新活动的一种驱动力。

公共部门对服务企业的创新活动也会产生一定影响，但作用在所有行为者中较小。公共部门一方面本身需要服务，另一方面它还可以为服务企业提供创新所需的知识、开发和管理经验，为服务企业培训员工，并针对服务创新进行专门的研究。通过以上方式，公共部门间接推动了创新活动在服务部门中的出现。此外，公共部门还会对服务企业施加一定的管制，这可能会引发很多创新的出现，如很多金融服务都由税收法律的变化而产生。

4.2.2 服务创新驱动力分析

服务企业创新活动的内外部驱动力的相对重要性并不是固定不变的。目前服务创新的发展趋势使内外部驱动力的相对重要性随时间发生着明显改变。在外部驱动力中，服务专业化轨道和技术化轨道变得越来越重要，并正在成为服务企业创新的主要推动力。首先，由服务本身特性引发的创新越来越多，“服务专业化轨道”所起的作用更加明显。其次，技术化轨道包含了多种技术，其中 CIT（信息和通信技术）为服务业的发展提供了巨大的机会，引发服务业中大量创新的出现。其他技术也相当重要，如交通运输业中的运输技术、饮食业的冷藏技术以及清洁业的化学技术和机器人技术等。目前服务企业的创新过程正变得更加系统化和有组织化，因而“管理轨道”也逐渐成为服务企业遵循的主要轨道之一。

在外部驱动力的“行为者”当中，“顾客”仍是一个主要的驱动力，对创新活动的出现起着非常重要的作用，特别是以知识为基础的商业服务。“竞争者”的重要作用正在下降，因为服务企业正变得更加主动，创新也越来越由企业自身独立决定，受竞争者的影响越来越小。“公共部门”在以下两个方面的转变使其成为更加重要的创新驱动力：①公共服务的外购使公共部门成为一个主要的服务需求者；②管制的放松使得很多服务产业中出现了新的市场。

在内部驱动力中，各种要素的重要性变化不大，因为服务企业的内部职能相对稳定，各行为主体的作用不会发生明显改变。“员工”以及“战略和管理”作为创新驱动力在很大程度上具有同等重要性，服务企业的创新活动仍是员工创新精神和组织战略管理间的一种平衡活动。但目前服务企业更为强调战略引导下的系统性的创新活动，因此“战略和管理”的作用越来越明显。“创新和研发部门”在服务企业中是较弱的内部驱动力。因为创新不是在实验室中产生和发展的，而是在生产和营销部门或跨部门团队中发展起来的，它融入到日常生产和运作当中。此外，“服务专业化轨道”和“技术化轨道”是通过整个组织传播到服务企业内部的，而不只存在于专门的创新部门中，也不只通过专门的创新部门进行传播。

总的来看，随着服务企业创新活动变得更加有意识和系统化，内部驱动力比外部驱动力变得相对更加重要。

1. 物流技术与物流企业服务创新

物流行业新技术的发展和应用，衍生出了大量的服务创新活动，极大地推动了物流企业服务质量和效益的提升。Lin（2006）对台湾物流企业调查中发现物流企业技术创新对企业的供应链绩效存在显著的正向影响。2008 年，他对中国物流企业的研究也验证了这一结论。魏际刚（2008）则对物流技术创新研究规律及其未来的发展做出了比较详细的说明。美国物流管理委员会（CLM）1999 年的职业模式调查也显示，新技术的选择对竞争至关重要，某些新技术还有助于创造竞争优势。一些研究显示，物流技术与装备的发展可能呈现如下趋势：先进性、信息化、多样性与专业性，标准化与模块化，系统性与可扩展性，智能化与人性化，绿色化与节能化。

目前，中国物流产业技术进步与创新步伐加快，物流服务方式日益多样化。以现代信息技术、管理技术、运输技术、仓储技术为基础的集成化、一体化物流技术的发展对物流企业的服务创新提出了新的挑战。适应上述物流技术发展的需要，以多式联运为基础的全程物流服务，以集装箱和托盘为基础运输单元的集装化服务，以现代信息技术和供应链管理为基础的一体化服务得以发展并不断创新；条码技术和射频识别技术的应用，在提高信息采集效率和准确性的同时，对企业物流管理也提出了新的创新要求；物流企业在采用基于互联网的电子数据交换技术进行企业内外的信息传输实现订单处理、跟踪、结算等服务的无纸化的同时，也对企业的配套设施和人员素质提出了新的创新挑战；此外，物流企业通过与供应商和客户的信息共享，实现供应链的透明化，运用 JIT、VMI、SMI 等供应链管理技术，实现供应链伙伴之间的协同商务在成为物流企业占据高端物流市场的必然选择之后，也带来了一系列的服务服务创新的难题。

中国物流与采购联合会 2006 年重点调研课题《关于“十一五”期间的物流信息化》重点调查显示，我国物流信息化建设过程中带来了一系列的制度创新、技术创新、管理创新和其他方面的创新。基础环境方面，信息化带动了相应的法律法规、制度、标准、规范的出台和完善；带动了物流关键技术的研发和应用模式的探索以及通信、网络等基础设施建设；带动建立了物流电子政务平台、物流电子商务平台和物流电子监控平台；创新完善了企业内部信息系统。

国内各类物流企业，利用信息化契机，通过企业服务创新取得了良好的效果。例如中国远洋集团、中国外运集团等采用了国际先进水平的信息网络技术，结合服务创新在国内外物流市场上提高了市场竞争力；一些民营资本建设的物流信息公共服务平台，例如锦程物流网、中国配货网也都取得了较好的社会效益和经济效益。

2. 市场需求与物流企业服务创新

创新需求拉动理论认为，创新是企业对市场变化的一种本能反应。市场需求的不断变化为企业提供了新的机会和创新诱因，而以此为导向的创新活动在给企业带来利润的同时，又变更了市场需求，形成了一种“需求—创新—再创新”的向上发展的良性循环。从这一意义上看，企业的市场导向有利于企业的服务创新。市场导向本质上涉及对市场情况作出某些不同的或者新的反应，这基本上可以视为一种创新活动，将有助于企业自主创新能力的提升(Jaworski & Kohli，1993)。

我国物流市场需求很大，主要来自于工业物流、农业物流、商贸物流、可再生资源与废弃物物流以及单位与居民物流。从表4-1的一些数据中可以看到，仅2007年，我国全社会物流总额就达到75.2万亿元，社会物流总费用为4.5万亿元，和GDP的比值为18.4%；物流增加值为1.7万亿元，占第三产业的17.6%，占GDP的6.9%。巨大的物流市场需求，为物流企业服务创新提供了大量的机会和创新诱因，成为物流企业服务创新重要拉动力。

表4-1　　2006—2007年我国物流业相关数据

项目＼年份	2006（绝对数）	2007（绝对数）	增长率（%）
社会物流总额（万亿元）	59.6	75.2	26.2
物流总费用（万亿元）	3.8	4.5	18.2
物流总费用与GDP比率（%）	18.3	18.4	0.1
物流业增加值（万亿元）	1.41	1.7	20.3
物流业增加值占GDP比重（%）	6.7	6.9	0.2
物流业增加值占第三产业比重（%）	17.1	17.6	0.5
货运总量（亿吨）	202	226	11.8

除了上述观点外，目前对于市场导向与企业创新之间的关系问题学界还存在另一种观点：市场导向将企业的视角局限于顾客可以表述的需求，只能是一种适应性的学习，不能达到更高层次的学习。因而，这类企业往往将重点放在为现有顾客扩展产品和种类上，而不是追求一种更深层次的对现有和潜在顾客的潜在需求的认识和再认识，从而在新市场中发现机会、创新产品。从这一角度看，市场导向并不利于企业的自主创新（Slater & Narver）。

汪旭晖、徐健（2009）的研究也显示，物流企业市场导向对企业的创新能力呈现较弱的负向影响，但是并不显著。因为上述研究所选择的样本仅限于辽宁省范围，所得结论可能存在一定的局限性。

3. 政策因素与物流企业服务创新

Sunbdo 和 Gallouj（1998）两位学者认为，政策对服务企业创新活动的影响比对制造业的影响更大，政策环境的变化会促使大量创新的出现，同时也可能抑制创新活动的发生。

目前我国的政策状况对物流企业创新的作用一方面表现为推动力，另一方面表现为制约企业创新的阻力。

以税收政策为例，2006 年 4 月至 10 月，中国物流采购联合会组织的对民营物流企业发展状况的调查显示，税收问题是制约民营物流企业发展创新的重要因素。其中自开票纳税人资格的认定问题，物流服务收入分别核算、税率不同的问题，按照车辆运力核定最高收入额的问题，仓库租赁费的扣除问题，试点企业“所属企业”的界定问题，物流企业所得税不能统一缴纳的问题，以及内外资企业所得税方面的不平问题等严重制约了民营物流企业的发展和创新。此外调查还显示，物流企业在交通方面、分支机构设置方面，中小物流企业融资方面，货物安全保险方面以及行业标准合同和专用发票等方面都存在很多制约物流企业发展创新的不利因素。

20 世纪 90 年代以来，发展现代物流得到中央领导的高度重视，中央有关部委分别针对发展现代物流出台了相关的政策和规定。一些创新政策的推出对物流企业服务创新的推动作用日益显著。创新政策是一个较新的概念。英国的拉斯韦尔（Rothwell，1986）认为创新政策是指科技政策和产业政策协调的结合，不是单独的某一类政策，而是一个整合的概念。法国创新政策专家高丁认为，创新政策应该包括 3 个框架：“支持创新者”或所谓“创新推动者”、技术文化和创新障碍的减少。OECD 指出，创新政策是把科技政策和其他政策，特别是经济、社会和产业政策，包括能源、教育和人力资源政策结合起来形成的一个整体。

2001 年 3 月，原国家经贸委会同铁道部、交通部、信息产业部、对外经济贸易合作部、中国民用航空总局联合下发了《关于加快我国现代物流发展的若干意见》；8 月，交通部颁布实施了《关于促进运输企业发展综合物流服务的若干意见》，明确提出了交通业发展物流服务的指导思想和总体目标；2002 年 4 月，国家经贸委、交通部、外经贸部、铁道部、海关总署、国家质检总局六部委联合制定了《加快发展我国集装箱运输的若干意见》；6 月，商务部发布《关于开展试点设立外商投资物流企业工作的有关问题的通知》；2004 年 8 月，由国家发改委、商务部等九部委联合制定的《关于促进我国现代物流业发展的意见》经国务院批准正式颁布；2005 年 8 月，商务部颁布《关于加强流通法律工作的若干意见》，明确了今后一段时期市场法律工作的基本思路；2009 年 5 月，为贯彻落实《国务院关于印发物流业调整和振兴规划的通知》，做好规划的实施工作，国家发展改革委牵头，在综合 32 个部门和 4 个协会意见的基础上，制定了《落实物流业调整和振兴规划部门分工方案》，对规划实施工作分工和工作进度做了具体安排。此外，近几年国家还陆续出台了促进物流发展的一系列法律法规，如国务院发布的《中华人民共和国国际海运条例》，外经贸部颁布的《外商投资现代物流管理规定》，铁道部颁布的《铁路货物运输管理条例》，交通部颁布的《国内水路货物运输规则》，中国民航总局颁布的《中国民用航空货物国际运输规则》等法律法规。此外，《港口法》、《运输市场准入条例》、《管道法》、《城市公共交通管理条例》等法律法规也将相继出台，《铁路法》、《公路法》、《民航法》也在修订之中。由中国物流与采购联合会组织专家研究制定的《物流术语》已成为国家标准。

上述相关政策对物流企业服务创新的发展的推动作用可以从最近几年物流企业的发展规模和相关效益指标的对比中得到一些验证。由于服务业固有的特性，服务创新的成果较之制造业难以追踪和测量。但在企业层面上，许多学者认为创新的成果还是可以用财务绩效和非财务绩效来衡量的（Tidd 等，2001）。

4. 人力资源与物流企业服务创新

Lin（2007）对中国北京、上海、深圳的物流服务企业进行的问卷调查发现，人力资源质量对物流企业的创新有着显著的正向影响。他在 2009 年通过实证研究验证了人力资本质量以及组织知识的积累对物流企业创新存在显著正向影响。汪旭晖和徐健（2009）对辽宁省 14 个城市 196 家本土物流企业的调查分析显示，物流企业人力资源质量和企业学习能力对企业自主创新能力的影响系数均为 0.183。说明物流企业人力资源质量每提高一个单位，企业的创新能力将提高 0.183 个单位。

作为物流企业服务创新的内部促进者，人员在物流服务创新中的角色分成以下几类。按其在各阶段发挥的角色可分为发起者、创造者、实施者、标示者；按其在组织金字塔结构中的地位可分为高层管理者型（或称企业家型）、中层管理者型、基层管理者型和员工型；按高层团队理论的思想可分为高层团队型和个体型。各类内部变革促进者通过深思熟虑的行为塑造了管理创新过程（个人和企业内、外随机变化的无意识行为也会影响管理创新过程）。在一般情况下，各类内部变革促进者会发生以下典型行为：发起者能做到对管理创新产生兴趣，敏感地发现问题和把握机会；创造者设法通过各渠道探索解决方案，对新颖方案进行决策；实施者对新颖方案进行反复试验，给予高层管理者反馈信息；标示者通过各种形式确认其有效性，争取组织内外部认可。

美国经济学家熊彼特认为，企业家是不断在经济结构内部进行“革命突变”，对旧的生产方式进行“创造性破坏”，实现生产要素重新组合的人。由于企业家拥有创新力、洞察力和统率力等优势，所以管理创新过程是由以企业家为代表的内部变革促进者驱动的。在企业管理创新过程中，不管企业规模大小，企业家都一直扮演着主导性、关键性的角色，尤其在中小型企业中的情况更为突出。

5. 供应链相关产业与物流企业服务创新

进入 21 世纪，全球物流已经进入供应链时代。物流产业在科技进步和管理创新的驱动下，经历了从量变到质变的过程。通过供应链管理体系下的物流创新来建立新的物流管理模式是现代企业发展的趋势。

从创新价值链的内涵来看，创新价值链是一个知识流动的全过程，存在着上下游的互动关系，具有内在的不可分割性。因此，如何从整体上将创新体系内的各种机构和制度有效组合起来，以增强整体的创新能力，是实现创新价值的重要途径。

从需求的角度看，物流需求是一种派生需求。所谓派生需求，是指社会对物流企业服务的需求是由生产和交换活动中产生的相关的实体转移、信息传递等需求引发的一种间接性的需要。作为供应链的一个重要环节，物流服务与制造及销售活动紧密相关。在供应链系统中，物流企业的服务对象多是产业链上的制造型企业和商业企业。这些企业对运输、仓储、配送等物流服务的功能要求及对服务档次的要求各不相同，使物流服务本身表现出多层次、多样化，从而激发物流企业产生创新思维，付诸创新行动，满足客户需求。

从物流企业与制造企业和销售企业的关系来看，物流企业的创新离不开上述两类企业的发展。一方面，制造业的发展促进了对物流服务的需求。物流服务是制造业将其内部服务活动社会化后出现的，制造业企业在出售商品的同时，也创造了对物流相关服务的需求。如果一个地区制造业不发达，那么对物流服务的需求也会有限。同时，一个国家制造业的结构会影响对物流服务需求的形式、数量及其专业程度。如果缺少先进和具有远见的制造业企业，物流企业的服务创新无异于缘木求鱼，必将面临后继无力的困境。另一方面，物流服务的发展又促进对制造业商品的需求。物流企业在提供服务的同时，可以引导客户对设备及相关制造业商品的需求，从而提升制造业商品的销售。

我国物流产业在中、东、西部发展水平的差异可以在一定程度上说明市场需求对物流企业服务创新的影响情况。物流服务水平高说明物流企业能更好地满足顾客需求，在一定程度上也可以说明这些可能存在更多的创新。目前我国东部沿海地区物流需求较西部地区旺盛，因此该地区的物流服务业发展水平远高于西部不发达地区，这可以在一定程度上说明市场需求对物流企业服务创新的促进作用。

6. 竞争与物流企业服务创新

按照 Sunbdo 和 Gallouj（1998）两位学者的观点，竞争者对服务创新的影响作用正在下降。因为服务企业正变得更加主动，创新也越来越由企业自身独立决定，受竞争者的影响越来越小。但是我国目前物流企业的实际与 Sunbdo 和 Gallouj（1998）两位学者的研究结论所处的企业环境存在很大不同。汪旭晖、徐健（2009）的研究显示，物流企业所在区域外资物流企业发达程度对物流企业创新能力的影响十分显著。区域外资物流业越发达，说明企业面对的竞争对手越强大，竞争越激烈，此时，物流企业服务创新的动机越强烈，说明竞争对物流企业服务创新存在正向影响关系。

竞争因素与我国物流企业服务创新之间存在较强的关联。行业内竞争越激烈，要求企业必须不断通过创新来实现成本节约或者差别化优势，以求在激烈的市场竞争中求得生存和发展，所以物流企业服务创新的动力会越强。

从集群效应角度分析，物流企业通过空间上集聚可以带来外部经济效应而使整体获得更大更优的绩效。现代物流企业早已抛开过去那种自成体系、封闭经营、大而全的经营模式，转而注重以供应链为轴心的企业联合与结盟，物流产业链的优势在于各种不同类型、不同规模、不同服务范围的物流企业在地域上相对集中，在报关、仓储、运输、物流加工等方面所形成的物流产业链显现出明显的集群效应，提高了各物流企业的服务创新能力。

4.3 物流企业服务创新形式与路径

4.3.1 物流企业服务创新内容

物流企业的服务创新包括内容创新和形式创新，两者往往相辅相成、互为补充。服务内容的拓展必须有新的服务形式作支撑。有些传统的物流服务内容只需通过服务形式的创新即可达到提高服务质量的目的。物流服务内容的拓展和物流服务形式的创新一样，除了需要以技术进步为前提外，现代物流管理理念也是物流服务创新的重要基础。根据国内外物流企业服务创新的现实状况，现代物流企业服务的创新点主要从以下一些方面体现。

1. 现代科技手段被广泛应用于企业物流服务

除了物流作业中的各种设施和设备大量采用现代科技成果外，电子通信技术的进步是物流服务得以创新的最重要条件。它不仅有助于第三方物流企业实行系统化、一体化的物流管理，同时也可通过适时准确的信息服务满足客户对各种物流信息的需要，提高企业生产经营的可预见性。

第三方物流企业利用现代信息手段实行“货物跟踪”的典型方式如下。

（1）实时动态数据的采集和传送。实时数据的生成和采集，一般运用目前世界上比较成熟的全球卫星定位系统（GPS）。只要每个运输载体上安装一个 GPS 定位仪，便可收集到运输载体的不间断的实时位置信息（所在位置的经纬度）。信息的传输有两套系统可供选择。一是利用目前手提电话的 GSM 系统。这套系统技术上比较成熟，费用也比较便宜，但是有一个致命的缺点：这套系统还没有覆盖所有可供运输工具通行的区域，存在较多传输盲区，无法实现真正意义上的实时数据传送。二是利用卫星通信系统。实际上卫星通信系统是最佳的信息无线传输手段，信息传输质量高，无盲区，但通信成本高。结合上面两套方案的优缺点，大部分的设计方案是结合两种方案的优势，进行互补式组合设计。在 GSM 覆盖区域，利用 GSM 系统来传送有关信号；在 GSM 盲区，自动切换到卫星通信系统。这样既保证了信息的无间隙传送，又可尽量节省通信费用。

（2）信息的处理和发布。物流公司的信息中心对收集到的信息，通过一定的处理（可以人工操作，也可以通过信息管理软件来实现），进行有机整合，然后传送到企业网络的相关栏目，即可完成发布。

2. 配送中心得到大力发展

配送中心是以执行物流配送为主要功能的物流节点。按照日本《物流手册》的定义：配送中心是从供应者手中接受多种大量的货物，进行倒装、分类、保管、流通加工和信息处理等作业，然后按照众多需要者的订货要求备齐货物，以令人满意的服务水平进行配送的设施。现代物流系统中的配送中心一般具有如下几项功能。

（1）储存功能。配送是依靠集中库存来实现对多个用户服务的，因此储存功能必不可少。

（2）分拣、理货功能。为了将多种商品向多个用户按不同要求的种类、规格、数量进行配送，配送中心必须有效地分拣，并能在分拣基础上按配送计划进行理货，这是配送中心的核心功能。

（3）配货、分放功能。各用户所需的多种货物，在配送中心有效地组合在一起，以方便发送。

（4）倒装、分装功能。不同规模的货载在配送中心应能高效地分解及组合在一起，按用户要求形成新的装运形态。

（5）装卸搬运功能。配送中心的进货、理货、装货、加工都需要辅之以装卸搬运才能完成。

（6）加工功能。多数配送中心都要进行不同程度的加工。加工功能可提高配送服务水平，增加附加值。

（7）送货功能。送货的起点是配送中心。尽管送货全过程已超过了配送中心的范畴，但是配送中心的工作对送货功能的完成具有决定性作用。

（8）信息服务功能。配送中心在干线物流与终端物流之间起衔接作用，这种衔接不仅靠实物的配送，也靠信息的衔接。

除以上 8 项功能外，配送中心有时还带有其他一些功能，如采购功能、中转运输功能和展示功能等。配送中心的作用在于“化零为整”和“化整为零”，使产品通过它迅速进行流转，从而提高物流作业效率，降低物流经营成本，改善物流服务质量。

3. 物流企业积极为客户提供各种“定制化”服务

“定制化”服务是现代物流服务形式的一大特色。传统的物流服务大多以运输、仓储等基本的物流功能为内容。物流企业在提供这类服务的时候，大多以统一的服务形式面对公众，这种服务一般称为“基本服务”。基本服务是物流企业据以建立最基本服务关系的顾客服务方案，它对所有客户在特定的层次上同等对待。但由于市场上客户本身的需求存在着差异，这种基本服务不可能让所有的客户全部满意。所以，有必要根据一些客户的特定需求量体裁衣提供“定制化”服务。由于这类服务是在超越基本服务基础上开发的专门服务，可以为特定的客户提供特定的物流增值，所以，又可称之为“增值服务”。世界上一些成功物流企业的服务创新往往与“定制化”紧密联系在一起。例如，世界著名零售商沃尔玛公司最主要的物流合作伙伴飞驰公司，为了保证商品连续不断地流向沃尔玛的商店，飞驰公司根据沃尔玛遍布全球的供应商和店铺的分布情况，采用各种可能的技术，设计了一套针对沃尔玛运作要求的专门物流服务方式，满足了沃尔玛的物流需求，也为飞驰公司赢得了巨大的市场机会。

4.3.2 基于网络环境的物流服务创新形式

1. 网络经济的基本特征

网络是在通信技术、信息技术、无线射频识别技术等新技术条件下产生的，一种能够实现人与人、人与机器、人与物甚至物与物之间直接沟通的泛在网络架构。网络来源于拉丁语的Ubiquitous，是指无所不在的网络，又称泛在网络。U－网络以“无所不在”、“无所不包”、“无所不能”为基本特征，帮助人类实现“4A”化通信，即在任何时间（Anytime）、任何地点（Anywhere），任何人（Anyone）、任何物（Anything）都能顺畅地通信。而这种来自社会基础产业的人类通信能力的变革，必将全方位地对人类社会的生产生活方式产生深刻影响。

U－网络也被称为无处不在的网络，U－网络技术使虚拟网络更深入地渗透到人类生活的每一个角落，使网络对于人类就像水和空气一样自然（吕廷杰，2007）。网络技术使人类经济社会的网络化特征更加凸显。现代物流产业作为网络经济时代迅速崛起的新兴服务业，其发展必然服从网络经济的基本规律。研究物流产业商业模式创新，需要首先明确网络经济的基本特征。

网络经济是知识经济的一种具体形态，与传统经济相比，网络经济具有以下显著的特征：快捷性，高渗透性，自我膨胀性，边际效益递增性，外部经济性，可持续性和直接性。

（1）快捷性。消除时空差距是互联网使世界发生的根本性变化之一。首先，互联网突破了传统的国家、地区界限，使整个世界紧密联系起来，把地球变成为一个“村落”。其次，互联网突破了时间的约束，使人们的信息传输、经济往来可以在更小的时间跨度上进行。网络经济可以 24 小时不间断运行，经济活动更少受到时间因素制约。再次，网络经济是一种速度型经济。现代信息网络可用光速传输信息，网络经济以接近于实时的速度收集、处理和应用信息，节奏大大加快了。如果说 20 世纪 80 年代是注重质量的年代，90 年代是注重再设计的年代，那么，21 世纪的头 10 年就是注重速度的时代。因此，网络经济的发展趋势应是对市场变化发展高度灵敏的“即时经济”或“实时运作经济”。最后，网络经济从本质上讲是一种全球化经济。由于信息网络把整个世界变成了“地球村”，使地理距离变得无关紧要，基于网络的经济活动对空间因素的制约降低到最小限度，使整个经济的全球化进程大大加快，世界各国的相互依存性空前加强。

（2）高渗透性。迅速发展的信息技术、网络技术具有极高的渗透性功能，使得信息服务业迅速地向第一、第二产业扩张，使三大产业之间的界限模糊，出现了第一、第二和第三产业相互融合的趋势。三大产业分类也受到了挑战。为此，学术界提出了“第四产业”的概念，用以涵盖广义的信息产业。美国著名经济学家波拉特在 1977 年发表的《信息经济：定义和测量》中，第一次采用四分法把产业部门分为农业、工业、服务业、信息业，并把信息业按其产品或服务是否在市场上直接出售划分为第一信息部门和第二信息部门。第一信息部门包含现在市场中生产和销售信息机械或信息服务的全部产业，诸如计算机制造、电子通信、印刷、大众传播、广告宣传、会计、教育等。第二信息部门包括公共、官方机构的大部分和私人企业中的管理部门。除此之外，非信息部门的企业在内部生产并由内部消费的各种信息服务，也属于第二信息部门。从以上产业分类可以看出，作为网络经济的重要组成部分——信息产业已经广泛渗透到传统产业中去了。对于诸如商业、银行业、传媒业、制造业等传统产业来说，迅速利用信息技术、网络技术，实现产业内部的升级改造，以迎接网络经济带来的机遇和挑战，是一种必然选择。

（3）自我膨胀性。网络经济的自我膨胀性突出表现在以下四大定律上。

第一，摩尔定律（Moore's Law）。这一定律是以英特尔公司创始人之一的戈登·摩尔的名字命名的。1965 年，摩尔预测到单片硅芯片的运算处理能力每 18 个月就会翻一番，而与此同时，价格则减半。实践证明，多年来，这一预测一直比较准确。

第二，梅特卡夫法则（Metcalf Law）。按照此法则，网络经济的价值等于网络节点数的平方，这说明网络产生和带来的效益将随着网络用户的增加而呈指数形式增长。这种大爆炸性的持续增长必然会带来网络价值的飞涨。这正是凯文·凯利所说的“传真效应”，即“在网络经济中，东西越充足，价值就越大”。

第三，马太效应（Matthews Effect）。在网络经济中，由于人们的心理反应和行为惯性，在一定条件下，优势或劣势一旦出现并达到一定程度就会导致不断加剧而自行强化，出现“强者更强，弱者更弱”的垄断局面。马太效应反映了网络经济时代企业竞争中一个重要因素——主流化。“非摩擦的基本规律其实很简单——你占领的市场份额越大，你获利就越多，也就是说，富者越富。”Compuserve 和 AOL 是美国的两家联机服务供应商，1995 年之前，Compuserve 占有市场较大份额，在相互竞争中占有优势。而从 1995 年开始，AOL 采取主流化策略，向消费者赠送数百万份 PC 机桌面软件，“闪电般地占领了市场”，迅速赶超了 Comuserve 公司。

第四，吉尔德定律（Gilder's Law）。随着通信能力的不断提高，吉尔德断言，每比特传输价格朝着免费的方向下跌，费用的走势呈现出“渐进曲线”（Asympototic Curve）的规律，价格点无限接近于零。

网络经济的四大定律不仅展示了网络经济自我膨胀的规模与速度，而且提示了其内在的规律。

（4）边际效益递增性。边际效益随着生产规模的扩大会显现出不同的增减趋势。在工业社会物质产品生产过程中，边际效益递减是普遍规律，因为传统的生产要素——土地、资本、劳动都具有边际成本递增和边际效益递减的特征。与此相反，网络经济却显现出明显的边际效益递增性。

①网络经济边际成本递减。信息网络成本主要由3部分构成：一是网络建设成本；二是信息传递成本；三是信息的收集、处理和制作成本。由于信息网络可以长期使用，并且其建设费用与信息传递成本及入网人数无关，所以前两部分的边际成本为零，平均成本都有明显递减趋势。只有第三种成本与入网人数相关，即入网人数越多，所需信息收集、处理、制作的信息也就越多，这部分成本就会随之增大，但其平均成本和边际成本都呈下降趋势。因此，信息网络的平均成本随着入网人数的增加而明显递减，其边际成本则随之缓慢递减，但网络的收益却随入网人数的增加而同比例增加；网络规模越大，总收益和边际收益就越大。

②网络经济具有累积增值性。在网络经济中，对信息的投资不仅可以获得一般的投资报酬，还可以获得信息累积的增值报酬。这是由于信息网络能够发挥特殊功能，把零散而无序的大量资料、数据、信息按照使用者的要求进行加工、处理、分析、综合，从而形成有序的高质量的信息资源，为经济决策提供科学依据。同时，信息使用具有传递效应。信息的使用会带来不断增加的报酬。举例来说，一条技术信息将能以任意的规模在生产中加以运用。这就是说，在信息成本几乎没有增加的情况下，信息使用规模的不断扩大可以带来不断增加的收益。这种传递效应也使网络经济呈现出边际收益递增的趋势。

（5）外部经济性。一般的市场交易是买卖双方根据各自独立的决策缔结的一种契约，这种契约只对缔约双方有约束力而并不涉及或影响其他市场主体的利益。但在某些情况下，契约履行产生的后果却往往会影响到缔约双方以外的第三方（个体或群体）。这些与契约无关却又受到影响的经济主体，可统称为外部，它们所受到的影响就被称为外部效应。契约履行所产生的外部效应可好、可坏，分别称为外部经济性和外部非经济性。通常情况下，工业经济带来的主要是外部非经济性，如工业“三废”，而网络经济则主要表现为外部经济性。正如凯文·凯利提出的“级数比加法重要”的法则一样，网络形成的是自我增强的虚拟循环。增加了成员就增加了价值，反过来又吸引更多的成员，形成螺旋形优势。“一个电话系统的总价值属于各个电话公司及其资产的内部总价值之和，属于外部更大的电话网络本身”，网络成为“特别有效的外部价值资源”。

（6）可持续性。网络经济是一种特定信息网络经济或信息网络经济学，它与信息经济或信息经济学有着密切关系，这种关系是特殊与一般、局部与整体的关系，从这种意义上讲，网络经济是知识经济的一种具体形态，知识、信息同样是支撑网络经济的主要资源。美国未来学家托夫勒指出：“知识已成为所有创造财富所必需的资源中最为宝贵的要素，……知识正在成为一切有形资源的最终替代”，正是知识与信息的特性使网络经济具有了可持续性。信息与知识具有可分享性，这一特点与实物显然不同。一般实物商品交易后，出售者就失去了实物，而信息、知识交易后，出售信息的人并没有失去信息，而是形成出售者和购买者共享信息与知识的局面。正如托夫勒指出的：“土地、劳动、原材料，或许还有资本，可以看做是有限资源，而知识实际上是不可穷尽的”，“新信息技术把产品多样化的成本推向零，并且降低了曾经是至关重要的规模经济的重要性”。网络经济在很大程度上能有效杜绝传统工业生产对有形资源、能源的过度消耗，造成的环境污染、生态恶化等危害，实现了社会经济的可持续发展。

（7）直接性。由于网络的发展，经济组织结构趋向扁平化，处于网络端点的生产者与消费者可直接联系，而降低了传统的中间商存在的必要性，从而显著降低了交易成本，提高了经济效益。为解释网络经济带来的诸多传统经济理论不能解释的经济现象，姜奇平先生提出了“直接经济”理论。他认为，如果说物物交换是最原始的直接经济，那么，当今的新经济则是建立在网络上的更高层次的直接经济，从经济发展的历史来看，它是经济形态的一次回归，即农业经济（直接经济）—工业经济（迂回经济）—网络经济（直接经济）。直接经济理论主张网络经济应将工业经济中迂回曲折的各种路径重新拉直，缩短中间环节。信息网络化在发展过程中会不断突破传统流程模式，逐步完成对经济存量的重新分割和增量分配原则的初步构建，并对信息流、物流、资本流之间的关系进行历史性重构，压缩甚至取消不必要的中间环节。

2. 网络环境中物流企业服务模式创新形式

现代物流指的是将信息、运输、仓储、库存、装卸搬运以及包装等物流活动综合起来的一种新型的集成式管理，其任务是尽可能降低物流的总成本，为顾客提供最好的服务。现代物流是一个系统集成的概念，随着物流实践的发展而演进。现代物流和传统物流的区别，在于现代物流摒弃了传统物流单一、分割的经营模式，强调以客户为中心，以信息网络做支持，实施一体化综合物流服务，最大限度地进行资源整合。现代物流不单纯提供运输或储存等单一、分割的服务，而是逐步形成包括传统仓储、运输、货运代理、集装箱运输、物流配送中心及第三方物流等各种商业模式，由运输、存储、包装、装卸、流通加工、物流信息处理等诸多环节构成的有机的综合服务体系。按照我国新版国家标准《物流术语》，现代物流运作模式包含以下概念。

（1）第三方物流（Third Party Logistics，TPL/3PL）。接受客户委托为其提供专项或全面的物流系统设计及系统运营的物流服务模式。它是以现代信息技术为基础的个性化服务，注重与客户的长期性战略伙伴关系。

（2）精益物流（Lean Logistics）。在物流系统优化的基础上，剔除物流过程中的无效和不增值作业，用尽量少的投入满足客户需求，实现客户的最大价值，并获得高效率、高效益的物流。

（3）供应链管理（Supply Chain Management，SCM）。对供应链涉及的全部活动进行计划、组织、协调与控制。

3. 现代物流服务的主要特征

（1）物流反应快速化。物流服务提供者对上游、下游的物流、配送需求的反应速度越来越快，前置时间越来越短，配送间隔越来越短，物流配送速度越来越快，商品周转次数越来越多。

（2）物流功能集成化。现代物流着重于将物流与供应链的其他环节进行集成，包括物流渠道与商流渠道的集成、物流渠道之间的集成、物流功能的集成、物流环节与制造环节的集成等。

（3）物流服务系列化。现代物流强调物流服务功能的恰当定位与完善化、系列化。除了传统的储存、运输、包装、流通加工等服务外，现代物流服务在外延上向上扩展至市场调查与预测、采购及订单处理，向下延伸至配送、物流咨询、物流方案的选择与规划、库存控制策略建议、货款回收与结算、教育培训等增值服务；在内涵上则提高了以上服务对决策的支持作用。

（4）物流作业规范化。现代物流强调功能、作业流程、作业、动作的标准化与程式化，使复杂的作业变成简单的易于推广与考核的动作。

（5）物流目标系统化。现代物流从系统的角度统筹规划一个公司整体的各种物流活动，处理好物流活动与商流活动及公司目标之间、物流活动与物流活动之间的关系，不求单个活动的最优化，但求整体活动的最优化。

（6）物流手段现代化。现代物流使用先进的技术、设备与管理为销售提供服务，生产、流通、销售规模越大、范围越广，物流技术、设备及管理越现代化。计算机技术、通信技术、机电一体化技术、语音识别技术等得到普遍应用。世界上最先进的物流系统运用了 GPS（全球卫星定位系统）、卫星通信、射频识别装置（RF）、机器人，实现了自动化、机械化、无纸化和智能化，如 20 世纪 90 年代中期，美国国防部（DOD）为在前南斯拉夫地区执行维和行动的多国部队提供的军事物流后勤系统就采用了这些技术，其技术之复杂与精尖堪称世界之最。

（7）物流组织网络化。为了保证对产品促销提供快速、全方位的物流支持，现代物流需要有完善、健全的物流网络体系，网络上点与点之间的物流活动保持系统性、一致性，这样可以保证整个物流网络有最优的库存总水平及库存分布，运输与配送快速、机动，既能铺开又能收拢。分散的物流单体只有形成网络才能满足现代生产与流通的需要。

（8）物流经营市场化。现代物流的具体经营采用市场机制，无论是企业自己组织物流，还是委托社会化物流企业承担物流任务，都以“服务—成本”的最佳配合为总目标，谁能提供最佳的“服务—成本”组合，就找谁服务。国际上既有大量自办物流相当出色的“大而全”、“小而全”的例子，也有大量利用第三方物流企业提供物流服务的例子，比较而言，物流的社会化、专业化已经占到主流，即使是非社会化、非专业化的物流组织也都实行严格的经济核算。

（9）物流信息电子化。由于计算机信息技术的应用，现代物流过程的可见性（Visibility）明显增加，物流过程中库存积压、延期交货、送货不及时、库存与运输不可控等风险大大降低，从而可以加强供应商、物流商、批发商、零售商在组织物流过程中的协调和配合以及对物流过程的控制。

第三方物流的概念源自于管理学中的 Out - souring 意指企业动态地配置自

身和其他企业的功能和服务，利用外部的资源为企业内部的生产经营服务。将 Out - souring 引入物流管理领域，就产生了第三方物流的概念。所谓第三方物流，是指生产经营企业为集中精力搞好主业，把原来属于自己处理的物流活动，以合同方式委托给专业物流服务企业，同时通过信息系统与物流服务企业保持密切联系，以达到对物流全程的管理和控制的一种物流运作与管理方式。因此第三方物流又叫合同制物流（Contract logistics）。提供第三方物流服务的企业，其前身一般是运输业、仓储业等从事物流活动及相关的行业。从事第三方物流的企业在委托方物流需求的推动下，从简单的存储、运输等单项活动转为提供全面的物流服务，其中包括物流活动的组织、协调和管理、设计建议最优物流方案、物流全程的信息搜集、管理等。目前第三方物流的概念已广泛地被西方流通行业所接受。

（1）第三方物流的产生是社会分工的结果。在 Out - souring 等新型管理理念的影响下，各企业为增强市场竞争力，而将企业的资金、人力、物力投入到其核心服务上去，寻求社会化分工协作带来的效率和效益的最大化。专业化分工的结果导致许多非核心服务从企业生产经营活动中分离出来，其中包括物流业。将物流服务委托给第三方专业物流公司负责，可降低物流成本，完善物流活动的服务功能。

（2）第三方物流的产生是新型管理理念的要求。进入 20 世纪 90 年代后，信息技术特别是计算机技术的高速发展与社会分工的进一步细化，推动着管理技术和思想的迅速更新，由此产生了供应链、虚拟企业等一系列强调外部协调和合作的新型管理理念，既增加了物流活动的复杂性，又对物流活动提出了零库存、准时制、快速反应的要求。有效的顾客反应等更高的要求，使一般企业很难承担此类服务，由此产生了专业化物流服务的需求。第三方物流的思想正是为满足这种需求而产生的。它的出现一方面迎合了个性需求时代企业间专业合作（资源配置）不断变化的要求，另一方面实现了进出物流的整合，提高了物流服务质量，加强了对供应链的全面控制和协调，促进供应链达到了整体最佳性。

（3）改善物流与强化竞争力相结合意识的萌芽物流研究与物流实践经历了成本导向、利润导向、竞争力导向等几个阶段。将物流改善与竞争力提高的目标相结合是物流理论与技术成熟的标志。这是第三方物流概念出现的逻辑基础。

（4）物流领域的竞争激化导致综合物流服务随着经济自由化和贸易全球化的发展而发展，物流领域的政策不断放宽，同时也导致物流企业自身竞争的激化，物流企业不断地拓展服务内涵和外延，从而导致第三方物流的出现。这是第三方物流概念出现的历史基础。

4. 供应链管理

SCM 即供应链管理，是英文 Supply Chain Management 的缩写，供应链是指相互间通过提供产品与服务而使厂家、供应商、零售商等组成的网络。传统的供应链概念认为供应链只是制造型企业把从企业外部采购的原材料和零部件，通过生产转换和销售等活动，再传递到零售商和用户的一个内部过程。这时的供应链还局限在企业的内部操作层上，注重的是企业自身的资源利用。在注意到本企业与其他企业的联系，即传统供应链的外部环境之后，对供应链的认识上升到了一个新的阶段。它是一个“通过链中不同企业的制造、组装、分销、零售等过程将原材料转换成产品，再到最终用户的转换过程”，这是更大范围、更为系统的概念。

供应链管理则是指利用管理的计划、组织、指挥、协调、控制和激励职能，对产品生产和流通过程中各个环节所涉及的物流、信息流、资金流、价值流以及服务流进行合理设计、规划和控制，以期达到最佳组合，发挥最大效率，迅速以最小的成本为客户提供最大的附加值，提高供应链中各成员的效率和效益。这些定义都体现了供应链的完整性，考虑了供应链中所有成员操作的一致性。

供应链管理本质上是一种管理思想和方法，它执行供应链从供应商到最终用户的物流计划和控制等职能。人们起先把供应链管理的重点放在管理库存上，作为平衡有限的生产能力和适应用户需求变化的缓冲手段，它通过各种协调手段，寻求把产品迅速、可靠地送到用户手中所需要的费用与生产、库存管理费用之间的平衡点，从而确定最佳的库存投资额。因此其主要工作任务是管理库存和运输。现在的供应链上的各个节点作为一个不可分割的整体，使供应链上各企业分担的采购、生产、分销和销售职能成为一个协调发展的有机体。

供应链管理是在企业资源规划（ERP）的基础上发展起来的，它把公司的制造过程、库存系统和供应商产生的数据合并在一起，从一个统一的视角展示产品制造过程中的各种影响因素，把企业活动与合作伙伴整合在一起，成为一个严密的有机体。供应链管理与传统管理模式有着明显的区别，主要体现在以下几个方面：

（1）供应链管理把供应链中所有节点企业看做一个整体，供应链管理涵盖整个物流过程，包括从供应商到最终用户的采购、制造、分销、零售等职能领域；

（2）供应链管理强调和依赖战略管理，它影响和决定了整个供应链的成本和市场占有份额；

（3）供应链管理最关键的是采用整体的思想和方法，而不仅是节点企业资源的简单连接；

（4）供应链管理具有更高的目标，通过协调合作关系达到高水平的服务。供应链管理的基本思想是如何把供应链看成一个完整的动作过程并对其进行管理，这样就能够避免或减少各环节之间的很多延误和浪费，就能够在更短的时间内用更少的总成本实现增值。这一思想的本质是站在消费者的角度考虑，通过企业间共同合作、相互信任、信息共享、信息实时交流来减少重复劳动和浪费，使消费者得到最大的消费者剩余。供应链管理的目标就是要将顾客所需的正确的产品（Right Product）能够在正确的时间（Right Time）按照正确的数量（Right Quantity）、正确的质量（Right Quality）和正确的状态（Right Status）送到正确的地点（Right Place）——即“6R”，并使总成本最小。

4.4　网络环境下物流企业服务创新的问题与构建服务创新体系

随着互联网的普及、信息技术和电子商务的迅猛发展，国际竞争日趋激烈。作为国民经济的基础行业和支柱产业，我国的现代物流企业面临着前所未有的机遇和挑战。因此，现代物流企业必须主动适应国内外形势的变化，努力增强行业创新能力，从传统经营向网络信息化经营迈进，用创新的服务模式来实现其新的发展和提高竞争能力，方能在经济一体化、竞争国际化的严峻挑战环境下立于不败之地。

4.4.1 网络环境下物流企业服务创新存在的问题

面对瞬息万变的市场形势、残酷的市场竞争，传统运作模式下的物流业表现出难以适应的现象，其管理体制、管理方式、技术水平和信息化水平已不适应经济形势发展需要，亟须创新。

1. 管理机制科学性不够

我国物流企业总体上呈现出数量多、经营规模小、集中度低和物流服务需求的离散度高等特征。尽管一些大型的物流企业已经认识到网络经济的价值，并在积极推动企业向新经济模式的转型和过渡。但是大部分中小物流企业管理方法落后，存在着资金短缺、机构臃肿、人才匮乏、信息不畅、后劲不足等问题。表面上看，各种形式的经营责任制都已建立，但往往只是一个大的框架，还未建立起一套科学的管理办法和运行机制，整体的物流市场处于一种割据甚至局部还呈现出零散的状态。特别是物流管理部门体制没有理顺，各部门之间分工交叉，造成了物流行业管理中条块分割、部门分割的格局，使得我国在物流业的管理体制和机制上的协调能力较差。

2. 管理方法有效性不足

中国经济的飞速发展带动了物流业的突飞猛进，效率低下的物流却反过来拖了经济发展的后腿。例如，中国高速公路发展状况、道路资源等较为接近美国，但公路运输效率却与之存在很大差距。而且由于长期分割运营造成组织化程度较低，我国物流业具有流动性大、变化快、管理难的特点，致使资源不能优化配置，行业管理难度大。多数传统物流企业组织化程度很低，还不具备规模效益和竞争优势，难以形成群网化规范管理。在服务整合连通上的意义较小，其整体优势和网络优势得不到发挥，缺乏立足于整个供应链的组织管理模式，难以应对国际化的竞争。

3. 技术创新水平低

传统物流企业对物流的认识仍然处在运输和储存水平，服务方式单一，根本就没有开展流通加工、物流信息传递、物流方案设计、人员培训这些高层次的服务项目。其总体装备水平不高，技术创新能力不足，自主创新能力不强，因此科技开发水平还不能满足物流快速发展的需要。尤其是在基础设施建设、物流组织与管理、物流装备、物流安全及环境保护等方面还存在不少技术薄弱环节。其中公路现代物流工具技术水平大致相当于发达国家20世纪70年代水平。另外，物流科技人力资源储备不足，缺乏发展后劲。物流生产系统与物流科研系统相互分离，稳定、多层面、多渠道的科研合作机制尚未建立，也导致现代物流企业尚未真正成为创新的主体。

4. 信息资源利用率低

从整体上说，我国物流领域电子商务应用落后于金融、零售、制造业等行业。大部分地方物流管理部门和传统物流企业还没有自己的网站。即使建立了网站，也仅限于介绍自己企业的状况和服务范围，所发布的信息和开展的服务远远没有达到电子商务要求，并没有将信息技术与增强企业的竞争力结合起来考虑，致使物流运营成本高、服务水平差。各地物流管理机构之间缺乏协调和沟通机制，物流信息综合分析和应用不够，能用电脑和互联网等高科技信息系统进行订单处理、货物追踪、库存管理、运输线路的选择、物流网络设计、全程物流解决方案提供和供应链管理等的企业并不多见。以上问题的存在，严重制约着现代物流企业经济效益和市场竞争力的提高。现代物流企业必须尽快通过网络化创新，培育产业的核心竞争力，使现代物流企业具有持续的竞争优势。

4.4.2 构建网络环境下物流企业服务创新体系

1. 组织创新

网络经济环境下，组织创新在现代物流企业创新体系中处于重要地位。纵横交错的信息网络改革了信息传递方式，使其由阶层型变为水平型。在内部，现代物流企业要不断创新组织结构，淡化等级森严的“宝塔式”组织结构，向扁平化、柔性化、网络化转变，使企业的所有环节都面向市场。充分整合企业各种资源，缩短信息沟通渠道，消除机构臃肿、反应迟钝现象，从而实现在现代物流成本、质量、服务和速度方面的改善。现代物流企业间既存在竞争关系又存在合作关系，而且电子商务的发展使企业管理组织进行整合成为大势所趋。现代物流企业应把战略联盟作为指导思想，形成虚拟企业，才能优势互补。上下游物流企业必须建立纵向一体化的网络组织，充分利用知识和信息的共享来协调相互关系，实现服务流程再造，充分整合各企业的核心能力，扬长避短，优势互补，以求多赢。在美国，Ryder Integrated Logistics 和信息技术巨头 IBM 和第四方物流的创始者埃森哲公司结为战略联盟，使得 Ryder 拥有了技术和供应链管理方面的特长，而如果没有“第四方物流”的加盟，这些特长要花掉 Ryder 公司自身几十年的工夫才能够积聚起来。

2. 技术创新

技术创新对现代物流企业有巨大意义，不仅促进了行业发展，也引导行业向智能化和网络化方向发展。根据物流行业产品创新、管理创新的需要，要整合先进的信息技术、GPS、GIS、条码技术、EDI、数据仓库技术和网络技术等，形成互联物流市场信息系统，实现服务流程标准化，从而提高自身的服务受理、库存管理、调度分配、统计分析、财务结算、配送管理水平。奥运期间，北京交通部门采用了 GPS 导航系统、移动摄像头、实时录像系统、数字无线基站、卫星双向传输等一系列先进设备，能监控全北京的交通指挥中心，能实时发布道路交通信息，在智能交通和物流方面取得了显著的进展。在技术创新方面，政府应该发挥指导和规划作用，加强物流基础设施建设的统筹规划，特别要加强对中心城市、交通枢纽、物资集散口岸等大型物流基础设施规划建设的统筹与协调工作，建设综合配套的物流基础设施，包括具有一定规模和区位优势的物流园区、物流基地和物流中心。还应抓紧设计物流管理信息指标体系，主导建立物流行业统一的信息平台和基础数据库，为决策、管理和服务市民提供依据。用电子商务集成系统对物流行业进行远程联网控制，充分整合交通运输、经贸、外经贸、城市管理、公安、税务、海关、商品检验检疫等一系列信息资源，加强对行业重要信息的综合、分析，实现物流市场的顺畅流动、无缝连接，提高决策和管理水平。同时，可借助互联网达到知识和技术的共享，成立研发创新团队，联合攻关进行交通科技创新体系建设。

3. 服务创新

在服务创新方面，生产型企业应该与供应商、销售商和物流商建立最佳的合作伙伴关系，将采购和供应物流服务整体外包给专业的物流公司，集中自己的核心服务。物流企业应该选择合适的电子商务应用方式，建设功能强大的信息服务网络，采用先进的信息处理技术，为客户实现高效的订单处理、作业计划安排、库存管理、客户管理、货物跟踪等提供优质服务。例如，美国的“联邦快递”近 70% 的服务是通过建立高效的信息服务系统，由互动式网络方式来完成的。同时第三方物流企业应建立起网络化的规范和工作流程，采用联合、兼并、分设、重组等措施整合社会物流资源，为采购、研发、生产、流通加工、配送以及后勤保障等各个环节提供一站式服务。在循环经济时代可充分利用其广泛的物流网络、循环运输的优势，帮助构建生产经营企业的“逆向供应链”，发展绿色物流。在个性化服务方面，现代物流企业可以进行电子商务中的客户关系管理，通过电子广告、邮件、电话和其他互动式的网络媒介打造“客户服务中心”，预先实施大范围的市场营销，与客户进行双向信息交流。根据客户的实际需要，将不同层次的物流服务进行灵活组合，为其定制一体化的物流服务；根据客户的建议，找出企业的不足，寻找到能实现企业利润与客户需求相适应的营销决策，从而有利于公司及时改善交通服务质量，提高客户满意度。

4. 文化创新

在网络背景下，企业文化已经成为决定现代物流企业兴衰的关键因素。无论是良好的企业形象、电子交易的安全性还是客户服务的便捷性，企业文化都融入了每一个经营和管理的环节。因此，要推进现代物流企业信息化进程，加强企业网址推广，让客户全方位感知企业的有关内容，塑造形神俱佳的现代物流企业品牌。与此同时，通过电子商务平台建立学习型组织，构建全员学习和终生学习机制，形成基于创新、共享的知识型企业文化。从不同的职业路径、不同的层次以多种方式对员工进行持续的培训和开发，提高员工和团队素质，增强整个组织的整体能力，促使组织内部各种能力的融合和优化。

5. 制度创新

政府在现代物流企业网络化创新的环境创造方面发挥着不可替代的作用。地方物流管理部门应充分发挥电子政务和政府网站作用，加强基础设施建设，以保证交通流和信息流的通畅，形成一个覆盖全社会的交通网络和信息网络。在政务信息公开方面，需发布大量物流领域的政策法规、统计数据、领导讲话等内容，对行业协会和物流人才的培养创造良好的政策支持；在网上服务方面，网站能够整合整个现代物流企业的网上办公系统，并且提供若干行政事项的表格下载服务；政府还应发展电子金融，对信誉度高、发展潜力大的物流企业给予重点支持，对优化城市发展的各个物流项目增加资金投入。在公众参与方面，网站应开设较为丰富的参与渠道，通过 BBS、E－mail、网络电话、问卷调查等方式建立市民协调沟通机制，完善媒体报道反馈和社会舆情沟通制度，加大对现代物流的宣传和普及力度，提高人们对发展物流业的重要性、紧迫性认识。近年来，我国深圳、北京、天津、上海、广州、山东等地政府已开始认识到物流的重要性，极为重视本地区物流产业的发展，从战略高度出发去规划现代物流企业的发展，为电子物流提供了政策性和信息化支持。

现代物流企业是国民经济运行的命脉，其流动、高效益的特性体现了对信息化的强烈需求。处在网络时代的大潮中，现代物流企业更应加快自身的创新体系建设，提高行业的运营能力和运营效率，只有这样才能在多变的国内外市场中立于不败之地。

4.5 促进物流企业服务创新的对策

4.5.1 建立和完善扶持政策体系，打好物流企业服务创新基础

创新政策最早的表现形式是专利制度及税收制度，经过长期演变，已形成在内容和形式上都很丰富的政策体系。随着国家对物流产业的日益重视，国家已经出台了一系列有利于物流企业创新的扶持政策，但是当前物流市场的管理涉及公路、铁路、民航、邮政、商务部、海关等多个部门，管理协调难度大，尚未形成合力。根据物流企业服务创新的特点和我国实际，我国物流服务创新的发展一定要放到市场中去运作，通过市场去培育。为此，物流企业服务创新扶持政策体系可以从以下两方面着手。

1. 建立和完善物流市场体系

市场是企业物流服务创新的重要驱动力。目前我国物流市场缺失十分严重，主体不成熟，客体不规范，载体不完善，中介不健全，市场中的各种关系还没有理顺。政府在建立和完善物流市场体系中的作用如下。

（1）管理和协调。平衡各方利益，解决企业间、部门间和区域间的各种矛盾和冲突，为服务企业服务创新提供公平合理的操作平台，在企业运营区域、税收、融资、信息化建设等方面提供支持和帮助。

（2）扶持与规范。现代物流具有比其他任何行业都强的广域性，因此，

行业标准和行业规范是现代物流业发展的技术基础。它能提高企业物流作业的效率，降低整个物流产业的运行成本。从发达国家的经验看，这方面的工作大多由政府或行业协会完成。因为在具有继承性的产业发展过程中，规范和标准的制定与实施，实际上就是一种利益的平衡和协调，这种工作由少数几家企业去承担显然是不公平的。政府应该是这些工作的组织者或参与者。

（3）规划与投资。物流是国民经济发展的基础性产业，它的规划与发展应该具有一定的前瞻性。从产业发展的角度看，这种规划与发展的前瞻性，仅靠企业的自发行为是难以实现的。特别是现代物流发展所必需的各种基础设施，如道路、机场、港口、物流中心等公用性设施的规划与建设，企业不仅缺乏投资实力，更没有全局规划的必要性和动力。所以，物流业发达的国家大多数是由政府组织物流基础设施的规划工作，并以各种政策手段来刺激和吸引社会资金的投入，有的甚至就直接以政府作为投资主体，为企业提供服务。

2. 建立和完善物流企业创新服务体系

建立完善的物流市场体系，为物流企业服务创新活动提供标准的平台，确保所有企业在公平的起点展开竞争。而创新服务体系的作用在于帮助个别企业更好地利用外部资源、取长补短，更好地参与市场创新的竞争。物流企业创新服务体系包括以下方面。

（1）中介服务体系。加快建立信息咨询、资产评估、项目评估、产权交易等各类官办或者民办的中介机构，为企业提供信息、技术、人才支持和法律、财务、管理等方面的服务，鼓励和支持行业协会、商会等参与企业创新，加快创新成果的转化和推广，进一步提高企业的竞争和创新能力。

（2）培训服务体系。当前，多数物流企业，特别是中小物流企业的员工和经营者文化素质偏低，缺乏受过高等教育的高级技术、经济和管理人才，因此，亟须建立和完善人才开发体系，培育职业经理人群体，着力提升企业经营者的经营、管理能力。

（3）信息服务体系。构建多层次、全方位的信息网络体系，为企业作好政策引导、信息咨询、技术帮助、投资顾问等工作。一方面，尽快建立企业信息服务网，加大项目库、政策法规库、人才库、物资供求库等数据库的开发与上网，推进信息资源共享；另一方面，加强信息网络化建设，利用网络手段建立向社会开放的各种信息的发布渠道，提高企业的信息获取能力，开发财务、管理等各种应用软件，实现企业信息流、资金流、物流的有效集成，提高企业的信息化水平，从而促进企业的管理水平和竞争能力的提高。

（4）咨询服务体系。我国目前的管理咨询业发展尚属起步阶段，咨询服务水平普遍偏低，尤其是面向物流行业的专业性咨询公司无论在数量上还是在规模上都十分缺乏。为此，首先要建立和完善政府研究机构、行业团体、民间管理咨询机构的多层次管理咨询体系；同时，采取各种措施，提高为企业咨询服务的水平，比如，聘请企业经营和管理专家，定点对企业进行辅导；聘请各领域的专家、学者组成专家顾问团，为企业科学决策提供帮助；还可以成立专门的管理咨询企业，为企业提供管理培训、咨询辅导、形象策划等服务；联合各类专业技术部门，发挥它们的综合技术优势，组建咨询集团，为企业提供快速、优质的咨询服务。

4.5.2 把握物流技术发展趋势，以技术促创新带效益

进入21世纪，全球物流已经进入供应链时代。用现代技术和管理手段来实现准确预测、信息共享，从而减少不确定性因素带来的负面影响是现代企业发展的趋势。对此，物流企业需要准确把握物流技术的发展趋势，结合市场需求和企业自身状况，有效利用先进的物流技术和设施提升企业的服务水平和效益。目前，物流技术和装备的发展呈现出如下趋势。

1. 运输技术方面

不断向高速化、高载化、节能化和安全化的方向发展。重载卡车、列车、集装箱拖车、高速船、超级生态船、超大型高速飞机等运输工具得到广泛的应用，配套的道路交通通信系统、无须停车的自动付费系统、行驶支援系统、探视信息系统、新交通管理系统、海上交通系统、航空保安系统等配套系统将得到建立和不断完善。此外一些新技术，包括无线互联网技术、GPS定位、射频识别技术、条码技术等的采用，也将极大推动物流企业管理创新的步伐。

2. 装卸搬运技术方面

随着自动引导车、激光引导车、搬运机器人、智能化叉车以及标准化托盘等的广泛使用，装卸搬运将变得更加省力、高效和智能。

3. 仓储技术方面

自动化立体仓库的建立和使用以及驶入式高密度激光引导系统的广泛应

用和普及，将推动物流企业的仓储服务在保证效率的同时变得更加节省土地和空间。

现代物流技术和设备的发展和应用要求物流和信息流实现在线和离线的高度集成，信息技术逐渐成为物流技术的核心。物流技术和设备与信息化结合从而实现高度的自动化是未来物流发展的趋势。

目前制约我国物流信息化快速发展的主要因素存在于以下几方面：一是基础信息缺乏，数据采集困难，标准不统一；二是信息与服务管理脱节，信息共享与交流机制欠缺；三是国内物流监管的信息化水平不高；四是物流信息服务业的法规、制度、标准建设滞后。

信息化建设需要做好以下工作。

（1）加快制订物流信息化专项规划和各项基础建设。建议明确由发改委牵头的“全国现代物流工作部际联席会议”负责统筹协调，制订物流信息化专项规划。

（2）重点抓好若干基础性公共平台。建议当前首先建立或完善电子口岸系统、“大交通”监管系统、特殊商品物流的监管系统这三大最重要的支柱系统。

（3）加大对 RFID 技术、标准开发与应用的投入。

（4）促进中小企业信息化。政府从推进信息化市场和促进中小企业发展的角度出发，有必要把推进中小企业信息化作为建设物流平台体系的一项重要配套措施。

（5）支持行业协会的工作。建议今后在“全国现代物流工作部际联席会议”的框架下，组织、协调相关机构推进物流信息标准化工作，明确各方职责，落实具体工作任务，充分发挥行业协会的作用。

4.5.3　加强物流人才的培养，做好物流企业服务创新的人才保障

物流企业各类创新离不开人才的支撑。物流人才的培养可以结合企业不同情况采取灵活多样的形式。除了通过学校教育与在职教育的结合、理论培养和实践操作结合等形式进行培养外，物流企业还可以通过加强与管理咨询公司的通力合作，积极参加咨询公司组织举办的高水平物流培训班，建立物流操作示范区，培养技术骨干以及加强对发达国家物流管理先进经验的学习

和借鉴等多种形式，最终形成一批具有创新能力的物流管理人才。此外，通过建立和完善物流高层管理人员外部竞争市场，加强物流人才竞争，通过优胜劣汰的考评机制，提升物流人才的整体素质也有助于物流行业整体素质的提高。一些具体措施如下。

第一，各级各类院校通过灵活多样的模式，培养符合不同企业、不同需求的专业人才。

第二，建立企业人才培训基地，通过定期举办各种培训班、研讨会，为企业培训各种技术及经营管理人才。

第三，对企业的管理人员和技术人员进行专业培训、辅导，加大人才开发和人才交流力度。

第四，通过请进来和走出去的方式，定期组织优秀的企业家到外地进修、考察，开阔眼界，增长他们的才干；同时，定期邀请国内外知名的专家、学者举办各种专业知识和最新科技成果讲座，丰富他们的知识，活跃创新气氛。

参考文献

［1］蔺雷，吴贵生．服务创新［M］．北京：清华大学出版社，2007.

［2］曹虹剑，罗能生．高新技术产业组织模块化及其对中国的启示［J］．自然辩证法研究，2010（4）：51－56.

［3］周启蕾．现代物流业形成发展机理与推进策略研究［D］．武汉：武汉理工大学，2002.

［4］张晓林．基于价值链的服务企业理论与创新研究［D］．天津：天津大学，2006.

［5］文岗．电子商务时期的第三方物流［M］．北京：中国商业出版社，2000.

［6］叶伟龙．国际航运企业走向综合物流服务的现状［J］．水运管理，2000（1）.

［7］日通综合研究所．物流手册［M］．北京：中国物资出版社，1990.

［8］唐纳德·J. 鲍尔索克斯，等．物流管理——供应链过程的一体化

[M]. 林国龙，等，译. 北京：机械工业出版社，1998.

[9] HANDFIELD R, WITHERS B. A Comparison of Logistics Management in Hungary, China, Korea, and Japan [J]. Journal of Business Logistics, 1993, 14: 81-109.

[10] MANRODT K B, HOLCOMB M C, THOMPSON R H. What's Missing in Supply Chain Management? [J]. Supply Chain Management Review, 1997: 80-86.

5 物流企业价格策略创新研究

物流企业的价格策略是构成物流企业商务模式的重要内容，价格策略创新既是商务模式创新的重要内容又对商务模式创新具有重要影响。现代物流作为一种先进的经济运行组织方式和管理技术，被广泛认为是企业在降低物资消耗、提高劳动生产率以外的第三个重要利润源泉，在国民经济和社会发展中发挥着重要作用。物流企业服务的目标就是在为社会提供适合的物流服务的同时获得最大收益，而享受物流服务的企业的希望则是以最小的物流成本获得最大的物流效益，加速企业对外部环境的反应能力，强化企业的柔性和敏捷性。这就决定了物流服务的供需双方存在既竞争又合作的博弈关系，彼此之间都会对合作的基础——价格格外关注。因此，伴随各种环境条件的变化特别是网络技术和电子商务的广泛应用，如何通过有效的价格策略创新在满足目标客户需要的同时使物流企业实现自身利益最大化，就成为物流企业通过商业模式创新迫切需要解决的问题。

5.1 我国物流市场价格现状及分析

从20世纪90年代开始，我国高速的经济发展带来了巨大的物流需求，特别是近年来基于互联网的各种形式的电子商务的迅速推广普及，进一步刺激了国内物流产业的发展和物流市场的形成与竞争。各种规模和形式的物流企业为了争夺市场、获取高额利润而展开了全面竞争，其竞争的焦点最终都离不开物流服务的价格竞争。然而一个不容忽视的事实是，国内物流市场的服务价格竞争还处于较初级的水平，呈现出较为无序、混乱的状态。

（1）我国物流服务市场发育不完善，价格机制不健全。我国物流市场尚处于物流服务产品化的初期。在这种情况下，由于物流服务本身具有从属性、易变性等特点，而使得其供需极不平衡，物流市场也还没有形成公认的物流服务价格标准。而且，国家对物流市场价格的指导和调控政策滞后。一些物流企业，尤其是部分私营物流企业，地处偏远市郊、乡镇的储运企业，利用土地和劳动力的相对优势，以低廉的服务价格吸引客户和货主，从事扭曲的价格竞争。

（2）国内数量众多、服务水平参差不齐的物流企业与相对有限的物流需求资源构成了我国物流服务的买方市场。物流企业的客户、货主有着价格上的主动权和广泛的寻价、压价余地，这就造成了物流市场价格不断下降的局面。这使不少规模小、实力差的物流企业迫于竞争压力放开价格防线，一再压价，由于其经营理念、技术、资金、质量等多方面没有自身的核心竞争力而迅速被市场淘汰。

（3）我国物流服务业中存在不正之风，对物流市场的价格取向危害极大。我国物流成本高，而物流服务的实际价格偏低，导致物流企业实际盈利并不多，而社会上流行的回扣、佣金、中介费、好处费等现象却在不少物流企业蔓延，成了一些经营者吸引客户、招揽业务的重要手段。在物流运作过程中，物流服务企业与上下游客户之间有着广泛的协作性，客观上也为一些利欲熏心者提供了从中获利的机会，使得社会物流总成本居高不下，物流企业的服务价格只降不升。

（4）外资物流企业的进入，既带来了先进的物流理念和经营方式，也带来了市场垄断和倾销竞争手段，对我国物流市场的价格体系也造成了不利影响。它们在基本控制外资工商企业物流业务和价格的同时，利用高质量、低价格吸引货主和客户，并凭借其雄厚的资金和综合优势来吸引、兼并我国本土的物流企业，扩大其市场份额，使我国物流企业的核心竞争力大为削弱。

（5）网络技术与电子商务发展给物流企业服务成本和价格带来深刻影响。网络技术与电子商务发展给物流企业价格策略带来的影响主要体现在有效降低物流服务交易成本与提高整合物流服务效率等方面。

第一，基于互联网的电子商务可以有效降低物流交易成本。传统的物流交易是一项程序烦琐的过程，由于业务量大、涉及的环节比较多，从准备合同、发放标书、合同谈判，到合同签署往往需要提前半年甚至一年的时间。这期间需要投入大量的技术专家和财务人员进行分析和测算，而这些人力成本必定会分摊到最终的物流价格上。通过电子商务平台，物流供需双方不仅降低沟通成本，而且还可以通过平台的历史交易数据建立企业诚信电子档案，将物流交易与物流服务过程有机地配合起来，形成一体化的信息传递和信息处理体系，从而使物流交易成本不断得到降低。

第二，电子商务能够有效降低物流服务的运营成本。通过电子商务可以加强与物流企业之间的信息共享，加快车辆调配，减少物流设备空置时间，从而降低单位物流成本。

第三，电子商务有效降低了物流企业的管理成本。电子商务改变了公司的管理组织，使其由原来的从上至下的垂直结构，正在向水平型的结构转变，管理层收集、分配和处理各类信息效率获得大幅度提高，管理层人员减少。

第四，电子商务还可以降低物流客户服务成本。传统物流活动中，买卖双方不是经过面对面的协商，就是要通过信函、电话、传真等通信工具进行沟通与交流。这种服务方式，不仅过程烦琐，成本费用也很高。电子商务的出现打破了时空限制，客户企业和物流供应商之间可以实时传递信息，共同协商日常运作中的问题，服务成本大大降低。

5.2 影响物流企业价格策略的基本理论

5.2.1 成本驱动型定价理论

成本驱动型定价理论即成本加成定价理论，这种定价法是将每种产品成本加上合理的利润额作为该产品的价格。在成本驱动型定价理论中，价格决策基本上是由财务和会计部门负责的。他们较多地专注于对多种物流服务产品的财务评价，定价目标则是基于产品“完全成本”的一个回报率。定价决策的绩效是由单位利润来评价的，通常描述为与计划收入、计划成本和计划利润的差异。

成本加成定价理论的基本逻辑是产品—成本—价值—价格—消费者。首先，在产品价格确定之前先确定销售量，然后计算出产品的单位成本和利润目标，进而确定产品的价格。事实上，产品成本中有很大一部分固定成本需要分摊到每件产品上，分摊量的多少取决于销售量的大小，销售量则随价格变动。因此，单位成本是一个变动指标。为了解决确定单位成本的问题，成本导向的定价者只能假设产品价格不影响销售量，销售量也不影响成本。但是这种假设定价可能会在无形中损害公司的长远利益。一般情况下，以提价方式来覆盖增加的固定成本会使销售量减少，从而引起单位成本上升，利润减少。相反，降低价格可能会使销售量增加，固定成本也可以分摊到更多的产品上，从而使单位成本下降，利润增加。这说明定价影响销售量，进而影响成本。因此，关于价格变动有效的财务分析必须同时考虑价格对销售量的影响以及销售量对成本摊销核算的影响。

5.2.2　消费者驱动型定价理论

在消费者驱动型定价决策中，财务和会计人员仍然负责提供相关的成本信息，但是价格的决策权由市场营销部门掌握，在物流需求者驱动型定价理论中考虑的关键因素是市场因素，如竞争者的价格、物流需求者表露出来的支付意愿以及有关物流需求者价格敏感性的评论。价格策略的绩效是由公司的销售量或市场份额来评价的，价格决策的基本评价指标是销售计划的完成率。以价值为基础定价的逻辑是消费者—价值—价格—成本—产品。这种方法可以针对每个物流需求者制定不同的价格。以价值方法定价的逻辑，即由预期的价格来确定销量，然后决定产品的单位成本和可获得的利润。为了修正以成本加成定价法可能产生的价格偏差，解决问题的根本办法是采用以价值为基础的定价方法，即不是以成本，而是以顾客对产品的价值估量为依据，决定目标价格，进而根据这个目标价格决定产品的成本。

5.2.3　价格歧视和差别定价理论

价格歧视的实质是将市场根据消费者的类型分为不同的细分市场，并在各个细分市场上收取不同的价格。差别价格也可以说是根据需求的差异，对同种服务产品制定不同价格的方法，它主要包括以下几种形式。

（1）对不同的顾客采取不同价格，如同种物流服务产品对购买量大和购买量小采取不同的价格，航空票价对国内、国外乘客分别定价等。

（2）相同的产品在不同的地区销售，其价格可以不同。

（3）相同的产品在不同时间销售，其价格可以不同。需求旺季的价格可明显地高出需求淡季的价格。

5.2.4　顾客让渡价值理论

顾客让渡价值是指顾客使用某种商品所获得的总价值与其所支付的总成

本之间的差额。按照顾客让渡价值理论，供应者应该根据消费者获得所供给的商品可能带来的剩余利益空间来确定该商品的价格。在定价上，顾客让渡价值理论最显著的特点是站在需求方的角度来考虑本企业的价格，它是从市场营销学的角度来解释产品价值的概念，提出了价值、价格与成本之间的关系。

5.3 现有物流企业价格策略分析

5.3.1 成本导向定价法

物流企业的成本主要是指固定成本和可变成本两方面。固定成本（C_1）包括物流企业软、硬件设施的建设费用和物流服务市场上公认的固定费用；可变成本（C_2）包括与具体物流服务过程相关的劳动力成本、能耗费用、维护保养物流设施工具的费用等。若进一步考虑，成本导向因素中还应包括物流服务企业在多项服务中进行选择决策的机会成本、在物流运输等存在回程服务中产生的联合成本和公共成本以及从经济学理论角度产生的边际成本和平均成本等。

成本加成定价法通常用于过渡时期，对服务内容尚不确定的服务商有特别好的效果。在这种定价方法下，制造商支付给服务商的报酬由两部分组成，一部分是服务的成本，另一部分是协商确定的利润率。它的优点是制造商不受传统单位定价法中服务商保护性定价的侵害，也可以保护服务商免受不可预见的服务数量或服务水平可能导致的损失，保证服务商在获得一定利润的同时，制造商可以保持对成本的控制。

另外，成本导向定价法强调供给方的价值消耗补偿和获利，忽略了对需求方利益的关注，不符合实现互利双赢的物流发展理念。物流服务的需求方通常是通过比较从物流服务中能够获得的利益与将要支付的价格来决策自己的购买行为，即考虑是否“物有所值”，或者说，需求方更多时候关注的是物流服务可能带来的价值，而不是价格，这显然与供给方的“自利”思维相背离。物流企业拓展服务的基点不应是自身价值消耗的补偿与获利程度，而应该是能为需求方提供价值增量的多少。

然而不能忽视的是，由于物流服务具有网络性的特点，且规模经济性较为突出，为了尽可能地弥补成本，降低潜在损失，只要提供此项服务所带来的增量收入大于增量成本，供给方就会以低于平均成本的价格提供服务，比较典型的例子是回程运输服务。

5.3.2　需求导向定价法

需求导向定价法是以市场需求导向为指导，以物流服务供需双方对服务价值的理解和认识程度为依据来制定具有弹性价格时所考虑的。它包括4个二级指标：顾客差别 R_1（顾客的类型、支付能力等）、服务差别 R_2（不同形式的物流服务制定不同的价格）、时效差别 R_3（不同的物流服务发生时间和要求完成物流服务的时间紧迫性等）、地域差别 R_4（在不同的地域内制定不同的物流服务价格）。在具体操作中，需要先对具体类型的物流服务市场进行细分，然后根据各细分市场的成本、需求和利润目标等来确定物流服务价格。

需求导向定价法虽然强调关注需求因素，但关注的只是消费者的价格承受能力及在购买行为上的反应，或者说需求导向定价法的宗旨是试图通过定价策略的选择使消费者感到“物有所值”。显然，为消费者创造更多的价值并不是这一方法所关注的重点。因此，需求导向定价法只能适用于部分现实物流服务的定价行为，同样不能满足拓展物流服务与获利空间的需要。

5.3.3　竞争导向定价法

竞争导向因素的二级指标是物流服务市场上同类型竞争对手的价格（P_1）以及本企业在具体服务中所能让利的承受幅度（P_2）。这对了解竞争对手的服务项目和相应的服务价格或者具体市场的参考价格等商业信息的要求很高。物流服务企业可以随行就市、随机应变，制定出高于或低于竞争对手的价格，以达到增加利润、扩大销售量和提高市场占有率的目标。在物流服务外包的情况下还可以采取投标、竞标的方法定价。此外，折扣方式（P_3）也是物流服务市场中常见的促销方式。根据物流服务服务量大小、客户支付方式与支付时间、物流服务所进行的时令以及物流服务过程中间商的贡献大小等方面可以采取数量折扣、现金折扣、季节折扣、代理折扣等定价方式。在实际的物流企业服务定价决策过程中，根据不同的服务类型和服务对象以及服务所处时间、环境等因素先获取准确的指标量，再进行标准化数据处理，并运用层次分析法、模糊综合评判法或主成分分析法等统计分析方法进行指标体系的测算就能得出科学、合理的物流服务定价。

竞争导向定价法体现了同行业竞争者类比的思想，通常随竞争对手的价格变动而变动，从观念上已超越了企业的“自我”范围。这种方法仅适用于提供同类同质物流服务的物流企业定价，并不适用于试图寻求特色发展、提供特色物流服务的物流企业，因为特色物流服务的价格往往不具有可比性。但寻求特色发展、提供特色物流服务是物流企业拓展自身获利空间的重要手段，也是物流专业化水平不断提高的必然结果，必须要有一种创新的物流服务定价方法与之相配套。

5.3.4 收益导向定价法

这种定价方法把市场的需求（消费数量）同组织成本（利润对各种成本的补偿）联系起来。根据盈亏平衡点公式计算出平衡价格，这是物流企业提供服务后不亏损的最低价格，即保本价格。不同的预期服务量对应着不同的收支平衡价格。物流企业可根据这一标准，结合预期的服务盈利，选择适当定价。收益导向主要考虑收支平衡性（T_1）和投资收益率（T_2）两个二级指标。投资收益率的测算是先按照物流企业的投资总额确定一个资金利润率，然后按照资金利润率计算目标利润额，再根据总成本和设计服务能力及目标利润率计算出服务价格。这有利于保证实现既定的资金利润率，主要适用于市场占有率很高的物流企业。

5.3.5 综合定价法

综合定价法是指物流企业根据客户的要求，同时考虑到提供该物流服务所涉及的物流环节、服务水平和操作的复杂程度，确认一个单一的整体物流服务价格。该定价法是适应现代物流理念的定价方法，美国哈佛商学院对物流的定义是为了全面实现某一特定的战略、目标或任务，把运输、供给、仓储、维护、交易和自动化综合成为一个单一的功能，以确保上述每个环节的最优化。

对于物流企业，客户只需要提出它的要求，客户要求的实施过程及其优化正是物流企业要完成的。如果把物流看做是单一功能，理所当然是单一的定价，正是在这个单一定价基础上，物流企业才可以实施物流过程的最优化，争取利润空间的最大化。物流服务的综合定价方式是物流企业服务水平和管理水平发展到一定程度的表现，是一体化综合物流服务在企业经营方式上的体现，也是委托方企业对综合物流服务的市场认可。综合定价不但体现了物流服务中具体操作环节的价值，而且还体现了物流设计、策划、管理、营销等非操作环节的价值。综合定价法使得客户更容易衡量和选择物流供应商。

5.4　适合物流企业选择的定价技巧

企业间的交易，实际成交价格需要在供需双方磋商的基础上确定，即使是在投标定价法下确定的中标价格也不例外，也要经过交易磋商程序对其进行修订，这种磋商过程实际上也是供需双方的一种博弈。因为对于服务的需求方来讲，在与供给方谈判之前，它会通过各种渠道了解市场行情，形成自己的心理价位，不管供给方给出的价格是高于还是低于它的心理价位，它都希望通过磋商降低价格，找到心理平衡。而作为供给方来讲，采用上述三种方法确定出来的与客户见面的价格必须留有给客户让利的空间，只有这样，才能在博弈中占据优势地位。在上述磋商过程中，有一些定价技巧可以帮助卖方实现最终目标。

一般而言，定价技巧是对通过上述定价方法计算出来的与客户见面的物流服务价格进行修订从而形成最终价格的艺术。定价技巧运用得当，有利于交易的顺利达成及利润目标的实现。就中小物流企业而言，适合选择的定价技巧主要有以下几种。

5.4.1　心理定价技巧

物流企业可以考虑把本来应该定为整数的物流服务价格改定为高于这个整数的零头价格。这一定价技巧充分利用了客户的求廉心理，其好处在于：一方面，零头价格能给客户产生价格便宜、计算精确的心理效果；另一方面，在交易磋商过程中，还可以通过“抹零”让客户感觉到物流企业是在让利于客户，这样，客户比较容易接受企业给出的物流服务价格。

5.4.2 折扣定价技巧

人们一直把“折扣”归在定价策略的范畴内，而我们认为“折扣”应该是一种定价技巧，因为折扣率的确定有着很强的技巧性。折扣率高了，会缩小企业的利润空间；而折扣率低了，对客户的刺激作用不大，达不到吸引客户的效果。因此，合理的折扣率应该是既给企业留下一定的利润空间，又能刺激客户愿意接受企业的物流服务的。它的确定需要一定的技巧，所以，我们把它归在定价技巧的范畴内。

1. 数量折扣

即物流企业依据其为客户提供服务的量的多少给予客户不同的减价优惠，也就是一般意义上所说的批量作价。一般企业为客户提供物流服务的量越大，客户所得的折扣也就越多。数量折扣包括一次性数量折扣和累计数量折扣两种形式。一次性数量折扣是按一次提供物流服务的量的多少而给予折扣的一种定价技巧。在这种折扣形式下，一般要确定一个给予折扣的起点，在这个起点之上，要给出折扣的档位和对应的折扣率。累计数量折扣是强调在一定的时期内（如三个月、半年、一年等）中小物流企业为客户提供的服务的量达到一定标准时，按总量给予一定的折扣，它有利于企业与客户之间建立长期稳定的合作关系。

2. 付现折扣

中小物流企业为了促使客户接受企业的服务，往往采取先提供物流服务后结算款项的方式与客户达成交易，而为了鼓励客户尽早付款，以加速资金周转，企业可以对客户在不同的约定日期付款而给予不同的折扣。它建立在诚信的基础上。在运用这一折扣形式时，涉及折扣率、付清货款的期限和给予折扣的限制期限的确定问题，这几项内容的确定都需要一定的技巧。

3. 季节折扣

物流服务也有淡旺季差别，为了刺激和鼓励客户在淡季多接受企业的物流服务，以缓解旺季提供服务的压力，中小物流企业可以对在淡季接受企业服务的客户给予价格折扣。

5.4.3 服务组合定价技巧

物流企业可同时提供多种物流服务，如运输与配送类服务、仓储类服务、增值服务、信息服务、物流总体策划等，这些服务之间往往具有一定的联系。为达到吸引和方便客户、鼓励客户尽量多接受企业的物流服务以扩大市场占有率的目的，企业可以确定物流服务组合，让接受企业物流服务组合的客户能够获得比分别接受企业的物流服务低得多的价格。这样，不仅让客户感受到了接受企业的服务组合所得折扣大于分别接受企业的物流服务的折扣，同时也有助于各种物流服务的交叉互补。更重要的是，在采用这种定价技巧时，可以为客户提供定制化的物流服务组合，不但能更好地发掘客户的需求，维系并改善与客户的关系，还有利于降低企业的物流成本。

5.5　物流服务定价策略创新

解决我国物流服务市场健康发展所面临的问题，离不开科学、合理、有效的物流企业服务创新和商务模式创新，而其中又以价格策略创新为关键。如何合理利用价格策略创新带动物流企业商务模式创新，推进物流企业健康发展，国外的物流服务定价模式虽有积极的借鉴意义，但不一定适合我国现阶段的物流服务市场。而单纯依靠传统的成本定价法、市场定价法或政府定价法也无法制定出使物流服务供需双方都满意的价格体系。因此需要探索和引入一些全新的物流服务价格策略，以确定在当前市场条件下的物流服务价格。

物流服务价格的制定对于物流企业而言非常重要。因为受企业战略目标、物流服务价值、运营成本、市场需求、竞争状况等因素的影响，物流服务价格既敏感又难以控制。在激烈的市场竞争中，物流企业必须采用合理的定价方法和技巧，通过坚持价格策略创新，才能既满足客户多样化的需求又有利于企业综合竞争能力的提高，从而避免陷入恶性价格竞争的误区。

5.5.1　差别定价策略

差别定价就是物流企业根据客户需求特点将物流市场分为若干不同的细分市场，并在各个细分市场上实行不同的价格。由于货主、货物、运输线路、时间等方面的不同，物流市场需求不均衡的现象比较突出，导致物流企业经常出现某些市场的物流设备总是超负荷运转而其他市场的物流设备大量闲置等现象，给企业造成较大的损失。要解决这种市场不均衡状况，物流企业应充分调研市场的需求差异，选择适当的差别定价策略。

（1）相同的物流服务在不同的地区销售采用不同的价格。例如，敦豪物流公司将全球228个国家和地区划分为10个区，每个区的物流服务价格各不相同，而区内各个国家和地区则实行同样的价格，这样操作起来很方便。

（2）对不同的顾客采取不同的价格，比如仓储物流服务，对大型客户和中小型客户采取不同价格和优惠。

（3）相同的产品在不同时间销售，其价格可以不同，物流需求旺季的价格可以适当高出需求淡季的价格。如中远集团集装箱运输实行淡季低运价、旺季高运价策略，使得公司在激烈的航运市场竞争中游刃有余。

5.5.2 产出分享的定价策略

产出分享的定价策略，即相关利益主体按照一定的分配比例从增量利润总额中分得自己的相应利润，这是利益共享、风险共担的定价模式。如果物流综合服务的定制程度较高，具有明显的增值性并且服务所创造的附加价值明显（如交易服务外包，具有简单加工功能或者物流咨询功能的物流服务等），为了使顾客获得最大化的让渡价值，应倾向于最大化顾客总价值的产出分享定价策略。

5.5.3 基于客户感知价值的定价策略

物流服务的客户感知价值是客户对物流企业提供服务的综合评价，是客户感知所得与感知所失之间的权衡关系。客户感知所失，是指客户购买物流服务所付出的全部成本，包括货币成本和非货币成本（时间成本、搜寻成本、不便利成本和精神成本等）两部分。客户感知所得，是指客户购买物流服务所得到的所有利益，物流服务质量（可定制性、便利性、及时响应性、适应性、可靠性等）、客户关系、品牌形象等是影响客户感知所得的重要因素。顾客感知价值是物流服务定价的基础，物流企业要利用科学手段对客户感知价值进行测度，通过提高客户感知所得，降低客户感知所失，增加客户感知价值，然后根据客户感知价值的差异对物流服务进行差异化定价。

5.5.4　捆绑定价策略

捆绑价格是对连接在一起的几种服务或服务特征制定有吸引力的价格，这种价格激励方式使顾客相信一起购买这些服务比分别购买便宜。当顾客发现一组相互依赖和互补的服务中的价值时，捆绑价格是恰当的策略。它有助于服务产品的交叉互补销售，为顾客提供一组定制化的服务，而价格大大低于各部分的单价之和。捆绑定价策略不仅能降低成本，而且还能增加服务企业跟顾客的联系，更多地掌握顾客的信息，发掘顾客的需求。

5.5.5　保证定价策略

保证定价策略是指保证必有某种结果产生后再付款的定价方法。由于顾客在购买服务之前不能对其进行评价，故而在购买服务时存在较高的感知风险，而提供服务保证可以帮助降低顾客的疑虑，是降低顾客感知风险的一条途径。服务保证是一种承诺，承诺当服务提供无法达到既有标准时对顾客给予补偿，这是企业给顾客的强力定心丸。服务企业可采用服务保证来使顾客的担心疑虑最小化。

5.6　制定合理物流服务价格策略的建议

除了上述方法外，笔者认为要制定在我国目前市场条件下切实可行的物流服务价格体系还应用定性的方法加以配合，平息物流服务市场的价格混战，使之走上由乱到治再到健康发展的道路。参考国内有关专家的观点，笔者对此有如下建议。

（1）物流服务市场价格体系的建立和规范运作，离不开国家政策的调控、引导和制约。国家应尽快制定与物流服务价格相关的政策法规，加强宏观调控，把握物流业发展的正确方向。可以借鉴欧美、日本等物流业发达国家的相关先进经验，结合我国现实国情加以研究并制定相关的政策。

（2）及时制定物流服务的标准。目前我国的标准化物流服务体系还没有建立起来，还处于条块分割、服务水平参差不齐、各自为政的状态，这已成为制定合理物流服务价格过程中的极大障碍。由于各地区经济发展的差异，国内各省市、地区要相应地制定自己的物流服务收费标准，通过试行、修改、补充完善后，经过一定的法律程序公布并付诸实行。因此，必须以物流服务信息化、智能化、柔性化为目标，在物流用语、物流计量、物流技术、物流信息化等多方面加强物流服务的标准化建设，促进物流服务业的健康、快速、规范发展。

（3）国内各物流服务企业应量力而行，合理规划自身的物流服务系统、确定合适的服务目标。既要注意保证物流系统的可操作性，又要注意物流系统的可扩展性。特别是要注意吸取一些物流企业盲目扩张，自身服务能力和服务水平却严重滞后，以致被激烈的市场竞争淘汰的教训。

（4）加强物流服务企业的诚信和自律建设。目前物流市场价格混乱等问题与一些物流企业的不道德行为是分不开的。物流企业要在市场中形成自身的核心竞争力，保持长远的利润增长，应该在提高服务能力和服务质量上下苦功，要能坚持诚信和自律，诚心待客，以质取胜，赢得合理的服务价格。对于行业内的价格欺诈、价格倾销、暗箱操作、回扣贿赂等不正之风绝不能附和参与，应坚决抵制。

参考文献

［1］高健．物流服务企业定价若干问题的探讨［J］．价格月刊，2010（1）．

［2］邵瑞庆．关于对物流成本概念的界定［J］．工业技术经济，2006（2）．

［3］张圣．我国物流理论研究的误区［J］．综合运输，2006（11）．

［4］李群．物流价格与物流成本研究［J］．中国流通经济，2007（4）．

［5］张修志．基于竞争优势的中小物流企业定价策略分析［J］．价格理论与实践，2008（4）．

［6］王琦，蔡奇调研商业模式创新时强调加深认识因势利导［DB/OL］．http：//www.hangzhou.com.cn/20080923/ca1576645.htm，2008－09－25．

［7］阿兰·奥佛尔，克里斯托福·得希．互联网商务模式与战略［M］．郭春磊，史晓珣，译．北京：清华大学出版社，2002．

[8] 袁炎清. 合理定位，创新物流服务 [J]. 中国物流与交易，2003 (16).

[9] 赵涛. 物流经营管理——理论、案例、制度、实物 [M]. 北京：北京工业大学出版社，2003.

[10] 张世翔. 我国物流企业服务价格现状分析与定价策略研究 [J]. 价格理论与实践，2006 (2)：76-77.

[11] 张圣忠，吴群琪. 基于价值共享的物流服务定价理念与方法 [J]. 经济研究，2007 (3)：14-16.

[12] DODGSON M. Learning, Trust and Technological Collaboration [J]. Human Relations, 1993, 46 (1): 77-95.

第 3 篇

基于物联网技术的物流园区服务模式创新研究

1 绪 论

1.1 研究背景

世界经济一体化不断发展，各种新技术不断涌现，使得现代物流业迅速发展。作为一种先进的产业组织形式和经济管理方法，物流在国家经济发展和社会发展中的重要性不断凸显，逐渐成为地区和企业经济发展重要的支柱和利润源泉。物流园区，作为全国综合运输网络和企业供应链的主要枢纽，要满足客户不断多元化的服务需求，要在竞争日益激烈的市场中立足，必须不断拓宽其服务功能，提高服务效率，朝着提供全方位的增值服务方向发展。据统计，在全国各地建成的物流园区将近有500座，但是这些物流园区的空置率高达60%，而且经营中的物流园区也仅仅是依靠传统单一的提供仓库租赁服务和设备租赁服务来经营。这种单一的服务模式无法应对市场快速发展和客户需求多元化的变化。物联网技术的发展提供给了物流园区优化自身服务模式的机会，运用物联网技术建设现代化的物流园区服务模式，促进物流园区更好更快的发展，是经济社会发展的必然要求。

在这样的大背景下，研究探讨基于物联网技术的物流园区发展的趋势、模式就显得及时、迫切，构建物流园区的政策框架、引导布局、研究探索物流园区发展模式，对推动我国物流园区物流经济活动的集约化、规范化、信息化和智能化建设，具有重要的理论意义和现实意义。

1.2 研究目的与意义

1.2.1 研究目的

物流园区是现代物流行业发展的重要组成部分，物流园区的发展承担了缓解城市交通压力和带动地区经济发展的重要任务。运用信息技术的最新成就——物联网技术对物流园区的服务模式进行创新，提高我国物流园区的管理效益和效率，为我国物流园区的发展提出有一定借鉴意义的服务模式，在现阶段对于促进我国经济转型发展以及节能减排走绿色发展之路都具有重要的现实意义和理论价值。

1.2.2 研究意义

1. 研究的理论意义

（1）对物流园区服务模式创新研究有一定的借鉴意义。物流园区的服务模式随着物流园区运作方式变得更加复杂，现有的物流园区运作方面的管理概念需要进一步发展和完善。本文以物流园区的服务模式创新为研究对象，通过分析物联网技术对于物流园区的服务模式的影响，指出物流园区服务模式的发展具有一定的理论价值。

（2）丰富物流园区研究理论。熊彼特的创新理论的重要组成部分之一就是开发一种新产品。物流园区的产品就是服务，开发一种新的服务模式对于改变现阶段物流园区服务单一化的局面具有非常重要的推动作用。我国对于物流园区的研究主要集中在了选址、规模和经营管理模式上，而对于物流园区应该提供怎样的服务和如何提供服务却没有做很多深入的研究。

2. 研究的现实意义

（1）有效地应对当今市场快速发展带来的激烈的竞争。物联网技术的发展带来了物流技术的极大的进步，市场需求快速变化，企业间的竞争压力日益加剧。物流园区服务模式在物联网条件下创新的研究，有利于帮助企业发现在价值增值过程中和满足客户不断变化的需求中的薄弱环节，从弥补不足入手，迅速提升自身园区的竞争力；有利于帮助物流园区适应新经济条件下的技术进步、市场需求和竞争压力的变化以及由此导致的商业复杂性，寻求物流园区生存发展、获取竞争优势的新途径。

（2）有利于推动物流园区走服务多元化发展之路。新经济环境下的物流园区已经无法仅仅依靠单一的仓储和运输服务适应市场的快速发展了，多元化的服务模式和经营管理模式是物流园区发展的必然选择。基于物联网技术的物流园区服务模式创新提供了物流园区重新调整自身服务模式的技术，通过对自身经营流程的调整和服务模式的变革适应物联网技术带来的市场的快速发展。物联网条件下新型的物流园区服务模式，能够利用物联网技术带来的智能化和信息化的优势提高物流园区运营效率，降低运营成本，从而找到改善企业经营管理的新方法。

（3）在指导物流园区管理者使用新技术方面有一定的借鉴意义。新技术的发展在降低企业运营成本、提高运营效率方面的作用是非常明显的，但是我国物流园区的新技术使用并没有起到应有的作用，新技术的使用率也非常低。对物流园区使用何种技术、怎样使用这种技术方面的研究不是很充分，故基于物联网技术的物流园区服务模式创新研究对于指导我国物流园区使用物联网技术有一定的借鉴意义。

1.3 文献综述

1.3.1 物联网技术相关文献综述

物联网技术代表当今时代信息技术发展的最新进展，带来了整个世界革命性的变革。如同当年的互联网带来了人们重新认识世界的方式，物联网技术是运用互联网技术向更深层次扩展。互联网技术实现了人与人之间信息的互联，物联网技术则将信息互联的终端扩展到了包括非生命物质在内的整个世界。物联网技术的三层技术架构，感知层、网络层和应用层运用最先进的传感器技术和遍及全球的互联网络编织了一张涵盖了世界任何事物的庞大的“物联网络”，连接了世界上任何一个角落的人和物，真正地实现了人与人之间、物与物之间和人与物之间的沟通互联。相比于互联网，物联网技术真正实现了信息的双向沟通，感知终端采集信息传送给应用层，再由应用层分析过后将分析结果或者是下一步的指令反馈给感知终端。人与物之间的沟通互联是通过先进的传感器技术和最新的人工智能实现的，同时传感器技术也是物联网产业链中最重要的组成部分。2009 年温家宝总理在江苏无锡提出了“感知中国”之后，物联网被正式列为国家五大新兴战略性产业之一，而“感知中国”的核心就是传感器技术。未来的物联网技术中遍及世界每个角落，从想象到的到想象不到任何物体上都会存在肉眼不可辨的传感器元件，而传感器的感知器件更是遍及世界上的任何空间。

1. 物联网技术综述

凌志浩详细阐述了物联网发展的历史和背景，并详细介绍了物联网发展的技术架构。将物联网技术分为了感知层、网络层、应用层和公共技术从下到上 3 个层次。文献中指出了现阶段物联网发展的不足，我国物联网发展的核心技术缺失和网络传输的信息安全问题是制约物联网发展的主要瓶颈，不能很好地解决好这两个问题，物联网发展就不能适应新阶段经济发展对于物联网发展的要求。凌志浩教授在文中也指出了我国物联网发展的突破之路，以科技创新带动我国物联网核心技术的发展，产学研相结合，物联网的基础技术在大中专院校，但是应用的核心还是得靠物联网企业，需要国家制订相应的发展规划集中力量发展物联网的技术和应用。物联网示范点先行，开展物联网应用的示范点，以点带面全面发展（凌志浩，2010）。

Sven Siorpaes 和 GregorBroll 研究了物联网技术与便携式电子设备的相互联系对于人们日常需要的各种服务模式的影响。物联网技术带来了对于日常服务全新的体验，物联网技术为人们带来的服务体验的革新将是一个永无止境的过程，需要不断地去开发应用（Sven Siorpaes 等，2008）。

2. 物联网技术对于物流业的影响

孟晓明指出了我国现阶段物流管理信息系统的不足，其不能很好地发挥在物流领域的作用，介绍了以 RFID 为基础的物联网技术在物流管理信息系统的应用。RFID 技术扩展了物流管理信息系统的范围，增强了物流管理信息系统的信息获取能力和预测能力，提高了物流企业运行的效率，降低了运行成本（孟晓明，2008）。

毕明光和杜家兴等提出了基于物联网技术的物流供应链技术的体系架构，并按物联网的三层结构将物流供应链技术分成了物联网感知层、物联网网络层和物联网应用层 3 个层次（毕明光等，2010）。

朱哲学认为物联网是连接网络世界和物质世界的一个桥梁，认为物联网的核心和基础是互联网，将应用物联网技术的物品称之为智能物品。文献中指出了包括智能家居、智能医疗、智能城市、智能环保、智能交通、智能物流、智能工业和智能农业在内的 8 种物联网实际应用领域。物联网技术物流领域的应用集中在了以物流信息集成为基础的现代物流信息系统中，基于物联网技术的现代物流信息系统集成了包括电子商务、仓储控制和物流配载等在内的现代物流工程技术和信息技术（朱哲学，2010）。

周敏研究了物联网技术在物流管理中作用。物流管理系统中应用物联网技术，实现了大范围内物流信息的共享，以最低的整体成本达到了最高的供应链物流管理效率。现代物流不仅是货物的流动，在传统物流的基础上实现了服务、人员、技术、信息与管理的综合集成（周敏，2010）。

陈畴镛和周青研究了物联网技术对于包括物流管理在内的传统行业的重大作用。以农产品生产和物流、旅游等3个领域为例，探讨物联网技术应用对传统产业发展的影响，提出了相应的政策建议。物联网技术在物流领域内应用的主要领域是智能运输管理系统、基于RFID智能仓储管理系统、智能配送管理系统、智能包装系统和基于RFID物流安全系统、智能质押品监管、智能保兑系统等（陈畴镛等，2010）。

邓亦涛认为物联网技术在物流和供应链管理系统中的应用可以降低管理成本，提高效率，并且物联网技术将成为现代物流信息系统的核心技术。他阐述了EPC技术和RFID系统的工作原理，分析了物联网技术在商品生产、运输、存储、配送和报关等环节的具体应用。目前，物联网技术在供应链管理中已得到了广泛的应用，随着技术的不断完善，它必将成为现代物流信息管理的核心技术（邓亦涛，2010）。

田苗和陈洪全介绍了RFID技术并在此基础上阐述了RFID技术在物流领域的应用，并通过RFID技术的发展分析了物联网技术的发展。RFID是物联网技术的核心内容之一，物联网技术在物流管理中的应用也主要是通过RFID技术来实现的。RFID在物流管理中的应用主要体现在了仓储管理、生产线自动化和对于获取的数据的分析和预测上（田苗等，2006）。

欧广宇和刘辉研究了RFID技术的工作原理和其在物流企业中的应用优势和前景，并指出了成本、标准和安全可靠性将成为RFID技术在物流企业应用中的主要瓶颈，它们制约着RFID技术在物流企业中大规模推广（欧广宇等，2008）。

薛飞研究了作为全球信息化发展的主要趋势的物联网对于构建综合型物流园区信息平台的重要作用。综合型物流园区的建设与发展也将在物联网这个新兴的环境下得到进一步的提高。如何有效地把物联网融入物流园区的建设之中，以及利用物联网在不同物流园区之间搭建一个互通互利的网络结构，在当今的物流产业信息化和物流园区信息化的发展过程中具有重要的意义。物联网技术的发展扩展了物流园区的市场范围，也为物流园区为入驻企业提供新型的物流服务提供了基础（薛飞，2010）。

肖亮提出了物联网技术在构建物流园区供应链集成平台中所起到的重大作用。物流园区在优化社会资源、提升城市运作效率方面具有重要作用，运用物联网技术构建物流园区供应链集成平台，搭建起入驻园区企业之间的信息联系，对于降低企业成本、提升运作效率具有非常重大的作用（肖亮，2011）。

郑春平研究了物联网中的核心技术——射频识别技术在提升物流企业运作效率、降低成本和降低差错率上的重大作用（郑春平，2007）。

韩宝成研究了射频识别技术（RFID）在构建物流企业信息系统上的重要作用（韩宝成，2010）。

李一方和姜宝以港口物流园区为例研究了物联网技术在构建港口物流信息化建设中的重大作用和存在的问题（李一方等，2010）。

S. F. Wamba 和 A. T. Chatfield 研究了 RFID 技术在物流企业库存控制中的作用。RFID 技术在加快物流企业的库存周转和降低物流企业库存成本上能起到关键作用（S. F. Wamba 等，2010）。

1.3.2 物流园区服务创新相关文献综述

1. 物流园区服务模式现状

王之泰指出物流园区本身从事的商业活动创新是物流园区主要的创新点之一，物流园区与园区入驻企业之间应该形成互动的机制。双方的互动机制就是为更好地为入驻园区的企业服务，集约化地使用物流园区的各种资源，可以弥补单个企业客户服务能力和信息平台不足的缺点。物流园区的创新就是更好地为入驻园区的企业服务，服务模式创新的出发点是入驻园区企业的需求（王之泰，2009）。

胡庆浩指出我国物流园区的基础设施水平较低，较低的基础设施水平直接影响了物流园区内部的布局和内部流畅运输体系的建立，而且较差的基础设施也直接影响到了物流园区服务模式的多元化发展。同时企业信息化水平也是处在较低的水平，物流园区除了提供仓储和运输等较低层次的服务外，无法利用先进的信息技术拓宽服务体系为入驻企业提供更加多元化和个性化的物流服务（胡庆浩，2011）。

2. 物流服务创新动力

Wagner 在研究了德国的物流行业后，确定了可以促进物流服务创新的因素，包括基础设施、资本投入、知识、培训等，强调了技术进步在物流服务创新中的重要性（Wagner，2008）。

Chapman等指出技术在企业克服时间和空间约束时扮演了重要的角色，并且可以提供更多有效的知识共享。企业为了适应新技术工具的应用，促使企业进行业务流程创新（Chapman等，2003）。

李海婴和许益亮等认为，服务创新是第三方物流企业获取和维持竞争优势的重要手段。明确指出物流服务创新的外部动力包括如下方面。①外部轨道。包括技术、制度、服务专业、管理和社会等。②外部行为者。主要有顾客、竞争者、供应商（合作伙伴）和公共部门。③物流联盟。指物流联盟内成员企业。内部动力包括战略与管理、员工、企业组织的创新性等（李海婴等，2006），（许益亮，2007）。

张光明认为物流企业服务创新的动力影响因素是多方面的，包括企业竞争环境、物流环境和顾客服务需求以及商业模式的变化、社会经济与信息技术、网络技术的快速发展以及物流服务商绩效改进的需要等（张光明，2006）。

1.4　研究的理论依据

本文是在国内物流园区的基础上，运用现代创新理论和服务模式理论，研究了当前国内物流园区服务模式的现状和存在的不足，目的是找出物流园区服务模式创新的动力。运用最新的物联网技术理论，分析物联网技术对于物流园区服务模式的影响，最后提出基于物联网技术的物流园区的服务模式。

1.5　研究思路及方法

本书拟采用规范分析为主、实证分析为辅，以及与文献研究相结合的综合研究方法，通过调查研究，在对实际案例和相关数据资料进行分析归纳的基础上，总结出我国物流园区服务模式现状及存在的问题；利用相关服务模式理论和规范分析，找到影响物流园区服务模式选择的主要影响因素，分析我国物流园区服务模式的特征与存在的问题。利用规范分析研究物联网对于物流园区服务模式的影响，综合分析我国物流园区服务模式创新的目标与途径，运用实证分析验证基于物联网技术的物流园区服务模式创新实现形式。

2　物流园区与物联网技术概述

2.1　我国物流园区概述

2.1.1　我国物流园区发展状况

物流园区在日本叫做物流团地，欧洲地区将物流园区称作货运村，我国国家标准《物流术语》（推荐性标准）对物流园区的定义是：物流园区是为了实现物流设施集约化和物流运作共同化，或者出于城市物流设施空间布局合理化的目的而在城市周边等各区域，集中建设的物流设施群与众多物流业者在地域上的物理集结地。物流园区概念进入中国的时间较晚，到 20 世纪 90 年代我国才有了物流园区的概念，随之而来的是各地都兴起了物流园区建设的热潮。走在国家改革开放最前列的珠三角地区最先开始物流园区的建设，深圳平湖物流基地是中国物流与采购联合会命名的第一个国家级的物流园区，从此拉开了国内物流园区建设的序幕。目前，我国物流产业的发展正处于起步阶段，积极规划建设现代物流园区已成为很多省份和地区推进现代物流发展的主题，国家有关主管部门和地方主管部门也正在制定促进物流园区发展的宏观政策。

截至 2010 年，全国 33 个省自治区都发布了物流产业发展的相关规划，而其中对物流园区的规划更成为物流产业发展的重点。比如，处在珠江三角洲的深圳在建设了平湖物流基地之后，又相继建设了南山、西部港区、盐田港、笋岗和龙岗 5 大物流园区；环渤海地区也是国内物流园区建设的密集区域，天津规划建设了保税区国际物流运作区、开发区工业物流园、空港国际物流区、南疆散货物流中心和交通局物流货运中心 5 大物流园区，北京则重点建设了顺义空港物流园区和通州物流园区等；上海作为我国经济最发达的地区，重点建设了外高桥、浦东空港和西北 3 大物流园区；珠三角的另一个代表城市广州也规划建设了南沙、新沙、花都 3 大物流园区；华东地区的江苏在建设规划中的各类物流园区有14家；浙江省除已建成的传化萧山物流基地外，有明确规划的各类物流园区近几十家，温州市在地区物流产业发展规划中提出重点建设10家物流园区；西南和西北的脚步相对较慢，但是成都地区建设的传化成都物流基地也是处在国内的领先地位，并且规划了成都航空和青白江等国际枢纽型物流园区。

我国物流基础设施的整合与建设得到国务院有关部门和地方政府的重视与支持，在已经制订物流发展规划的省区市和经济中心城市，都提出了物流园区的规划建设意向。一些已经投入运营的物流园区，在提高物流的组织化水平和集约化程度，转变物流运作模式和经济发展方式，调整优化经济结构和产业布局等方面都发挥了重要作用。据最新调查显示，从1998年中国第一个物流园区——盐田平湖物流基地建设开始到2008年，我国物流园区（基地）数量已经发展到475个（其中已经运营的物流园区122个，占25.7%；在建的物流园区219个，占46.1%；规划中的物流园区134个，占28.2%。见图2－1），出现了货运服务、生产服务、商贸服务和综合服务等多种类型的物流园区，形成了不同物流需求与多种服务方式有机对接的平台（中国物流与采购联合会，2008）。

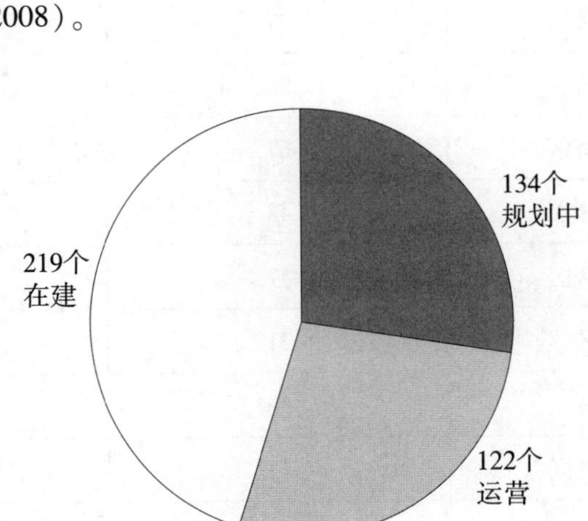

图2－1　物流园区建设情况

与美国的物流园区类似，现阶段我国物流园区的地理位置分布也与地区的经济发展水平有关，大多分布在长三角、珠三角和环渤海湾等经济较发达的沿海区域，呈现出东部多、西部少，沿海多、内陆少的特点。按照全国

"十一五"发展规划中提出的新的经济区域划分法，在全国划分的八大经济区域中：东部沿海经济区（上海、江苏、浙江）的物流园区的数量在八大经济区域位居首位，有97个物流园区，约占到20.4%的比例；南部沿海经济区（福建、广东、海南）有96个物流园区，约占到20.2%的比例；北部沿海经济区（北京、天津、河北、山东）有67个物流园区，约占到14.1%的比例；东北经济区（辽宁、吉林、黑龙江）有48个物流园区，约占到10.1%的比例；黄河中游经济区（陕西、山西、河南、内蒙古）有47个物流园区，约占到9.9%的比例；西南经济区（云南、贵州、四川、重庆、广西）有56个物流园区，约占到11.8%的比例；长江中游经济区（湖北、湖南、江西、安徽）有43个物流园区，约占到9.1%的比例；西北经济区（甘肃、青海、宁夏、西藏、新疆）有21个物流园区，约占到4.4%的比例。见表2-1和图2-2（中国物流与采购联合会，2008）。

表2-1　物流园区的地区分布

地区	数量（个）	比例（%）
东部沿海经济区	97	20.4
南部沿海经济区	96	20.2
北部沿海经济区	67	14.1
东北经济区	48	10.1
黄河中游经济区	47	9.9
西北经济区	21	4.4
西南经济区	56	11.8
长江中游经济区	43	9.1
总量	475	100

2.1.2　我国物流园区服务发展概况

我国物流园区的服务发展还处在初级阶段，国内建设的物流园区所能提供的服务内容极为有限，根据中国物流与采购联合会和中国物流学会的调查

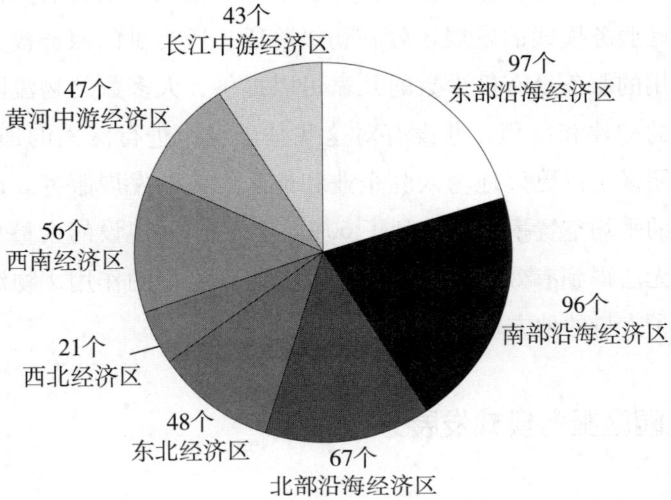

图2－2　物流园区的地区分布

显示，国内物流园区具有信息系统及相关设施的物流园区占84%；典型设施、设备中应用最多的是计算机系统；立体仓库、集装箱、条码或射频识别设备、冷库、GPS系统均有不同程度的应用。物流园区信息系统的开发主要表现为多种方式并存，有自行开发、委托定制开发以及外购成熟产品等多种形式（中国物流与采购联合会，2008）。

物流园区有多种盈利模式，可以通过不同的服务内容实现盈利。根据调查显示，物流园区的主要收入来源首先是库房/货场租金；其次是办公楼租金、配套设施租金/管理费和物业管理费；然后是所属物流企业、增值服务费、设备租金、土地升值后出租或出售、税收优惠以及国家拨款获得的收益等（中国物流与采购联合会，2008）。从调查中可以看出，物流园区的盈利仍然是以出租库房、货场、办公楼等租金为主，从某种意义上讲，发现在的物流园区仍然是作为一家地产商，而并不能看做是一家从事物流服务的企业。物流园区的基础服务内容——仓储服务和物流配送服务仍然处在比较低的层次，物流园区作为现代物流和企业供应链节点的作用并没有发挥出应有的作用。

物流园区集约化使用日益紧张的城市用地，通过集约化用地带来的规模效益可以有效地降低入驻园区企业的物流运作成本，在很大程度上能解决城市交通系统紊乱的问题，能在很大程度上带动本地经济的发展。但是现阶段国内物流园区服务模式的发展还处在初级阶段，所提供的服务极为有限，能发挥上述作用的服务只有极少数的几家可以提供，大多数的物流园区只是进行基础设施的构建和出租，并没有对这些基础设施进行深入的加工和组合，以使得物流园区可以更好地为入驻企业和地区经济的发展服务。这也使得国内物流园区的平均空置率一度达到了60%，物流园区建设的大量基础设施被闲置，资源无法得到有效的利用，不仅没有起到应用的作用，物流园区的建设反而占用了大量的地方资源，制约了地方的投资。

2.2 物流园区服务模式发展分析

目前我国物流园区的服务还是处在提供初级的物流服务的基础上，服务模式比较简单，服务内容陈旧。我国物流园区传统的服务模式包括以下几个。

1. 存储

物流园区最基本的功能是存储功能，它要求配备一定的储存设施和设备，如自动化立体仓库。由于园区中所涉及的很多作业环节如运输、配送等都要与仓储、库存相联系，所以存储的职能是必不可少的，它可以保证物流活动的开展，具有重要的支撑作用。

2. 运输和配送

物流园区的另一个基本功能就是运输和配送，对于城际间的货物运输，园区应能提供多式联运服务以达到最佳运输模式组合、最高效率、最短路径、最少时间、最低费用的要求。对于市内货物配送，主要是能满足生产商与销售商的配送、生产商销售商与超市门店的配送、供应商与生产企业的配送、电子商务环境下的物流配送服务。

3. 装卸、搬运

园区应配备专业化的装卸、提升、运送、码垛等装卸搬运机械，提高装卸搬运作业效率，减少作业对商品造成的损毁。

4. 包装

物流园区的包装作业不仅要负责商品的组合、拼装、加固，形成适于物流和配送的组合包装单元，同时还要根据客户的需要对商品进行必要的商业包装。

5. 集散中转

货物直接运送到物流作业区进行中转、集散，避免了二次落地，为中转货物提供便利条件，同时作业区也将起到衔接干线运输和支线配送的作用。

随着经济的发展和社会分工的加剧，各企业逐渐地将自身的非核心业务外包，包括物流园区在内的物流企业为了应对激烈的市场竞争逐渐地扩展自身的服务，将一些简单的零部件装配和货物组装纳入到自身的服务体系，这就出现了物流园区的流通加工服务，成为了物流园区服务模式的重要组成部分。另外，随着市场竞争的加剧，信息的获取成为了企业赢得市场竞争的关键，物流园区利用其处在货物流转的主要节点的优势，通过运用先进的信息技术，可以向入驻园区的企业提供信息服务，于是就产生了物流园区服务模式的另外两个重要组成。

6. 流通加工

主要是方便生产和销售，由于物流园区与制造商和分销商有长期的合作关系，园区提供必要的流通加工将很好地解决客户的问题。

7. 信息收集和处理

信息技术对物流的支持作用越来越明显，将在各个物流环节的各种物流作业中产生的物流信息进行实时采集、传递和分析，并向客户提供各种作业的明细信息及咨询信息。

随着经济的发展，市场竞争的加剧，物流园区的服务模式不断地更新，服务内容不断地多元化，物流园区在传统服务模式的基础上扩展了服务内容，可以向入驻园区的企业提供更加丰富的服务内容，增强了本园区的竞争力。例如，物流园区与银行等金融机构合作开展的结算和仓单质押等服务，与边检海关合作开展的报税报检的服务等，这些都是物流园区针对客户的需求、应对市场的激烈竞争开发出的物流相关服务。

（1）结算功能。物流园区的结算不仅仅只是物流费用的结算，在从事代理、配送的情况下，物流园区还要替货主向收货人结算贷款等。这一功能商业企业比生产企业要求更高。

（2）物流咨询培训服务。利用物流园区运作的成功经验及相关的物流发展咨询优势，吸引物流咨询企业进驻发展，利用高校、科研、企业、政府多方合作的优势，开展物流人才培训业务。

（3）商贸会展功能。吸引生产企业或商贸企业来此参加贸易与会展，开展批发、零售等贸易服务。

（4）保税物流服务。吸引物流企业和加工制造企业进驻物流作业区，为进出境货物提供进出口通关服务、保税仓储、进料加工、复运出境和办理正式进口手续等保税物流服务。

（5）仓单质押功能。是物流金融服务的一种，它不仅为金融机构提供了可信赖的质物监管，还帮助质押贷款主体双方良好地解决了质物价值评估、拍卖等问题。在实际操作中货主一次或者多次向银行还贷，银行根据货主还贷情况向货主提供提货单，融通仓根据银行的发货指令向货主交货。

（6）物流金融服务。物流园区可以利用自身所积聚的资源，通过与银行的金融机构的合作向入驻园区的中小企业提供小额贷款等服务，以满足中小企业资金周转的需要，同时也可以更好地为入驻园区的企业服务。

2.3 物流园区服务模式存在的问题

随着经济的发展和技术的更新，我国物流园区的服务模式不断地发展，物流园区所能提供的服务也在不断地多元化，不仅仅是局限于自身所能提供的仓储和物流配送等基础服务，服务内容得到了极大的扩展。物流园区的服务内容包括了传统的运输、配送、仓储和装卸搬运等，也有现在与银行等金融机构开展的仓单质押和小额贷款等服务。这些服务内容构成了物流园区的服务模式。

虽然物流园区的服务内容有了极大丰富，但是也存在着非常巨大的问题。首先是物流园区的服务内容更多的是提供相应的设施和设备，比如运输服务，只是向企业提供运输车辆，或者就只是提供简单的货物运输；仓储服务就是提供仓储设施和设备。物流园区的服务模式仍然是处在最表层的阶段，只能满足入驻园区企业最简单的物流需求。同时，另一个很重要的问题就是物流园区的服务内容大多是孤立存在的，没有形成一个完整的服务模式体系。因为物流园区的很多服务都是相关联的，如仓储物流运输就是联系在一起的统一体系，但是现阶段物流园区的服务内容无法将这几种功能作为一个整体对待，无法向客户提供更加完善和个性化的服务。

国内物流园区的服务重合率过高，服务模式、服务内容的相同导致了物流园区之间、物流园区与其他物流企业之间的同质化竞争严重。物流园区与其他物流企业提供的服务相同或相似，无法体现出物流园区的优势性，这也是国内物流园区发展的主要瓶颈。如何发挥物流园区集约化利用资源的优势，是物流园区服务模式创新的方向。根据国家发改委经济运行调节局的调查显示，从2006年到2010年，国内物流企业的主要业务类型基本是集中在运输、装卸、仓储和配送上，见表2－2和图2－3。

表2－2　　我国物流企业主要业务类型　　单位:%

年份 项目	2006	2007	2008	2009	2010
运输	82.7	81.5	79.4	81.4	84.2
装卸	82.7	81.5	71.6	76.1	76.5
仓储管理	65.2	64.3	63.4	66.7	67.7
配送	57.7	63.9	45.2	46.6	51.4
物流信息服务	30.1	39.6	41.3	38.8	40.7
流通加工	39.1	28.7	27.3	29.5	31.9
包装	39.1	28.7	26.9	28	29.6
物流咨询与系统设计	21.5	21.6	22.5	23.3	25.8
物流金融	—	9.1	12.2	15.5	16.2
其他	17.3	13.4	28.8	18.7	17.9

可以看到国内物流企业主要业务类型集中在了运输、装卸和仓储管理上，具有非常大的经营相似性，而国内物流园区的主要业务模块也都是集中在运输、装卸、仓储和配送上，与其他物流企业的服务内容有非常多的相似性。这就导致了物流园区的服务缺少了可区分性，无法为客户的选择提供帮助。

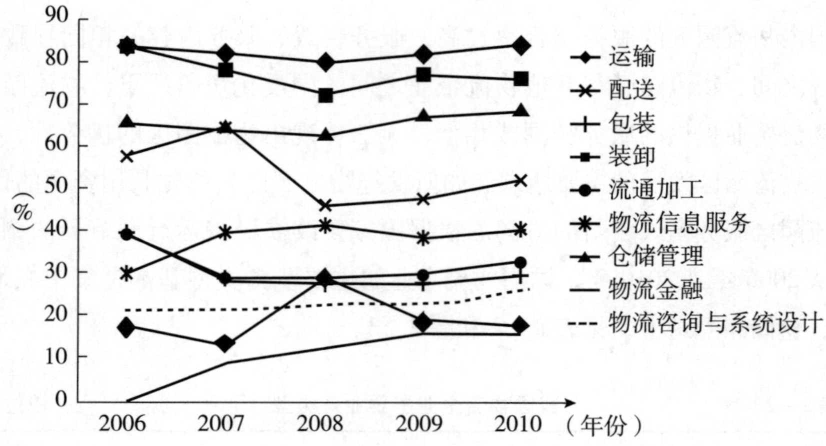

图 2-3 国内物流企业业务分析

同时物流园区之间的同质化竞争严重，物流园区所能提供的服务都是一般性的大众化的运输和仓储服务，缺少了深度开发的服务内容，无法向入驻园区的企业提供精细化和个性化的服务内容，这也是国内物流园区空置率居高不下的一个重要原因。

2.4 物联网技术发展概述

2.4.1 物联网技术发展现状研究

物联网（Internet of Things），指通过射频识别（RFID）、红外感应器、全球定位系统、激光扫描器等信息传感设备，按约定的协议，把任何物品与互联网相连接，进行信息交换和通信，以实现对物品的智能化识别、定位、跟踪、监控和管理的一种网络。物联网的核心是网络技术，通过网络将物理世界的各种物品联系到一起，以实现对各种物品的监控、跟踪、识别、定位和管理，实现远程控制。自 1999 年麻省理工学院自动标识中心（MIT Auto - ID-Center）提出物联网概念后，国际电信联盟（ITU）在 2005 年发布的年度技术报告中也指出了“物联网”通信时代即将来临，2009 年欧洲物联网研究项目工作组（CERP - IoT）在欧盟委员会资助下制定了《物联网战略研究路线图》、《RFID 与物联网模型》等意见书，同年日本也制订了 i - Japan 计划（凌志浩，2010）。2008 年 11 月，美国 IBM 公司总裁彭明盛在纽约对外关系理事会上的讲话中正式提出了“智慧地球”（Smarter Planet）设想，建议政府投资新一代的智慧型基础设施，阐明其短期和长期效益。美国总统奥巴马对此给予积极回应，认为“智慧地球”有助于美国的“巧实力”（Smart Power）战略，是继互联网之后国家发展的核心领域。这个概念出现之后受到了美国各界的关注，认为这是美国实现国家复兴的关键性技术，是保持美国国家竞争力的关键。

2009 年温家宝总理在考察无锡微纳传感网工程技术研发中心时发表了重要讲话，提出要建立中国的传感信息中心，并提出了“感知中国”的概念。同年，中国移动总裁王建宙赴台首次发表公开演讲时提出了“物联网”理念，将物联网描述为通过装置在各类物体上的电子标签（RFID）、传感器、二维码等经过接口与无线网络相连，从而给物体赋予智能，可以实现人与物体的沟通和对话，也可以实现物与物之间的信息传递和对话，这种将物体联结起来的网络被称为“物联网”。同时指出，要真正建立一个有效的“物联网”，有两个重要因素：一是规模性，只有具备了规模，才能使物品的智能发挥作用；二是流动性，物品通常都不是静止的，而是处于运动的状态，必须保持物品在运动状态甚至高速运动状态下才能随时实现对话（王保云，2009）。

物联网分为了感知层、网络层、应用层和公共技术。

感知层是物联网数据采集和感知外部世界变化的基础组件，包括对外部世界各类物理变量、标识、音频、视频数据的采集等。物联网的数据采集使用到了传感器、RFID、多媒体信息采集和实时定位系统等技术。传感器网络组网和协同信息技术实现传感器、RFID 等数据采集技术所获取数据的短距离传输，通过遍及全球的有线网络和无线网络实现了所获得信息的长距离传输。

网络层的基本组成是互联网，还包括了各种局域网、无线电信网络和广电网等能提供数据传输服务的网络。通过网络层的传输功能，实现更加广泛的互联功能，能够把感知层获取的外部世界的数据通过无处不在的无线网络和有线网络实现短距离和长距离的传输。网络层是物联网技术的关键组件，虽然如今的互联网发展达到了一个很高的高度，基本可以完成长短距离数据的传输，但是在交互性、安全性和灵活性上还存在很多的缺陷。网络数据的安全问题一直是困扰着网络发展的一大难题，灵活性上互联网的终端一直是互联网发展的瓶颈之一，如何将互联网与现在比较发达的广电网络连接在一起是物联网发展的关键性内容。

应用层是物联网发展的最重要的内容，感知层和网络层实现了对外部世界的数据采集和数据传输。这些采集来的数据只有变成对人类有利的信息才能最大化感知层和网络层的作用。这就是应用层的重要之处，应用层包括应用支撑平台子层和应用服务子层。应用支撑平台子层用于支撑跨行业、跨应用、跨系统之间的信息协同、传输和共享，实现各种系统平台之间的交互(凌志浩，2010)。应用服务子层是面向用户，直接向用户提供服务的平台，包括了现在已经开始应用的智能交通、智能医疗、智能家居、智能物流和智能电网，以及可以在未来实现的智能工厂等。

公共技术不属于物联网技术的某一个层面，而是与物联网技术架构的3个层面都有关系，它包括标识与解析技术、安全技术、网络管理和服务管理。

2.4.2 物联网技术发展趋势

物联网技术是以互联网为基础，由各种传感器、中间件和用户端设备组成的遍及世界各个角落、连接物质世界和人类世界的网络。目前互联网技术的发展已经非常发达，可以实现世界各个角落之间快速的视频、图像和文字的传播。这就为物联网的构建和发展打造了非常坚实的基础，提供了非常完备的基础设施。传感器技术、RFID技术和用户端设备是物联网发展的核心内容。

1. 传感器技术

传感器技术是物联网技术的关键性组件，是连接物质世界和人类世界的中介，世界各国都把传感器技术的发展当成是物联网技术发展的核心。传感器可以感知外部世界各种物理性质变化和化学性质变化，并且将所获得的外界环境变化转化成计算机可以识别的编码，通过有线网络和无线网络传输到服务器中心，最后通过服务器中心的转化，将这些计算机数据转化成用户可以识别的可视化语言。可见传感器在整个物联网中起到了极为关键性的作用，一方面，传感器是感知世界的核心，是收集外部数据的关键性组件；另一方面，在用户获得数据做出反应后，传感器又要将这些反应转化为对外部环境变化的应对，包括对外部世界温度过高的降温反应、对外部世界亮度过高的遮光反应等。物联网发展的核心不仅包括了对外部世界变化的感知，也应该包括收到外部世界变化的信息后，信息从用户到传感器传递的逆向过程，如何通过远程的控制实现智能化地应对外部世界的变化，这也是未来传感器的发展趋势。

传感器网络节点的基本组成包括如下几个基本单元：传感单元（由传感器和模数转换功能模块组成）、处理单元（包括 CPU、存储器、嵌入式操作系统等）、通信单元（由无线通信模块组成）以及电源。其他可以选择的功能单元包括：定位系统、移动系统以及电源自供电系统等（王保云，2009）。搭建传感器网络过程中，节点可以通过飞机布撒或人工布置等方式大量部署在被感知对象附近。这些节点通过自组织方式构成无线网络，以协作的方式实时感知、采集和处理网络覆盖区域中的信息，并通过多条网络将数据经由接收发送器链路将整个区域内的信息传送到远程控制管理中心，这样就可以对网络节点进行实时控制和操纵了。

世界各国都在致力于传感器技术的发展，目前中国、美国、德国和韩国是世界上传感器技术标准的制定国，代表了世界传感器技术发展的最高水准。我国在芯片设计、天线设计、射频模块设计、基带系统设计、传感器件设计等组成信息采集设备的各个方面都有了深入的研究，形成了一套特有的理论体系。同时，由于技术标准化的发展、IP 网络对高效率信息传递需求的推动，物联网技术正向实用化迈进，应用领域涉及电力、交通、金融、食品、药品、日用品、电子产品、化工产品等各行业。

2. RFID 技术

射频识别（Radio Frequency Identification，RFID），射频识别是一种非接触式的自动识别技术，它通过射频信号自动识别目标对象并获取相关数据，识别过程无须人工干预，可工作于各种恶劣环境。具体的工作原理如下：当装有电子标签的物体接近微波天线时，阅读器受控发出微波查询信号，安装在物体表面的电子标签收到经微波天线发出的查询信号后，根据查询信号中的命令要求，将标签中的数据信息反射回微波天线，微波天线接收到电子标签反射回的微波合成信号后，经阅读器内部微处理器处理即可将电子标签中的识别代码等信息分离出来。这些识别信息作为物体的特征数据被传送到控制计算机作进一步处理，从而完成与物体有关的信息查询、统计和管理等应用（盛魁祥，2010）。目前 RFID 技术是物联网技术最重要的现实应用，通过

RFID 实现了各种行业对自身企业已经编码产品的自动识别、跟踪、监控、管理和定位等。这在很大程度上增加了企业的工作效率，大大降低了企业的成本，并且可以在一定程度上避免手工误操作带来的不必要的资源的损失。

RFID 电子标签系统包括了阅读器、应答器和应用系统，与传统的条码技术相比，RFID 电子标签技术的优点是非常明显的，见表 2－3。

表 2－3　　RFID 与条码技术对比

	RFID 电子标签技术	传统条码技术
安全性	电子标签唯一，且易于对标签进行加密	条码不唯一，容易伪造，不能对条码进行加密
方便性	射频标签只要在识读器的读取范围内就可以了，甚至可以穿过外包装进行识别	只有扫描仪对准条码才可以扫描，工作效率较低
扩展性	可以随时对电子标签的内容进行升级	需要升级时只能重新粘贴条码

3. 用户端设备

物联网中传感器和网络层收集和传输数据最终的目的就是提供给用户使用，所以用户端设备是物联网技术发展的最终目的，所有的物联网应用都是以方便物联网用户使用为目的的。用户端设备的发展也是制约着物联网能否大规模扩展的重要因素。随着计算机科学、电子信息技术、材料科学和纳米技术等学科的发展，物联网的用户端设备也不再局限于互联网时代最重要的用户终端——电子计算机。我国大力推广的“无线通讯网络、互联网和广电网”的三网融合可以将物联网的用户端设备扩展到包括电视机、电冰箱等在内的普通家用电器。

纳米技术和材料科学的发展带来了计算机产业翻天覆地的变化，从最初的占据三间厂房的计算机到如今可以放入口袋的微型计算机，计算机发展走进了一个非常辉煌的时代。另外，无线通讯技术的发展也将包括手机在内的无线通讯设备纳入到了未来物联网的范围内，作为重要的用户端设备存在。新技术的发展为物联网用户端设备的发展提供了无限的可能，随处可见的 ATM 机未来就可能在功能上做更加广阔的扩展，不再局限于现在的银行自助服务。手机行业的发展已经由过去的个人手机使用向现在以无线网络为基础的用户个性化应用发展，从个人应用时代的诺基亚如日中天，到现在网络应用和用户体验为主的安卓和苹果的二分天下，手机也将是未来物联网技术的最重要的用户端设备之一。

随着 WiFi 局域网在世界范围内的推广，越来越多的电子设备可以通过遍布各个角落的 WiFi 热点获得进入局域网的权限。由此带来了个人电子设备向小型化和网络化发展，现在火爆的平板电脑市场就是很好的例证。这些个人电子设备的发展都为物联网未来的发展打下了良好的基础，物联网要实现无所不在和无时不在的链接，就需要将物联网的用户端设备更加便携，功能更加集成，以最小的体积和重量和体积实现最大的功能集成，见图 2 – 4。

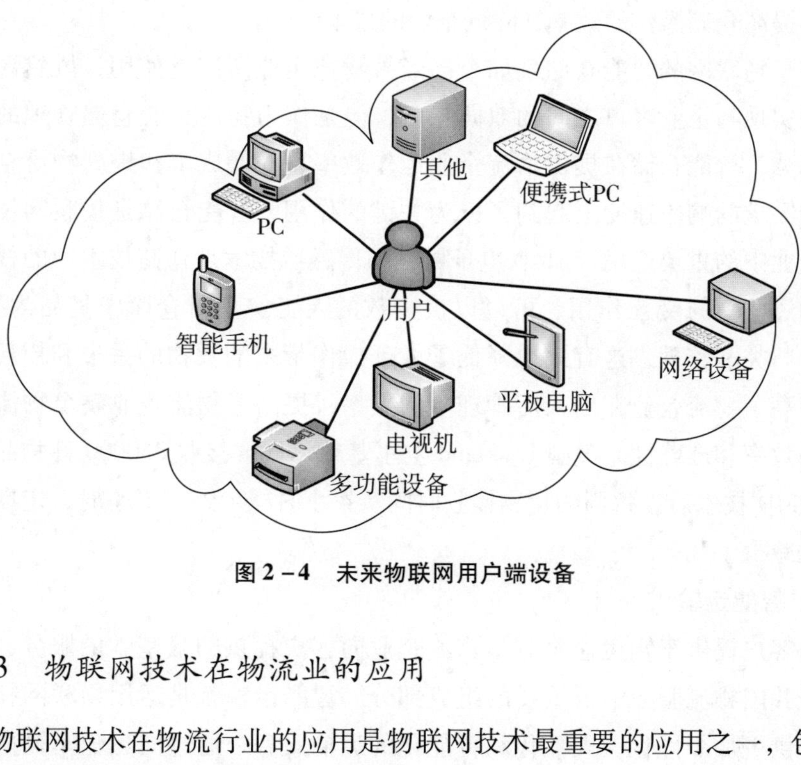

图 2 – 4　未来物联网用户端设备

2.4.3　物联网技术在物流业的应用

物联网技术在物流行业的应用是物联网技术最重要的应用之一，包括智能仓储、智能运输和产品物流追踪等。

1. 智能仓储

智能仓储就是运用 RFID 和传感器技术，对出入库产品进行自动登记管理，有效地降低人工管理的使用率，减少不必要的损失。通过 RFID 和传感器对进入仓库的产品进行识别，并对产品进行分类、核对和登记，生成入库产品清单，记录产品的名称、分类、规格、入库时间、生产厂家、生产日期、数量等信息，并将这些信息更新到库存记录，这些工作准确性要求高、工作量大、人工作业强度和难度都十分巨大（卢子甲，2009）。因此，现代仓储技术需要改变传统仓储运作多依靠人工的模式，通过自动识别和分拣技术，减少对于人工的依赖，提高工作的效率。智能仓储的关键就在于对出入库产品的自动识别和信息的自动收集，RFID 电子标签以其非接触性、高效和准确性高成为了智能仓储技术的关键，而物联网为出入库产品的信息共享和交换提供了一个动态的网络平台。基于物联网技术的智能仓库，就是以 RFID 的自动识别和非接触性实现对于仓库产品的动态实时信息的采集，有效地减少人工参与，提高仓储操作的效率，降低企业的成本。

基于物联网的智能仓储现如今已经被物流企业所广泛使用，虽然无法通过网络实现与企业客户之间的双向互联，但是作为物流企业仓储管理的重要组成部分，智能仓储在提供物流企业运作效率、降低成本和提高物流企业对于客户需求的响应速度上起到了极为关键的作用。智能仓储是物联网技术在物流企业中的重要应用，RFID 电子标签和传感器技术是仓储技术中的核心内容，通过两者的交互作用，可以以极少数的人工实现对仓库中货品的登记、识别、归类和整理，这有效地降低了人工操作带来的货物的丢失和损耗，有效地提高了物流企业在出入库管理上的效率，提高了物流企业整个物流运作体系的效率和准确性。美国 Lackland 空军基地每周要接收 250000 件物品，使用了 RFID 技术后，每周的货物接收时间从 4 小时减少到了 1 小时，定期库存盘点也减少了几天。

2. 智能运输

为客户提供车辆运输服务是物流企业向客户提供的最基本的服务，也是现阶段我国物流服务中最重要的组成部分。智能运输就是运用物联网技术为客户提供更加个性化、人性化和智能化的运输服务。通过向运输车辆内植入电子芯片，通过先进的 GPS 和 GIS 定位系统实现对于运输车辆的定位、管理、追踪和监控，这样就使得整个货物运输的流程生动地呈现在客户的面前，在客户的监督之下进行货物的运输转运操作，使客户可以更加直观地参与到整个物流运作的过程中，减少与客户的信息不对称带来的不必要的纠纷，提升客户的满意度。

物联网技术的应用可以向客户提供更加个性化的运输路径选择服务。通过 GPS 和 GIS 定位，连接到车辆上携带的车载终端，随时监控车辆的位置。客户可以根据车辆所在位置的交通情况，随时修改车辆的行走路线，选择最适合客户的运输线路。同时，物流企业和客户都可以有效地监控车辆行驶，防止物流企业员工的不作为造成的货物运送不及时。

3. 产品物流追踪

产品物流追踪与智能交通的技术类似，都是通过应用 GPS 和 GIS 定位技术对产品进行追踪、定位、管理和监控。不同的是，智能运输所监控的是运输车辆的行驶情况，而产品物流追踪实现的是对运输货物的追踪、定位、管理和监控。通过向所运输的货物植入传感器芯片，以实现对所运输货物的远程监控和管理。这在对贵重物品、危险品和特殊物品的运输中应用最为广泛。

贵重物品的运输防盗防损是首要内容，通过应用产品物流追踪技术，可以实现对物品的全程监控。在应用智能交通的基础上，应用产品物流追踪，不仅能监控车辆的行驶路线，还能监控物品在车辆中情况。通过无线通讯网络随时传送货物的实时信息，实现贵重物品较为安全的运输，可以有效地防止贵重物品在运输过程中的丢失和损坏。危险品和特殊物品对于运输的环境要求较高，例如易燃易爆的运输产品就要求运输车辆的环境要保持一定的湿度，要防止温度过高带来不必要的危险。这就要求随时对车辆运输环境进行监控，以保持更加合适的运输环境，保证人员和车辆的安全。

2.5　本章小结

本章介绍了物流园区的基本概念和物流园区在国内的发展概况，对当前国内物流园区的服务模式进行了简单的介绍。在分析当前物流园区服务模式发展现状的基础上，找出了现在国内物流园区服务模式发展存在的问题。当前物流园区服务模式发展存在的问题就是应用物联网技术对物流园区服务模式进行创新的方向。然后本章又对物联网技术的相关概念做了介绍，介绍了物联网技术的发展趋势，最后介绍了物联网技术在物流园区内的应用。

3 物联网技术对于物流园区服务模式创新的影响

3.1 物流园区服务模式创新影响因素分析

3.1.1 客户需求变化

客户对于物流服务需求的变化要求物流服务创新。20 世纪 90 年代以来，物流环境出现了一些新的趋势：顾客物流服务需求多样化、个性化、定制化，供应链物流一体化；经济全球化下的物流服务全球化，物流信息化、网络化与物流技术自动化等。在这样的环境下，传统的物流服务模式已经不能满足顾客需要，迫切需要新的物流服务理念、方法和模式，需要物流服务商以市场为导向，通过创新服务提高物流服务绩效（张光明，2006）。

顾客是上帝的理论对于物流园区来说同样是适用的，顾客需要什么样的服务，物流园区就应该提供什么样的服务。客户对于物流服务需求的变化激励着物流园区的经营者不断革新自身的物流服务以满足不断变化的客户的需求。随着市场经济的发展，客户自身竞争压力的增大，为了更好地满足自身的需求，客户迫切需要能够在物流服务上获得更多的竞争优势，以期望能在残酷的市场竞争中获得足够的竞争优势立于不败之地。客户不再仅限于物流园区的一间仓库、一部运输的车辆等最基本的服务，而是需要更加切合自身企业经营流程的更加个性化和灵活性的物流服务。这就需要物流园区考虑自身现如今能够提供的物流服务能否满足客户的这种需求，如果不能满足客户的这种需求就需要物流园区通过改变现有的服务模式，创新自身的服务内容，以提供给客户需要的各种个性化服务。

客户的需求是企业发展的方向，能否满足客户的这种需求是企业能否在残酷的市场竞争中获得胜利的关键。物流园区创新自身服务模式，向客户提供更加个性化的服务是物流园区今后服务创新的关键。以客户需求为导向的创新是市场发展的必然要求，物流园区服务模式的创新要以要更好地满足入驻园区企业对于物流服务的各种需求为标准，服务创新的考核也是以是否能满足入驻企业的需求为标准的。

3.1.2　物流技术进步

技术进步是创新的重要推动力，物流技术进步是物流园区服务模式创新的重要推动力。各种物流技术的发展为物流园区更新自身服务内容提供了基础。越来越多的先进科学技术直接服务于物流领域，从而促使物流企业不断采用先进科技进行适用性创新。先进科技不断地应用到物流领域，推动了物流服务的创新。

运输技术的进步为物流企业带来了更多实现服务内容的机会，从原来的只有陆路运输发展到现在的可以通过航空技术实现更加快捷的运输。同时陆运技术的发展也不局限于公路运输了，铁路技术的发展大大地提高了物流企业的运输效率，降低了物流企业的运输成本。水路运输也不断地发展。航天技术、造船技术和铁路技术拓展了物流企业运输的方式，真正实现了陆、海、空多式联运模式。这也使得物流企业可以为客户提供更多的服务选择。对货运时效性要求较高，货运量较小，不计较成本的客户可以选择航空运输；而货运量大，时效性要求较低，运输距离较长的可以通过铁路运输。同时，如果客户的地理位置合适，完全可以通过水路运输实现。大型货轮跨海运输也为国际贸易的实现提供了基础。包括中国远洋运输集团、马士基和UPS等在内的国内外物流巨头，都实现了万吨级货轮跨国运输。

仓储技术的发展也为物流园区的发展带来了更多的机会。仓储技术包括自动化仓库技术、货架技术、货物的验收堆码技术、库房湿温度控制技术、货物养护技术、库存货物数量的控制技术、安全消防技术、自动仓储系统管理与控制技术等。货架技术的应用实现了货物的立体式堆放，完全可以将一些易碎易破损的货物放在底层，而其他类货物则可以放到高处。这样仓库的空间就可以有效地利用，为企业节约大量的成本。冷冻库技术的发展也为国内冷链物流的发展提供了基础，通过冷冻库技术的恒温作用，可以将一些对温度要求较高的货物进行恒温保存，将生鲜产品进行相应的低温长久保存。

信息流是物流的重要组成，信息系统的发展也促进了物流园区服务模式的创新。以物联网技术为代表的现代信息技术的发展为物流园区创新服务模式、提供更加方便快捷的信息系统提供了技术基础。传感器技术、RFID 技术和用户端技术都使得物流园区的信息系统能够更加方便地为入驻园区的企业服务，不论是仓储技术还是运输技术都离不开物流信息系统的支持。信息为物流产业的发展提供了重要的技术支撑，通过以物联网技术为基础搭建的物流信息系统，客户可以更加全面地了解仓储、转运和运输中的货物，物流园区可以向客户提供物流信息管理服务，使得客户无须亲临现场就可以完成园区内的各项工作，方便客户的工作流程。传化萧山物流基地提供的物流信息港服务，就是依托先进的信息技术为客户构建的物流信息网络，使得入驻园区企业可以在信息系统中完成运输、仓储和交易的各项工作。

3.1.3 竞争差异化

根据蓝海战略，市场中的每个参与者不一定要参与竞争，而是要找到一块没有竞争的蓝海，规避目前激烈的市场竞争。现阶段我国物流园区市场的所有参与者也应该找到属于自己的一片蓝海，避开目前竞争激烈的市场。企业竞争的根本就是能否获得比竞争对手更多的客户，能否出售比竞争对手更多的产品或服务，能否获得比竞争对手更多的利润。企业获得竞争的关键就在于能否为客户提供多少价值，而且在为客户提供价值的同时能获得更多的利润。

物流园区的竞争就在于能吸引更多的企业入驻园区，最少应该保证园区内可以满额入驻，能为入驻园区企业提供更多的个性化的服务，多提供的服务能为入驻园区企业创造更多的价值，这是物流园区在同竞争对手的竞争中获得竞争优势的关键所在。物流园区要吸引更多的企业入驻园区就需要园区能为入驻企业创造更多的价值，能为入驻企业创造更多的价值就需要园区能提供能够提升入驻盈利能力的服务。所以物流园区要获得竞争优势就必须对自身的产品——服务进行重新设计定位，帮助物流园区能够在竞争中获得优势。

现阶段我国物流园区的服务模式仍然是以仓储和运输服务为主，每一个物流园区都不例外。要在激烈的竞争中获得竞争优势，就需要在服务模式上有所差异化，要比竞争对手的服务模式更加符合入驻园区企业的需求，甚至对没有入驻园区的企业产生一个极大的吸引力，以此来提高入驻本园区的门槛，使更多的优秀的企业入驻园区。从国美和苏宁发展的例子就可以看到创新服务模式对于获取竞争优势的重要性。北京国美、南京苏宁都是从一个街边小店发展至拥有分店数十家、年销售额几十亿元的专业化连锁公司，它们的发展迅速之快，着实让人刮目相看。国美、苏宁的假设很简单，传统的分销渠道被用来帮助制造商摆脱产品；分销商在各种渠道中向顾客推销产品；而国美、苏宁的商业模式的真正目的不是帮助制造商推掉产品，而是要帮助顾客购买它们。国美、苏宁希望自己的服务模式是要保证在一个产品的制造商和顾客之间的任何人都是在增值，是在增加正确的价值。这样的专业化连锁模式就被称为“分销团体化”（Distribution Communities）的服务，即由一组专业化连锁模式组成的公司在为最终顾客创造价值，在这些连锁零售终端上，顾客可以在同一时空上对自己的需求进行价值选择和价值优化（曾涛，2006）。

竞争差异化推动了物流园区服务模式创新，物流园区在竞争中获取竞争优势就是要创造更多更好的服务以满足入驻园区企业的需求。服务模式的差异化就是园区竞争差异化的来源。物流园区在市场竞争中获取竞争优势、实现差异化竞争的过程就是在重新审视自己现阶段的服务模式相比于竞争对手有哪些优势和劣势，找出物流园区的什么环境产生了这种优势和劣势，并对自身企业的基础内外部环境进行分析，找到自己物流园区服务模式的不足和优势。

3.1.4　物流园区管理者因素

物流园区的管理者在物流园区服务模式创新中起到了极为关键的作用。如果将客户需求变化、技术进步和竞争差异化看做是推动物流园区服务模式创新的外生变量，那么管理者因素就是物流园区服务模式创新的内生变量。物流园区服务模式创新的3个外生变量为物流园区服务模式创新提供了非常重要的外部基础，客户需求变化和竞争差异化带来了服务模式创新的市场，说明物流园区的服务模式创新可以为物流园区带来客观的经济效益。技术进步则为物流园区的服务模式创新带来了技术的支撑。物流园区的管理者因素则是所有创新的推动者，具有前瞻性眼光的领导者是企业成功的重要决定因素。从最早的通用电气的杰克·韦尔奇，到现在阿里巴巴的马云，都是企业领导者的前瞻性眼光带领着企业走向了成功。

物流园区的服务模式创新是物流园区能够提供给入驻企业的产品的创新，是物流园区能否在市场发展中获得竞争优势的关键。物流园区的管理者是物流园区发展的掌舵人，决定了未来物流园区的发展方向。对客户的需求是否有足够的重视，对物流技术的发展是否有足够的敏感度，是否了解物流园区与竞争对手之间的优劣势，物流园区的发展离不开领导者对于当前和未来市场发展的精准的判断，出众的战略眼光可以有效地应对外部多变的环境，选择最佳的战略应对危机。

3.2 物联网技术对于物流园区服务模式创新的影响

3.2.1 物联网技术改变了客户的需求

物联网技术被称为继计算机、互联网之后世界信息产业技术的第三次浪潮，物联网技术的出现改变了过去老旧的手工作业模式。企业内部的生产运作流程都可以通过物联网技术实现智能化和自动化完成。在企业内部管理中使用物联网技术，对运输车辆和生产设备等设备通过标签化的方式进行实时的追踪，便可以实时地监控这些设备的运行情况，实现对企业资产和流程的可视化管理，这有助于企业对其整体资产进行合理的规划和使用。各种类型的企业运作流程越来越依赖应用物联网技术所带来的便利。

随着经济的发展，各种市场的竞争变得更加激烈，消费者在市场中占据了主导的地位，买方市场不断地发展壮大。这就要求企业以消费者的需求为出发点，安排自己企业的生产运作流程。是否能够满足消费者的需求，能多大程度的完成，能在什么时间完成消费者的需求成为了企业获取市场竞争优势的关键因素。企业运作流程的加快就需要企业内部的物流系统为生产和销售部门提供更加快速便捷的物流支撑服务。物联网技术的出现完全可以满足企业的这种要求，企业物流网的应用可以有效地降低企业内部的手工劳动，降低企业成本的同时也极大地提高了企业的内部流程运作效率。

在企业内部运作效率提高的同时，物流园区所提供的物流服务也要相应地发生变化，以适应企业内部生产运作流程的变化，不再只是租赁一间仓库或一个货场，更需要物流园区能够提供更加高效的仓储和物流配送服务，满足自己的生产运作流程。物流园区作为专业的物流服务提供商，入驻企业不仅希望物流园区能够提供更加高效的物流服务，而且更加希望物流园区能帮助企业改善企业的物流运作流程，能够更加高效地完成企业内部的运作流程。这样的转变需要物流园区不仅提供包括仓储和物流配送在内的专业的物流服务，而且需要物流企业能够从根本上改善企业的物流流程，向企业提供第三方的建议。

物联网技术的发展不仅是在技术上为物流园区提供创新的途径，而且更主要的是需要物流园区能够从根本上将入驻企业的物流运作流程优化，向企业提供更加全方位的服务。另外，物联网技术的发展使得货物的远距离监控管理成为了现实。物流园区的服务模式不仅局限于自身的仓储和物流配送服务上，更应该考虑与相关联行业的合作来发展物流园区。物流园区应该作为一个平台，不仅要为自身盈利服务，还要考虑到物流园区在地区经济发展中的作用。物流园区作为一个地区企业聚集的平台，向本地区以外的企业展示本地经济发展的特色和成果，是外部了解本地区的平台。

3.2.2　物联网技术推动了物流技术进步

物联网技术对于物流园区服务模式最直接的影响就是推动了物流技术的进步，进而促使物流园区应用更加先进的物流技术更好地为入驻企业服务。

1. 物联网技术对仓储技术的影响

基于物联网技术的仓储技术，实现了智能化的仓储系统。传统的仓储系统都是根据生产进度、产品销售等进行相关的库存协调，由于相关信息的收集和录入都是以人工为主，同时库存操作也都是人工操作为主，通常难以实现信息的同步更新，且错误率较高，影响了库存管理的效率，而且人工成本过高。传统的仓储管理系统无法实现对于外部市场的变化的快速反应，缺少相应的灵活性，无法适应快速发展的市场需求。以物联网技术为基础的仓储管理管理相对于传统的仓储管理所有的数据采集和信息录入都是通过 RFID 和各种类型的传感器来完成，无须更多的人工参与，可以很好地实现信息的同步。由于人工参与得较少，信息录入的错误率较低，故能够保证库存信息的完整和准确。

物联网技术在库存控制的应用不仅是对于信息的自动收集和录入，减少人工的错误率。另外一方面的主要应用是对于库存货物的实时监控和管理，这可以更好地实现库存信息与市场需求的对应。物联网技术应用到库存管理中实现了对于外部环境变化的实时反应，可以随时根据外部环境的变化和顾客需求的变化调整企业库存。同时将企业的库存分为了内部库存和外部库存。内部库存就是传统意义上的库存；外部库存又叫在途库存，是尚未到达目的地、正处于运输状态或等待运输状态而储备在运输工具中的库存。过去并没有将这些货物作为企业库存的一部分。这些货物并不算传统意义上的库存，但是却会对企业的生产和经营产生非常巨大的影响。随着对库存研究的深入，人们逐渐开始注意这种库存。过去由于技术的限制无法实现对在途库存管理和监控，物联网技术的应用则实现了信息的实时传输，也就可以实现对在途库存的管理和监控了。

2. 物联网技术对物流配送技术的影响

物联网技术下的物流配送技术也实现了信息的实时收集和管理，通过GPS和GIS技术实现对各种运输工具位置的精准定位，实现了对物流运输过程的全程监控和管理。物流配送的过程不再仅是模糊的运输过程了。物联网技术的参与使得物流配送技术完全地向客户开放，客户可以随时监控运输工具的位置和行走路线，随时根据实际情况调整物流配送的时间和路线。这更好地满足了市场变化需求。客户可以完全地监控货物运输的全过程，就可以向市场提供更加准确的交货时间，有助于客户提升自身的市场竞争力。

物联网技术在物流配送技术上的应用还有对于所运输货物实施的管理。过去运输货物，尤其是长距离货物运输，由于客户无法一直跟踪货物的运输过程，运输途中货物的损耗和丢失是不可避免的。这对于贵重物品和对运输环境要求较高的物品的运输尤其明显，稍有不慎客户的损失就是非常巨大的。例如，随着国内网络购物的不断发展，3C产品的网络购物行为不断增多，各个快递公司都发生过类似的快递员调包所运输的产品的事件；由于国内生鲜产品的产地和销售地距离较远，长距离生鲜产品的运输变得越来越频繁，由于缺少必要的控制和管理措施，国内生鲜产品的损耗率一直居高不下，这也是国内生鲜产品物价居高不下的原因之一。

随着物联网技术的逐渐应用，货物运输变得更加安全，承运人和运输企业可以通过物联网技术实现对于3C产品在内的各类贵重物品在运输过程中的全程监控。这在一定程度上可以避免运输过程中人员误操作和别有用心的偷盗行为的发生，在保障承运人权益的同时也可以增加运输企业的社会声誉，增强运输企业的社会竞争力。物联网技术的远程监控作用也可以在一定程度上降低生鲜食品长距离运输过程中的损耗率。通过物联网的远程信息收集和监控系统，包括运输企业、车辆和货物的客户都可以实时地看到运输过程中车辆所在地区环境的变化，以便于对运输途中各种突发事件做出有效快速的应对，避免发生路途耽搁带来的运输时间变长，生鲜产品在路上损耗增多的事件发生。车辆根据客户的需求随时更改运输线路，使得货物可以被更好更快地送到客户手中。

运输信息的实时收集也使得整个运输过程更加透明化，运输过程更加流畅。很多运输过程都不是使用一种运输工具就可以完成的，大部分都是使用两种或者两种以上的运输方式完成的。不同运输方式之间的对接问题也是传统运输流程中时间损失的主要方面。物联网技术的应用可以使得运输信息可以实时地传递给企业，企业就可以根据当前运输工具的位置和速度判断出到达时间，可以很从容地安排下一段运输的事务。运输信息的透明化使得整个货物运输过程变得更加快捷和灵活，使货物转运过程中变得更加顺畅，可以有效地加快企业的运作速度，降低企业因为信息沟通不畅带来的等待成本。

3.2.3　物联网技术促进了差异化竞争

物联网技术的发展和应用使得很多行业的经营模式都在发展根本性的变化，获取竞争胜利的关键因素不再是成本的高低和产品的质量，而变成了比竞争对手能够更加快速地满足市场的需求。这就要求企业随时关注市场的变化，根据市场的变化随时更改企业的生产计划，尽快地生产出客户所需要的产品，并且以最快的速度将这些产品推向市场。生产型企业和商贸型企业对于物流系统反应速度的要求越来越高，需要物流企业能够更好地了解本企业客户的需求，能够更好地将企业生产所需要的原材料和相关的原料以最快的速度送到企业的工厂，将企业的产品以最快的速度最合适的方式送到本企业的客户手中。可见，现在企业的竞争变得越来越依靠自己的战略合作伙伴，自己企业的主要精力都放在了企业最核心的业务方面。

物流园区作为物流服务提供商，是企业供应链中的重要组成部分。物联网技术的发展改变了物流园区外部经营环境，客户的需求逐渐个性化和多元化，不再局限于过去物流园区的仓储和物流配送服务。这就要求物流园区能够为客户提供更加多元化和个性化的服务，物流园区之间的竞争已经变成了服务内容之间的竞争。传统单一的仓储和物流配送服务已经无法在市场中占据竞争的优势地位，物流园区的数量不断增长，越来越多的物流园区认识到仅靠仓储和配送服务是无法在市场中获得足够的竞争优势、取得市场竞争的胜利的。物流园区的经营者开始思考改变单一的服务模式，走多元化服务之路，力求在市场中开发出更加个性化、鲜明化、不同于过去的服务模式，以获得更多的客户支持。

差异化竞争逐渐地成为了市场竞争的主流趋势，物流园区行业也不例外。自从2009年3月国务院发布《物流业调整和振兴规划》以后，国内各个地区掀起了建设物流园区建设的热潮，物流园区从原来的长三角、珠三角和京津地区逐渐地向中西部扩展，越来越多的地区都发布了本地区的物流园区建设规划。物流园区市场迅速地升温，随之而来的就是物流园区行业的竞争加剧，单靠提供基本的仓储和物流配送服务已无法在激烈的市场竞争中获得足够的竞争优势，多元化服务模式成为了物流园区发展的必然结果。物联网技术的发展正好为物流园区的多元化服务模式提供了千载难逢的良机，运用物联网技术，物流园区不仅可以对自身的仓储和物流配送服务进行优化升级，通过运用先进的技术提供更加优良的服务，而且可以在此基础上开发其他相关的服务，以应对市场竞争的加剧，避开竞争最为激烈的市场，寻找到更加适合自身发展的蓝海。

3.2.4 物联网技术为物流园区开发新的服务内容提供了技术支撑，扩展了物流园区的业务范围，催生新的配套服务产业

物联网技术被称为是继计算机和互联网之后的第三经济浪潮，世界各国都把物联网看做是未来经济发展的方向。计算机和互联网技术实现了部分企业流程的自动化和网络化，物联网更加深入了这一过程，将自动化、智能化和网络化扩展到了所有企业和领域。互联网拉近了人与人之间的距离，物联网不再局限于人与人之间的通讯，它实现了人与物、物与物之间的联系和通

讯，更重要的是物联网技术正在被越来越多的企业所应用，以改善自身的经营流程，应对日益激烈的市场竞争。

物流行业的应用是物联网的最主要应用之一，物流园区的物联网应用也是必然的趋势。作为物流服务的主要提供者，它同时也承担了很大一部分的社会服务。遍及全国的物流网络的硬件节点包括各地的大大小小的物流基地和物流中心，网络则是由贯穿中国的公路、铁路、航空和航道所组成的。这一物流网络的形成在历史上来源于经济和贸易往来，物流园区往往就是那些物资集散中心地，在地理上往往接近于物资生产地或者是物资消费地，是由于物资产地不同和销地不同而设立的必要的中转站。这就要求物流园区在经营中充分地考虑到自己在地区经济发展中所起到的作用，作为必要的物资中转站，物流园区必须要了解自身所服务的整个市场，要通过构建本地的物流信息系统与本地的企业相连接，通过信息的分享，物流园区才能更好地为本地区的企业服务，为本地区经济发展服务。物联网技术在这其中可以起到关键性的作用，通过物联网技术的自动信息收集功能完成本地物流信息管理系统的构建，促进本地经济更好更快的发展。

社会物流行业的发展，使得物流功能从生产和销售中独立出来，新兴的物流园区则正好充当了将这些集散中心进一步整合和管理的职能。所以，未来的物流园区将作为国家物流和供应链网络的重要战略支点出现。除了物流，国家的物流和供应链网络还需要能够对各种信息流进行分类、管理和收集，而物流园区所具备的信息管理功能将进一步发挥作用，物流园区之间还将通过信息系统的集成，形成虚拟的中国物流管理中心。物流园区的信息管理能力必然需要物联网技术的参与，国家物资管理的核心就是实现全国物资更加合理的分配，未来的物流园区将成为国家物资管理的主要基地，物资管理系统的构建应该是以物联网技术为核心的。从全社会角度出发，可以发现物流园区实质上不单单是一个经济单位，更是一个具有国家战略意义的节点，充当的是支撑整个国民经济发展的基础作用。社会物流的发展离不开物流园区的参与，物流园区的发展也必然要用到物联网技术。物联网技术已经在物流行业中得到了应用，实践也证明了物流行业内物联网技术的应用是非常成功的，未来物流市场的发展需要物联网技术的支撑。

3.3 本章小结

本章首先分析了物流园区服务创新影响因素，总结了客户需求变化、物流技术推动、差异化竞争和物流园区管理者因素 4 个对物流园区服务模式创新有推动作用的因素。这 4 个因素从不同的角度促进了物流园区服务模式的创新，外部因素包括客户需求变化和差异化竞争的要求，内部因素就是物流技术的进步和物流园区管理者的推动。这 4 个因素作用的角度不同，但是最后的目的都是相同的，都是为了能够为入驻园区的企业服务，提升物流园区的市场竞争力。

物联网对于物流园区服务模式创新的影响也可以通过对于这 4 个因素的影响来体现。首先，物流园区的客户以工商企业为主，物联网技术的出现使得这些企业的业务流程变得更加快速和灵活，而物流园区作为企业物流服务的提供者，就需要对自身的服务模式进行优化，以应对客户业务改变带来的对物流服务需求的变化。其次，物联网技术对于物流园区服务模式最直接的影响就是提升了物流服务的技术含量，物流园区提供的服务逐渐个性化、精细化和自动化，不再是过去那种大众化、一般化的服务。再次，蓝海战略的差异化竞争思维为现代企业应对竞争提供了新的思路。现阶段国内物流园区的竞争仍然集中在一般性的仓储、运输，服务商竞争非常激烈，同时客户也不再满足于这种服务模式。这样以物联网技术为核心的新型物流服务就是物流园区赢得差异化竞争的关键。最后，以传统的、一般性的服务为主的物流园区已经无法适应市场发展的需要，而且生存状况会越来越差，这就需要物流园区顺应市场发展的需要，运用先进的技术改变传统的服务模式。

4 基于物联网技术的物流园区服务模式创新实现研究

4.1 物流园区服务模式创新方式——深化服务内容，改变过去一般化和大众化的服务内容

物联网技术应用到物流园区，不仅在技术上为物流园区提供了创新服务模式的支撑，更重要的是拓展了物流园区的服务视野。传统的物流园区的服务模式存在的问题就在于，服务内容的单一，虽然现在物流园区的服务内容大类有13个之多，但是单独看任何一个服务内容，包括物流园区最基本的服务内容仓储管理和物流配送服务，都没有更多的分支服务很好地支撑物流园区的服务模式体系。现阶段我国物流园区能够提供的仓储和物流配送服务仍然处在最初级的阶段，仅仅是提供一些仓储设施和设备，以及一些运输车辆的租赁等，甚至有的仅能提供仓储的设施，一些立体货架和装载设备等都无法提供。这就导致了我国物流园区的服务模式体系的不完整，使其无法为入驻企业提供更加完善和个性化的服务，见表4－1和图4－1。

表4－1 我国工商企业外包物流业务的种类比例 单位：%

项目＼年份	2006	2007	2008	2009	2010
干线运输	32.7	30.8	39.3	42.6	47.8
配送	25.4	32.1	37.4	38.3	43.1
仓储保管	15.1	16.7	11.9	15.5	16.3
包装与流通加工	5.2	6.7	11.9	13.5	14.6
物流信息管理	3.5	8.2	17.5	15.6	16.2
物流系统设计	7.9	8.3	10.6	10.7	11.5
库存管理	9.2	6.4	6.7	5.4	5.9
其他	2.9	1.1	1.2	2.1	2.3

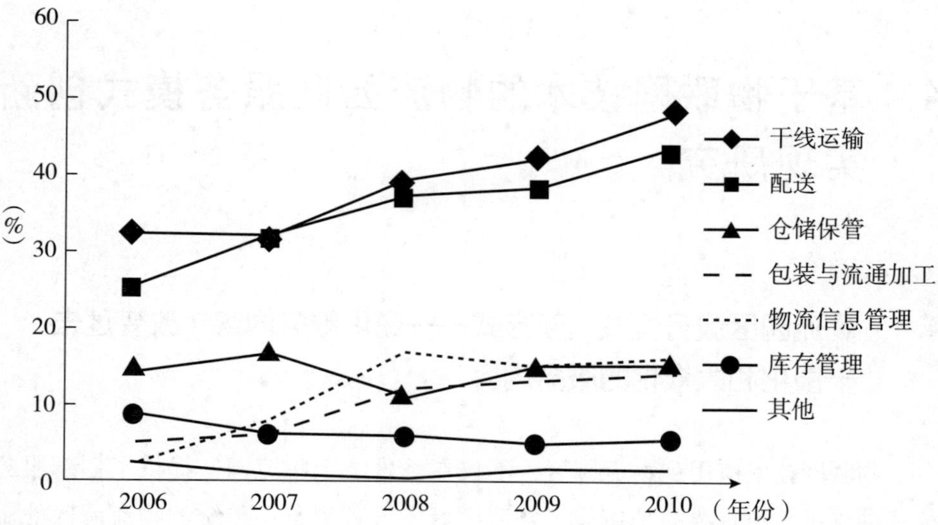

图 4-1　我国工商企业外包物流业务的种类比例

可以看到我国工商企业外包的物流项目中干线运输、配送和仓储保管占据了非常巨大的份额，这 3 项服务也是现阶段我国物流园区最重要的服务项目。物流园区的服务模式创新应该紧跟入驻园区企业的需求，针对企业需求量最大的服务进行创新和再造，对当前物流园区的运输、配送和仓储服务进行更新扩展，能更好地为入驻园区的企业服务。

4.1.1　基于物联网技术的现代库存管理服务

1. 传统库存管理服务

物流园区传统库存管理服务很大程度上是为入驻园区的企业提供储存仓库和货场，而没有提供对入驻企业库存进行实时监控和管理的服务。同时，由于物流园区的经营理念落后和基础设施薄弱，无法为入驻园区的企业提供更加丰富和个性化的库存管理服务。另外，物流园区的库存管理的重点仍然是在园区内仓库中和货场内的库存上，而对影响企业经营管理的在途库存管理并没有重视。随着市场竞争的加剧、企业生产经营速度的加快，在途库存变成了制约企业产能增长的瓶颈。物流园区处在企业生产和经营的重要节点，承担着为企业提供仓储和运输支持的作用，传统意义上的库存管理并没有相关的技能和知识去考虑在途库存管理的内容，同时，由于物流园区的基础设施比较薄弱，无法提供在途库存管理的各项无线通讯设备，也就没有办法向入驻园区的企业提供相关的服务内容。

2. 基于物联网技术的现代库存管理服务

物联网技术彻底变革了现代库存管理的信息系统运作模式。传统的库存管理是通过人工对出入库的信息进行录入，即使是使用传统的条码技术也需要对每件出入库的货物进行扫描才能将信息录入到信息系统中。这种运作过程仍然需要大量的人工进行操作，人工误操作带来的信息错误率很高，极大地影响了出入库的效率。这在根本上影响到了企业的生产运作效率，在瞬息万变的市场中一分一秒的误差都可能会带来无法估量的损失。物联网的传感器技术和 RFID 技术都是非接触性技术，即不需要通过近距离的接触，便可以深入货仓的内部进行扫描实现信息的录入和收集，完全可以应付大规模出入库操作。并且，由于所有的操作都可以通过机器来进行，人工参与的工作量得到了有效的降低，使得出现误操作的可能性降到了最低。这可以在很大程度上降低企业仓储的成本，提高仓储运作的效率，因此可以提高企业生产和销售流程的效率。

基于物联网技术的现代库存管理最重要的应用就是对于企业在途库存的管理。传统的库存只是将处在仓库或者货仓中的货物看做是企业的库存，但是不可忽视的是，处在分拣状态和运输状态的货物同样应该算作是企业的库存，而且应该是企业库存中的最重要的组成部分，见图 4－2。现代企业内部流程的分立，使得生产和库存往往分布在不同的空间，这就导致企业要保证生产顺利地进行就要在企业内部做必要的库存储备，而且由于信息系统并不能很好地协调生产、运输和库存之间的关系，使得企业库存始终处在高位运行，企业库存的成本自然就比较高。

物联网技术的应用使得企业可以将运输和分拣中的货物作为企业库存的一部分来管理，根据企业的生产和销售计划随时对库存进行调整。另外，企业可以将在途库存的实时信息共享给客户，使得客户可以清晰地看到整个货物的运输过程，可以根据货物的运输时间进行相应的准备工作。这降低了企业的库存，降低了企业的成本，使企业可以根据运输工具实时反馈的货物运输信息进行相应生产计划的调整和更改。在途库存管理是物联网技术在物流行业中的重要应用，物流园区是现在和供应链的重要节点，物流园区对于企

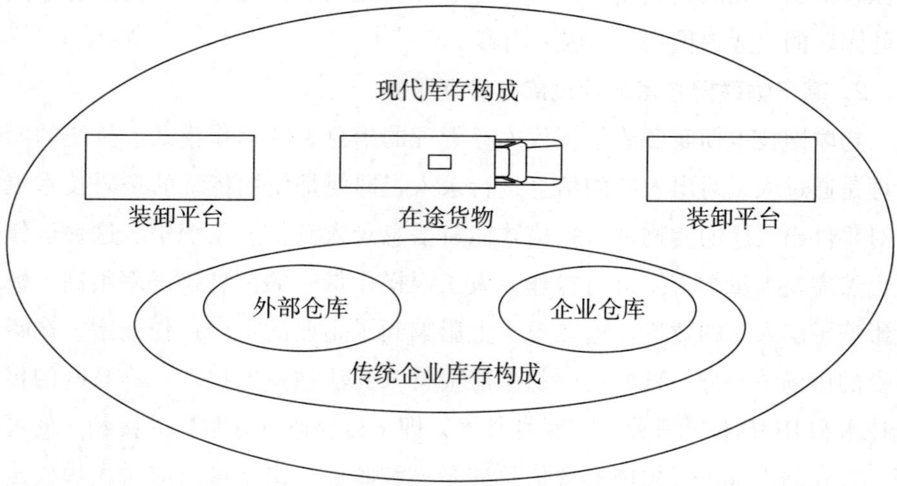

图 4－2　现代库存构成与传统库存构成的比较

业在库存管理上的支撑作用是非常明显的，需要对入驻企业的库存管理内容进行优化和升级，以满足企业生产和销售的顺利进行。

4.1.2　基于物联网技术的运输和配送合理配载服务

1. 不合理配载介绍和产生原因

不合理配载往往发生在货物运输过程完成后，运输车辆的返程过程中。由于信息的不对称，返程车辆在运输目的地无法完成返程过程中货物的装载，导致返程的车辆在返程过程中出现了空载现象。另外，信息的不对称还致使有意向向返程方向运输货物的企业无法获得返程车辆的相关信息，从而导致这些企业重新组织运输过程，产生了社会资源的浪费。返程物流不同于物流领域的逆向物流，逆向物流是指货物从产品消费市场到产品来源地点的物理性流动，同时伴随着物流货物流动信息流和资源流。从逆向物流的定义可以看到，逆向物流的侧重点是货物的回收再利用，逆向物流的内容包括各种废次、废旧和废弃产品从消费者、零售终端向商品的供应商的物流流动过程，逆向物流的对象是各种废弃品的回收再利用。例如，家电和电脑厂商对于已售出的不合格家电和计算机产品进行的回收；各类的废弃品回收公司对于各种废弃品进行的回收分拣，进行的再加工以防止这些废弃品对环境造成污染等。返程物流不同，返程物流类似于每年春运的返程客流，但是不同的是返程物流的主体是向某个方向运送货物的车辆。现阶段国内的物流运输都是单向运输，对于车辆返程时的空载问题，至今仍然没有得到有效的解决。

返程物流管理的难点就在于信息的不对称，运输车辆到达的目的地一般都是企业所不熟悉的地区，没有相关的措施和合作伙伴为企业的车辆在当地的行程进行信息的发布。目的地的企业要想将货物运到车辆的始发地，只能通过重新组织物流流程，这样做相应的成本就会有所增加。返程车辆的返程过程很可能就是空载的，这就导致了整个运输过程成本的大幅度增加。现在国内油价不断上涨，各种名目的路桥费的成本也是非常巨大的，返程车辆空载返程率非常高。

2. 基于物联网技术的运输和配送合理配载服务

物联网技术的出现可以有效地解决返程车辆空载的问题，基于物联网技术的物流园区信息系统可以实现对所有运输车辆的动态实时管理。国内的物流园区在空间上已经形成了绝对的网络结构，只要实现物流园区之间网络的互联，实现各自信息平台之间动态信息的交互，所有物流园区运输车辆的运输状态都可以被合作伙伴获得，当然这是在不侵犯某一方的商业机密的前提之下进行的。运输车辆的信息可以被目的地的物流园区共享给自己的入驻企业，甚至是没有入驻园区但是是园区的合作客户，只要是有意向向运输车辆行走路线上运输货物的企业都可以以较低的价格获得物流运输的服务。这样不仅使运输车辆的空间不至于被浪费，同时作为运输客流的参与者，运输货物的企业可以节约一笔不小的货运成本，这样就使得双方都获利。最终的结果是货物运输的成本得到有效降低，货物的销售价格也随之有不小的降低，有助于降低国内的CPI指数，对于促进社会稳定具有非常重要的作用。见图4-3。

4.2 物流园区服务模式创新方式——拓展服务内容，开发新的服务内容

物流园区的服务模式创新一方面要改变现阶段服务模式单一，服务内容大众化、一般化的现状，深入地发掘现有服务内容的潜力，将现有一般化、大众化的运输、配送和仓储服务精细化、个性化，不断地开发相关的服务内

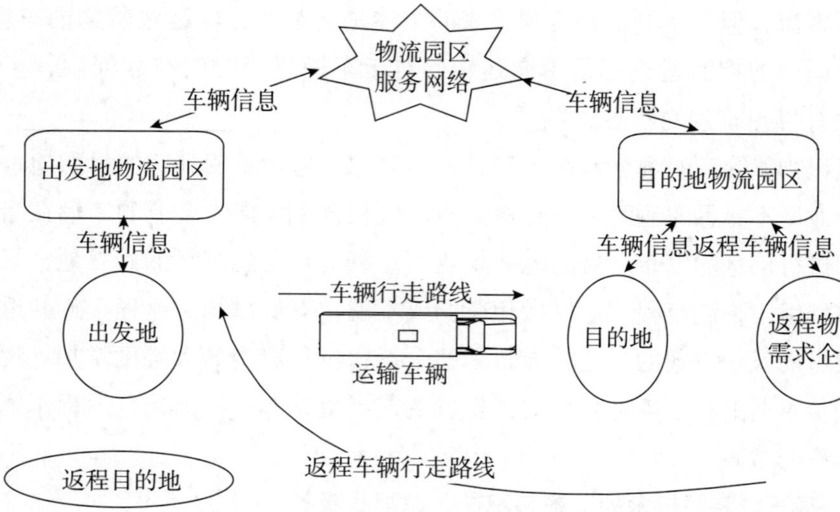

图 4－3　运输和配送合理配载服务

容，包括精细化和个性化的运输和仓储服务等；另一方面要针对入驻园区的企业以后出现的需求进行服务的创新和改进。

从我国工商企业未来拟增加的物流外包项目可以看到，物流信息管理是工商企业未来物流服务外包的主要投资点，这也是我国物流企业的主要市场所在。物流园区作为主要的物流节点，处在了承上启下的有利位置，可以依靠自身的货物集散和周转的功能，很好地把握住入驻企业的需求，通过更新自身的服务模式，更好地为入驻企业服务。物流园区可以利用自身在地理位置和供应链有利位置的优势，运用物联网技术自动化收集信息、智能化处理信息的优势，构建面向整个园区客户的开放式的物流信息系统，为所有入驻园区企业提供物流信息管理服务。见表 4－2 和图 4－4。

表 4－2　　未来工商企业拟增加的物流外包项目

项目	比例（%）
物流信息管理	38.9
物流系统设计	25.6
包装与流通加工	17.8
仓储保管	12.8
库存管理	9.1

续表

项目	比例（%）
配送	8.3
干线运输	4.1

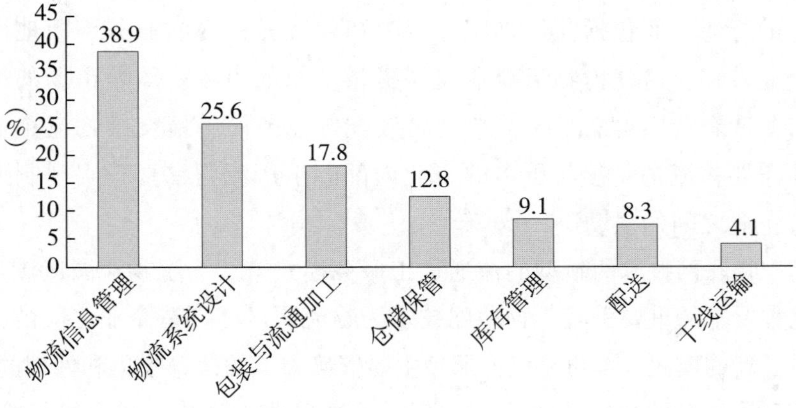

图4－4　未来工商企业拟增加的外包物流项目

4.2.1　基于物联网技术的物流园区信息管理服务

物联网技术扩展了互联网的参与终端，实现了物与物、人与人和人与物之间的信息互联和共享。物联网技术的核心就是自动化和智能化信息处理和收集，极大地改变了传统的依靠人工收集信息和处理信息的模式。物流园区可以利用物联网技术的这一优势，搭建面向整个园区客户的信息网络，为整个园区的企业服务。同时物流园区的信息系统需要注意的是这样的一个信息系统的运行状态不同于单独企业的专有的信息系统，它既要包括所有入驻园区的企业都可以查询和分享的公共信息，又要保证企业专有的信息不被泄露。物流园区物流信息系统的这种特点，与物流园区提供的基本设施和设备相联系，将园区内部的信息管理、加工和应用，实现了虚拟的网络信息和实际应用的互联。

4.2.2　基于物联网技术的物流园区流通加工和装配服务

物流诞生的初衷就是为制造业服务。随着社会经济的不断发展，物流的服务范围不断扩大，但是制造业仍然是物流的主要服务对象。经济的发展、市场竞争的加剧、客户需求的变化，使得制造企业面对更加复杂多变的市场。这就要求制造企业能够运用更加灵活的生产方式来应对市场的竞争。物流园区所提供的流通加工和装配服务就成为了制造企业应对市场竞争的重要手段。制造企业不断地将自身的非核心企业进行外包，这就可以更加专注于自身核心业务的发展，而被剥离的这些非核心业务逐渐衍生出了新生的行业，而包括流通加工、装配和包装等在内的业务不断地向传统物流企业转移，这就为物流企业发展提供了新的市场。随着市场的进一步发展，制造企业不再满足于简单地将装配等业务简单地交给物流企业来完成，而需要物流企业参与更多的企业内部的生产流程，真正实现制造企业与物流企业之间的联动。

基于物联网技术的新型的流通加工服务模式就成为了物流园区满足制造企业这种要求的重要手段。物联网技术为物流园区与制造企业之间的信息互联提供了新的模式，不再是以前那种主要依赖人工的信息收集和处理的模式，真正实现了信息的自动化收集和处理。通过自动传感技术和无线传输技术，实现了制造企业与物流园区之间在不同环节信息的精准对接，实现了双方流程的联动。云计算模式，也为两者之间的信息系统对接降低了门槛，促进了两者之间信息互联的自动化水平。

4.3 本章小结

我国物流园区服务模式的创新应该从当前的实际出发，以满足入驻园区企业的需求为出发点。物流园区服务模式创新一方面要从当前入驻企业最为需要的服务展开，针对当前我国工商企业最为需要的干线运输、配送和仓储保管等服务，进行相关的服务创新，在更好地满足入驻园区企业的需求的同时，吸引更多的企业入驻。在服务创新的过程中，要运用物联网技术对于物流技术的影响，以先进的技术替代过去人工服务为主的服务模式，将自身的运输、配送和仓储服务自动化和智能化。

另一方面我国物流园区的服务模式创新，应该是在满足当前入驻企业需求的基础上，对于未来可能出现的需求进行预测分析，对于未来入驻园区企业的主要物流服务需求进行分析，占据市场的先机。物流信息管理和物流系统设计都是我国工商企业未来的主要投资方向，这就为我国物流园区的服务模式创新提供了方向。通过对自身园区的计算机网络的更新升级，改变传统的人工收集处理信息的服务模式，向自动化、实时化和智能化的服务网络转变，运用物联网技术，实现园区信息系统的更新升级。

5 案例分析

5.1 案例企业背景介绍

5.1.1 浙江传化物流基地介绍

浙江传化物流基地，是传化公路港物流首个成功运营的物流基地，位于杭州钱江二桥萧山出口处，2002 年始建，2003 年 4 月正式营业。浙江传化物流基地有限公司定位于“物流平台整合运营商”，在“与您共同成就事业，推动区域经济发展”的经营理念指导下，致力于整合“物流服务、物流载体和物流需求”三大资源，为众多物流企业提供“信息交易、商务配套和物业”等系统服务。

公路运输作为承担我国绝大部分物流任务的最重要板块，长期以来表现出松散、低效、高资源浪费率的状态，严重制约着中国物流的整体效率的提升，妨碍了现代物流对经济发展推动效应的发挥。

针对这一行业现状，浙江传化物流基地创造性地扮演“物流平台整合运营商”角色的实践，搭建了高效的物流运营平台，建立了物流企业资源聚集区，赋予了公路运输板块高效低耗、集成化、信息化管理的时代特征，从而在海港、航空港之后，以全新的“公路港”物流模式，拉伸了公路物流短板，助推了中国物流业完成现代物流集海、陆、空于一体的完整体系构建。

5.1.2 发展历程

从第一方物流到公路港物流的发展历程如下。

1997 年——传化从转换经营体制着手，将“传化车队”改组为“杭州传化储运有限公司”，从事第一方物流业务，组建储运公司。

1998 年——随着制造企业市场的快速拓展，传化意识到，仅仅依靠自己的力量无法满足市场需要，开始了整合社会资源的尝试，对物流服务业务实施了市场化运作，并开始了简单的第三方物流业务。

1999—2000年——在从事第三方物流业务的过程中，传化感受到现代物流良好的发展前景，同时认识到，如果能够搭建平台进一步整合物流资源，不仅能为生产型企业提供更好的服务，对整个行业的发展更是有巨大的推动作用。1999年开始对此设想进行了大量的调研。2000年，确定了公路港物流发展战略。

2002年——2002年传化公路港物流首个基地——浙江传化物流基地开始建设，2003年4月正式投入运营。

2005年——启动公路港物流基地连锁经营战略。

2006年——浙江传化物流基地成为中国物流示范基地，传化物流的创新模式受到广泛认可。

2008—2009年——2008年，苏州、成都传化物流基地开始建设，2009年成都基地盛大开业。

2010年——苏州基地正式投入运营。富阳项目开工建设，大杭州枢纽港工程迈出实质性一步。

5.1.3　服务体系

传化物流基地主要为服务组织、中小物流企业、社会车辆提供以下服务。

- 生活后勤保障服务（联运中心、配套服务区）
- 行政配套服务（办公区、司机旅馆）
- 商务配套服务（物流信息港、展示销售中心）
- 实施设备物业服务（仓储配送中心、零担快运中心）
- 信息支持服务（车源中心、交易中心）

5.2　物流园区服务模式创新情况

5.2.1　网上车辆预订服务

传化物流基地的官网上实时更新从萧山到全国各地的运输车辆信息，车辆的载重、长度、车牌号以及行走的路线都有相关的介绍，物流基地的入驻企业和个人随时都可以寻找到发货运输所需要的车辆。这就使得车主和货主不需要花费更多的时间和精力去寻找合适的合作伙伴，传化物流基地的物流信息系统使得双方都能以最快的速度和最合适的成本寻找到自己最合适的贸易伙伴。传化物流基地组织了近40万辆车辆为入驻园区的企业提供货物运输的服务，将这些车辆编入自己的数据库，实时地对这些车辆的信息进行监控和更新，方便客户寻找到合适的运输车辆。另外，传化物流基地也为本地的运输企业和个人提供了服务展示平台，通过园区聚集的企业资源，可以为本地的运输公司提供非常多的市场机会，有效地带动了本地经济的发展。

5.2.2 网上货运委托服务

传化物流基地的物流信息系统不仅可以对基地内的车辆信息进行实时动态的更新，并且可以对需要运输的货物信息进行实时的记录和更新，然后在物流信息系统发布相关的货运信息。与车辆的网上预订服务类似，传化物流基地的网上货运委托服务也使得货物主可以节省很多的时间去寻找合适的承运车辆，而将选择权交给了负责运输的企业和个人。这样做就形成了货运委托企业和运输企业之间的联动，搭建了彼此之间的信息共享平台，从根本上改变了过去货运委托企业无法寻找到合适的承运企业，而承运企业空有大量的运输工具资源因为无法寻找到合适的客户而大量的闲置的情况。

5.2.3 物流信息港

物流信息港是传化物流基地物流信息系统的主要组成部分，传化物流基地的物流信息港为所有入驻物流基地的企业以及当地的运输车辆或公司提供所有基地内部的信息交流平台。这一平台的构建集中了基地内部几乎所有的供求信息，除了车辆信息和货物信息外，还为基地内部企业和外部企业搭建了交流的平台。在传化物流基地的官网上可以看到滚动的车辆和货物的信息，而且还有一部分货物的供求信息，开发的信息平台使得基地外部的企业和个人都可以自由地浏览基地的各种信息，使得基地的商品交易展示得到了加强。

物流信息港是传化物流基地所有物流服务的基础，为入驻物流园区的企业提供更加个性化和人性化的物流信息服务。传化物流基地以物流信息港为基础向园区企业提供一系列的物流信息服务。传化物流基地的官网上不间断地更新各种企业的交易信息，为园区企业提供了一个向外发布信息的平台。

传化物流基地的物流信息港每天可以产生超过7000条的交易信息，这有利于入驻物流基地的企业开发市场，也使得物流基地外部的企业可以了解物流基地内的企业，搭建了物流基地与外部企业之间的信息联络平台。

5.3　本章小结

传化物流基地作为国内经营状况最好的物流园区之一，不断地使用新技术优化自身的服务模式，不断地为入驻企业提供更加多元化、个性化和人性化的服务，获得了客户的一致认可。网上车辆预订服务、网上货运委托服务和物流信息港服务等组成了传化物流基地服务模式的核心内容。物联网技术的应用使得传化物流基地开展这3种服务时变得更加得心应手，GPS和GIS系统可以实时地监控车辆的位置和行走路线，为客户提供更加精准的货运服务，也使得预订车辆服务的客户时间变得更加准确，有效地避免了不必要的时间延误和浪费；RFID和传感器技术的应用使得交易的双方都处在信息系统的监控之中，不会出现类似网络欺诈行为的发生，使得双方的交易变得更加安全；另外，遍布整个物流基地的物流信息港应用物联网技术后发布的信息更加准确及时，省去了不必要的人工操作之后，物流信息港的信息更加的准确和及时，将用户的需求和供给信息实时地发布到信息系统，极大地提高了整个物流操作的效率，使得买卖双方可以在更加合适的时间完成交易。

传化物流基地的服务模式创新应用了物联网技术，使得传化物流基地的服务模式能够摆脱单一的依靠仓储和物流配送的服务模式，能够为入驻园区的企业提供更加个性化和多元化的选择。传化物流基地实现了园区服务模式多元化发展，在同竞争对手的竞争中取得了竞争优势，顺应了市场发展的要求。

6 总结与展望

6.1 总 结

本书从物流园区服务模式入手，分析了当前国内物流园区服务模式的发展现状和存在的问题。我国物流园区的发展还处在起步阶段，物流园区服务模式的发展也处在很初级的阶段。现阶段我国物流园区的服务模式仍然存在服务模式单一和服务内容简单的问题，无法满足入驻企业不断变化的需求，也使得当前国内物流园区空置率高，而且同质化竞争十分严重。

本书对当前物联网技术的发展情况进行了概述，列举了物联网技术在物流行业内的应用。对未来物联网技术的发展进行了相关的分析，对物联网技术在物流行业内的主要应用技术进行了分析，并在此基础上分析了我国物流园区服务模式创新的主要推动力量：客户需求变化，入驻园区企业的竞争市场发生了变化，需要物流园区提供更加多元化和个性化的服务；技术进步，技术的发展使得物流园区可以使用更加先进的技术开展自身的服务，从而更好地为客户服务；竞争差异化，同质化竞争使得物流园区要更新自身的服务模式以避开市场竞争最激烈的地区；物流园区管理者因素，卓越的领导者是企业创新的主要推动力量。

物联网技术对物流园区服务模式创新的推动作用主要体现为：物联网技术改变了用户的需求，物联网技术的应用使得客户的需求更加的多元化和个性化；物联网技术促进了物流技术的进步，物联网技术应用到物流行业使得仓储和配送技术都有了极为重大的进步，使得物流园区可以应用新技术更好地开展自身的经营；物联网技术促进了差异化竞争，物联网技术代表了当今世界技术的最新走向，应用物联网技术是物流园区获得差异化竞争优势的重要途径之一；物联网技术是市场发展的走向，物联网技术是世界经济的第三次浪潮，是未来技术和经济发展的主要方向。

6.2　创新点

本文创新性地运用了物联网技术这一最新的技术成果，分析物联网技术对于物流园区服务模式创新的影响因素，研究了当前我国物流园区服务模式存在的问题。以物联网技术为技术基础，提出了我国物流园区服务模式创新的方向：一方面，要满足当前入驻园区企业的需求，着力做好运输、配送和仓储等服务内容的创新；另一方面，在立足于现实的同时要着眼于未来，分析未来入驻园区企业的物流服务需求，以此作为物流园区服务模式创新的潜在投资方向。在这个基础上针对当前最需要的运输、配送和仓储等需求，运用先进的物联网技术提出了现代库存管理服务和运输配送合理配载服务，以及针对未来可能的服务需求提出了以物联网技术为基础的智能化物流信息网络。

6.3　不足与展望

本文分析了物流园区服务模式创新的影响因素，强调了物联网技术对于物流园区服务模式创新的影响，最后提出了具有借鉴意义的基于物联网技术的物流园区服务模式。但是，本文的研究还比较浅显，只是提出了4种基于物联网技术的物流园区服务模式，并没有深入地分析针对物流园区服务模式改变后物流园区的运营流程变化。物联网技术对于物流园区的影响并没有进行深入的分析，还需要进行更加深入细致的分析。物联网技术的影响是多方面的，需要进行更加系统的分析。这些不足需要将来进行更加深入的研究和分析，还有很多地方需要改进。

物联网技术是继计算机和互联网之后的第三次经济浪潮，物联网技术在物流行业的应用改变了物流企业的经营模式，使得物流企业可以向客户提供更加便捷的服务。物流园区作为带动地区经济发展的平台，要发挥物流园区调节城市系统紊乱的作用，作为全国物流系统的主要节点，要提高全国物流整体物流系统的运作效率。这就需要物流园区提高入驻园区企业物流系统的运作效率，当前物流园区的仓储和配送服务无法满足这个要求，需要物流园区对自身服务模式进行深入的重构和更新。物联网技术的应用是物流园区重构服务模式，提高自身竞争实力的重要途径。如何应用物联网技术，应用物联网技术的服务模式内容是什么，如何向客户提供这些服务，这些都是未来物流园区服务模式创新的重要内容。

参考文献

［1］安建梅．物流服务创新动力机制分析［J］．大连海事大学学报：社会科学版，2008，7（2）：78－80.

［2］毕明光，杜家兴，等．基于物联网技术的物流供应链研究［J］．消费导刊，2010，4（4）：64－65.

［3］陈畴镛，周青．应用物联网技术促进传统产业转型升级研究［J］．杭州电子科技大学学报：社会科学版，2010，6（4）：1－6.

［4］崔志军．物流园区运作的若干问题及建议［J］．交通标准化，2007，1（1）：157－159.

［5］邓亦涛．物联网技术在供应链管理中的应用［J］．物流科技，2010，9（3）：92－94.

［6］谷再秋，等．物流企业客户服务创新研究［J］．生产力研究，2009，15（3）：138－139.

［7］中国物流与采购联合会，中国物流协会．第二次全国物流园区（基地）调查报告［R］．中国物流与采购，2008.

［8］韩宝成．RFID 在物流信息系统中的研究与应用［J］．铁路采购与物流，2010，7（5）：52－53.

［9］胡庆浩．现代物流园区建设研究［J］．河南商业高等专科学校学报，2011，24（1）：14－16.

［10］解翠杰，张占义．中国物流园区建设存在的问题及解决方案［J］．科技信息：科学教研，2008，24（22）：231－232.

［11］李海婴．第三方物流企业服务创新的动力分析［J］．物流技术，2006，6（5）：15－18.

［12］李清，董葆茗．中国物流产业发展的新趋势［J］．中国流通经济，

2010，7（4）：29－32.

［13］李一方，姜宝．物联网技术在港口信息化建设中的问题研究［J］．科技和产业，2010，10（8）：29－32.

［14］凌志浩．物联网技术综述［J］．自动化博览，2010，9（10）：11－14.

［15］刘彩凤．基于物联网技术的现代包装物流［J］．包装世界，2010，11（6）：10－13.

［16］刘军，王雁．物流企业服务创新的路径与战略选择［J］．物流技术，2007，1（26）：14－16.

［17］柳键，邱国斌．我国物流园区发展状况与发展模式研究［J］．物流工程与管理，2010，32（8）：12－14.

［18］卢子甲，郑现伟，谭斌斌．物联网技术及应用［J］．企业家天地：理论版，2009，5（12）：246－247.

［19］吕赞，张丽凤．现代物流业创新模式研究［J］．渤海大学学报：哲学社会科学版，2009，2（3）：120－123.

［20］孟晓明．基于RFID的物流信息管理系统模型研究［J］．微计算机信息，2006，22（6）：226－229.

［21］欧广宇，刘辉．RFID技术及其在物流企业的应用［J］．计算机技术与发展，2008，18（6）：164－166.

［22］盛魁祥．浅谈物联网技术发展及应用［J］．现代商业，2010，8（14）：153－154.

［23］宋雅杰．基于物联网技术的库存控制研究［J］．商业时代，2010，8（24）：34－35.

［24］田苗，陈洪全．基于RFID的电子商务物流技术创新分析［J］．商场现代化，2006，4（4）：130－131.

［25］王保云．物联网技术研究综述［J］．电子测量与仪器学报，2009，23（12）：1－7.

［26］王福华．物流园区创新探析［J］．中国流通经济，2009，3（9）：28－31.

［27］王孝军，薛辉．物联网技术在战略性新兴产业领域应用探讨［J］．科技创新与生产力，2010，7（3）：53－55.

[28] 王元媛．中国物流园区发展现状研究 [J]. 时代经贸，2007，5 (10)：117 – 118.

[29] 王之泰．物流园区发展与创新探讨 [J]. 中国流通经济，2009，5 (5)：4 – 6.

[30] 翁心刚．现代物流企业的经营运作模式 [J]. 企业改革与管理，2005，10 (5)：12 – 13.

[31] 吴明．关于我国物流发展的几点思考 [J]. 物流技术，2002，5 (3)：22 – 25.

[32] 肖亮．基于物联网技术的物流园区供应链集成管理平台构建 [J]. 电信科学，2011，4 (4)：54 – 60.

[33] 徐琪．基于服务科学的物流服务创新模式研究 [J]. 科技进步与对策，2008，25 (4)：55 – 58.

[34] 徐涛．物联网技术发展现状及问题研究 [J]. 中国市场，2010，8 (32)：96 – 98.

[35] 许益亮．基于核心竞争力的第三方物流服务创新的动力分析 [J]. 集团经济研究，2007，11 (15)：12 – 14.

[36] 薛飞．物联网环境下综合型物流园区的构建 [J]. 中国商界，2010，7 (3)：123 – 124.

[37] 张光明．物流服务创新模式研究 [J]. 经济管理，2006，9 (18)：57 – 61.

[38] 张利娜．EPC 物联网技术对电子商务物流发展促进作用探析 [J]. 商场现代化，2010，9 (12)：57 – 58.

[39] 张文松．物流园区发展模式研究 [J]. 商业研究，2003，1 (2)：157 – 161.

[40] 曾涛．企业商业模式研究 [D]. 成都：西南财经大学，2006.

[41] 周敏．浅谈基于物联网的物流管理 [J]. 铁路采购与物流，2010，12 (10)：53 – 55.

[42] 周正，邵兴东．国内外物流园区发展现状与启示 [J]. 物流技术，2005，2 (11)：23 – 26.

[43] 朱明建，鲍青峰，邳建春．国外物流园区的发展对我国物流园区建

设的启示［J］．时代经贸，2007，8（4）：34－37.

［44］朱哲学．物联网技术在社会经济领域的应用分析［J］．当代经济，2010，9（12）：12－14.

［45］BRIANSLACK. Function Orientation of Logistics Park［J］．European-Journal of Operational Research，2000，3（6）：34－37.

［46］CHAPMAN R L，SOOSAY C，KANDAMPULLY J. Innovation in logistic services and the new business mode［J］．International Journal of Physical Distribution & Logistics Management，2003，7（3）：45－48.

［47］DIMITRIOS A. TSAMBOULASA，SERAPHIM KAPROS. Freight village evaluation under uncertainty with public and private financing［J］．Transport Policy，2003，45（6）：23－27.

［48］HOLMQVIST M，STEFANSSON G. "Smart goods" and mobile RFID：a case with innovation from Volvo［J］．Journal of Business Logistics，2006，2（34）：23－28.

［49］RICHEY R G，GENCHEV S E，DAUGHERTY P J. The role of resource commitment and innovation in reverse logistics performance［J］．International Journal of Physical Distribution & Logistics Management，2005，3（33）：12－18.

［50］WAMBA S F，CHATFIELD A T. RFID－enabled Warehouse Process Optimization in the TPL Industry［J］．University of Wollongong Research Online，2010，3（12）：15－19.

［51］SHEFFIY. RFID and the innovation cycle［J］．The International Journal of Logistics Management，2004，1（12）：35－40.

［52］STEPHENM. RUTNER，GIBSON B J，WILLIAMS S R. The impacts of the integrated logistics systems on electronic commerce and enterprise resource planning systems［J］．Transportation Research Part，2003，8（35）：45－52.

［53］SVEN SIORPAES，GREGORBROLL，MASSIMO PAOLUCCI，et al. Mobile Interaction with the Internet of Things［J］．Mobile HCI，2008，5（23）：45－52.

［54］WAGNER S M. Innovation management in the German transportation industry［J］．Journal of Business Logistics，2008，2（21）：21－28.

第 4 篇

物流企业商业模式创新调研与案例研究

1　联邦快递商业模式创新

1.1　研究背景与目的

在网络社会快速发展的背景下，在大批基于互联网技术的新型企业蓬勃发展的过程中，为社会提供直接送达服务的快递行业，也在很短的时间内，从无到有迅速发展并成为当今世界最富有影响力和活力的新兴产业之一。一些专家甚至预言，在未来的网络化社会，物流将取代商流、信息流和资金流而成为决定企业竞争优势的关键。这无疑又为快递行业发展增添了无穷的想象力，从而也进一步提升了现阶段研究快递行业商业模式及其创新规律的实践意义。

研究快递行业商业模式的形成与创新，最有代表性的案例莫过于联邦快递。这不仅仅因为，联邦快递是世界范围内第一家在企业名称中使用快递概念的企业，而且，联邦快递也是全球范围内第一家以飞机加转运中心模式运营，并直接为社会各类消费者和客户提供门到门快递服务的企业。今天，伴随联邦快递的发展，世界迎来了无论是普通消费者还是医院、政府以及各类企业都可以享受到极大便利的快递产业。一些业内人士甚至认为，没有联邦快递在20世纪70年代的出现，快递产业的发展也许还要等很多年。因此，研究联邦快递商业模式的形成过程，不仅有助于了解快递产业的形成与发展，同时也为研究商业模式概念本身、商业模式创新过程，以及商业模式创新的内在动因提供了很好的实证分析素材。

所以，为了验证本文所提出的VI商业模式理论与商业模式创新动因与路径，进一步推进和完善商业模式与商业模式创新的理论研究，本书选择了网络时代具有代表性的快递行业中最具代表性的公司之一——联邦快递，作为案例研究对象，希望利用实证分析的方法，通过对联邦快递商业模式构成与形成过程进行分析，使相关理论得以验证。

1.2 联邦快递商业模式创新案例

弗雷德·史密斯创建的联邦快递，作为世界上第一家为客户提供隔夜送达服务的快递企业，其商业模式已成为快递这个规模巨大的新兴产业的经营典范，考察联邦快递公司的创建与运作过程，为分析快递这种新型商业模式的结构、特征、形成过程以及创新驱动因素等问题提供了难得的第一手资料。

1.2.1 耶鲁论文——提出价值主张

弗雷德·史密斯在接受记者采访时指出，联邦快递的诞生实际上经历了两个在时间和内容上都存在着很大区别的不同阶段：第一个阶段是他认识到社会上存在着快递服务的需要这一早期认识阶段；第二个阶段是——若干年之后，真正把上述认识与信念变成一项事业的实践阶段。他认为第一个阶段是起源于1965年，他在耶鲁读书时写过的一篇小小的经济学课程论文。

弗雷德·史密斯描述说："我观察到这个社会正在变得越来越自动化，像IBM和施乐这样的企业必须要确保它们产品100%的可靠性，否则会出大问题。比如，你是IBM销售代表，要去和一家银行谈生意，你跟他说：用我的电脑吧，它能代替你所有的职员，而且工作更加迅捷、准确，成本低廉云云。这些都没问题，但是银行最关心的是：万一什么时候你的电脑死机了，整个银行岂不是也要'死机'了？所以自动化带来的一个挑战就是：你必须要保证你的设备和操作机器的人一直保持正常工作状态，或者一旦'死机'你要能够飞快地修复。要保证产品的可靠性，你就必定会有各种类型的后勤和配送需求产生。比如，IBM在纽约装电脑，那么它要派人到曼哈顿维修是很方便的，但是如果是美利坚第一国家银行的IBM电脑出了问题怎么办呢？你如何快速地把你的零配件送达客户呢？邮局恐怕不成，你需要更快速、更可靠、配送范围更辽阔的新的配送系统。这就是我的论文，应该说甚至不能算一篇完整的商业计划书。"

从这里我们看到，弗雷德·史密斯发现自动化发展将带来的快速送达需求，以及快速送达服务在未来将会具有的潜在价值，同时他也发现了可以有效满足这种需要的价值创造方式——即使用飞机作为传递工具的城际直达运输，可以有效满足上述需要。而且在后来，他用自己的亲身实践验证了上述价值创造形式的正确性。在弗雷德·史密斯看来，联邦快递商业模式的构想诞生于那篇耶鲁论文所提出的价值主张。或者，换句话说，快递这种商业模式的形成正是来自现代化趋势下快递服务所具有的全新价值的发现与提出。由此，我们可以得到这样的推论，即一种全新商业模式的形成，需要建立在一种新价值或新的价值创造方式得以发现和提出的基础之上。如果将这种新价值与新的价值创造方式的发现和提出称之为价值主张的提出，则商业模式形成的第一步就是提出新的价值主张。

1.2.2　组建分拨中心——明确价值创造逻辑

为了实现其论文中提出的创造价值理想，弗雷德·史密斯设想的解决方案是建立一个类似银行清算系统那样运作的配送体系，即设置很多个服务点承接需要传递的包裹，将这些服务点相互连接形成一个网络，然后全部通过一个中央控制室来分拨周转。如果单独看每一单独立的交易，会觉得很荒唐，因为平白多了一个通往中央控制室的转运步骤，但是如果把整个网络看成一个整体，就会发现它在处理大批量的配送时是一个非常高效率的方式。比如，把 100 个市场联结起来，如果纯粹通过点对点的方式，需要 9900 次直接配送。但是如果通过一个唯一的中央分拨系统，那么最多只需要 100 次配送。后者的效率高了 100 倍。这里用了拓扑学的原理。（航空业就是利用的这个原理。）图 1 -1 显示了 8 个网点之间利用和不利用中央分拨中心递送包裹的两种不同情况。如果利用分拨中心，从 8 点的任何一点到达其他任何一点，最多需要 8 次传递，而没有分拨中心的情况下，最多需要 56 次传递。由此可见弗雷德·史密斯提出的通过中央分拨中心进行转运的快递方式，可以创造比传统的点到点运输方式更加高效的时间和空间价值，这样弗雷德·史密斯飞机加转运中心的全新的物流价值创造逻辑便清楚地显现了出来。

1.2.3　筹款与订购飞机——资源组合形成

接下来创建公司的过程，在弗雷德·史密斯的谈话录里是这样被描述的，他认为他要做的第一件事就是找钱。他需要一大笔创业资本。他必须在一开始就建立起一个完整的递送网络。他和家人凑了一笔钱，又从银行贷了数额

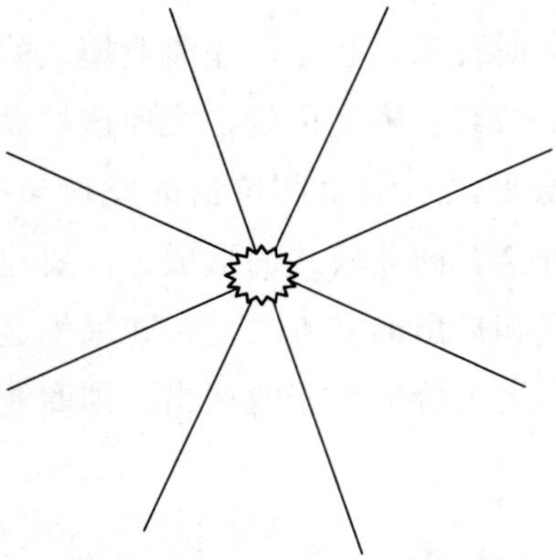

设置中央分拨系统，8点之间仅需8次连接

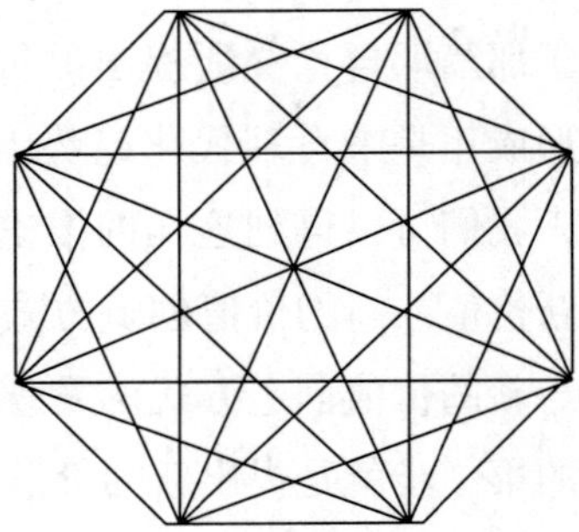

无中央分拨中心，8点之间需要56次连接

图 1-1　有、无分拨中心的两种不同连接方式（8 点之间）

不小的贷款，建立起了连接 25 个城市的快递网络。并于 1971 年年末从泛美航空公司购买了 23 架猎鹰飞机。于 1972 年又用银行贷款购买了 8 架二手的猎鹰飞机，然后开始测试这个飞机、卡车加转运中心的网络递送系统。飞机空舱在全国各地飞来飞去，飞了两个星期。然后到了 1973 年 4 月 17 日，联邦快递正式营业了。尽管第一天仅有 185 个包裹，但他们还是坚持过来了。在生意顺利进行并开始扩张后，弗雷德·史密斯描述说他又必须继续去“讨钱”。他说那时可谓债台高筑，一共借了 9000 万美元。在弗雷德·史密斯看来，如果说在这一阶段他们做了一点点不同寻常的事情，那就是利用筹到的钱购买了飞机和卡车，然后又将它们结合到了一个统一的配送系统当中来。在他看来，飞机和卡车这两样东西结合在一起，一点都不矛盾，但这在当时那些守旧的人们眼里简直是个笑话。

从这里可以发现，弗雷德·史密斯为了实现快递这一价值主张，首先面临的重要工作就是建立一个具有独特运作模式的新企业。而建立新模式和新企业的第一步就是为实现所提出的价值主张配置资源，即构建公司的资源组合。由于在这里组建公司所需的资源组合是以实现快递服务这一价值主张为目标的，因此，他根据设计好的分拨中心网络方案，将飞机和汽车有机地结合，形成了一个快速高效配送的资源和运作体系。在这里，联邦快递商业模式形成的第二步，就是依据价值主张和价值形成逻辑构建资源组合。由此可以看出，成功的商业模式离不开创新者创造性地整合资源。正是基于创新性地将飞机、汽车和分拨中心有机地整合在一起，为实现快递服务价值奠定了物质与资源基础，使快递区别于传统的运输和邮件服务，成为一种真正意义上的全新服务。

1.2.4　创造服务价值——日常运营管理

联邦快递的价值创造活动主要体现在网络扩张和服务供应两个方面。

1. 网络扩张

对于联邦快递来说，无论是公司创建初期，还是后来伴随国际市场拓展的高速发展时期，网络扩张与网络推广都是公司的核心工作和显著特征。在公司创立之初，弗雷德·史密斯就已经认识到服务网络对于联邦快递的重要性，在开始正式营业之前，他就利用自己和家人的资金，建立起了可以连接25个城市的服务网络。公司成立之后，弗雷德·史密斯在争取第一个大客户美国联邦储备系统的服务合同时遭到拒绝，这迫使他不得不进一步筹建全国性的普遍服务网，开通更多的航空线路。经过竭尽全力的努力，弗雷德·史密斯从华尔街的投资家手中为联邦快递筹集到了9600万美元——这创下了美国企业界有史以来单项投入资本最高的纪录，为其筹建更大规模的全国性服务网络创造了条件。

1989年，弗雷德·史密斯宣布收购公司最大的竞争对手，比联邦快递早20年进入航空货运领域的飞虎国际公司，并借此形成了覆盖全球的服务网络。由于两家公司截然不同的风格，这项收购在当时并不被看好。但弗雷德·史密斯独具慧眼，他透过飞虎公司日益严重的管理问题，以及设备老化、雇员养尊处优和老大作风等表面现象，看到了飞虎国际公司作为全世界最大的重量货运公司，在过去40多年中煞费苦心建立起来的国际航线网络。当时，飞虎公司在21个国家拥有长达45年以上的航空权和降落权，而这些航空权和机场起降权并不是随时都可以花钱买到的。在收购飞虎公司之前，联邦快递公司只有5个在外国机场的着陆权，在这之后，联邦快递公司又拥有了飞虎公司在巴黎、法兰克福、3个日本机场和东亚、南美许多城市的飞行权和着陆权。至此，联邦快递再也不用像以前那样因为没有着陆权而把许多国家的业务转交给其他航空公司了，而是可以直接在这些航线上使用自己的飞机运输货物，这在大大改善了联邦快递公司海外营业状况的同时，也促使联邦快递形成了覆盖世界的全球化服务网络，从而一跃成为世界领先的航空货运公司。由此可以看出，持续不断的服务网络发展与扩张，是联邦快递一直坚持的中心工作和鲜明特征。

2. 服务供应

服务供应包括建立、维护和终结与顾客之间的服务关系，以及为提供的服务收费等相关的活动。对于联邦快递来说，服务供应主要内容是与潜在顾客订立服务合同，以及维护和执行服务合同。竭尽全力开拓市场，争取客户合同，一直是联邦快递的首要工作，在这方面，自创业之初，弗雷德·史密斯就一直坚持亲历亲为。联邦快递努力争取的第一个大客户是美国联邦储备系统，为了与其签订服务合约，弗雷德·史密斯使尽了浑身解数，不知疲倦地往返于纽约与华盛顿之间。在弗雷德·史密斯看来，自己提供的隔夜传递可以为对方节省大量的金钱与时间，好处是显而易见的，对方根本没有理由拒绝这种服务，他坚信这笔生意肯定能做成，甚至连公司的名字都定为“联邦快递公司”。但是，最终这笔合约还是因为大量既得利益者的反对而没有成功。

之后，为得到美国行政总局的合约，联邦快递公司专门在西部开辟了6条航线，并且在与其他企业的竞争中，把价格杀得很低，以致使人怀疑是否还有利润。而弗雷德·史密斯却着眼于更长久的利益，他认为尽管这笔业务并没有很高的利润，却可以用来充当公司的招牌，公司可以借这笔业务向外界表示：“看啊，连邮政总局的合约都能拿到手，对联邦快递公司的服务还有什么不放心的。这样做既让投资者放心，还可以争取更多的用户。”

1.2.5 树立卓越的服务形象——打造充满活力的服务模式

作为一家新兴服务企业，联邦快递十分重视企业形象与企业精神的塑造，它通过树立优质服务理念、加强员工培训、强化质量管理和广告公关宣传等各种手段为联邦快递树立起了卓越不凡的服务模式和企业形象。其中为世人所熟知的紫血精神就是典型代表。

1. 以优质服务和信誉保证赢得市场

为了树立企业形象，更好地争取顾客，联邦快递提出了“绝对肯定地隔夜送达”的口号。联邦快递公司在服务方面做到了服务周到、信用可靠、精益求精、无孔不入。从公司刚刚成立的时候起，他们就已经意识到服务质量的好坏是公司在激烈的市场竞争中成败的关键，他们尽量简便客户托运货物的手续，并以准确、快速、可靠的服务赢得客户的信任。正像一位客户指出的：“人们不常看到非常好的服务，一旦看到了便趋之若鹜。”

坚持服务质量和信誉保证为公司带来了回报，1975 年联邦快递的经营状况好转，并在当年实现了扭亏为盈。这一年 7 月是公司第一个盈利月，全公司创利 5. 5 万美元。到年底，联邦快递已经拥有 3. 1 万个固定客户，当年的营业收入达到了 7500 万美元。之后，联邦快递陆续在 130 个城市和 75 个机场提供隔夜快递服务，由于可靠的服务质量和卓越的信誉保证，各地的客户将紧急需要的零件、血浆、移植器官、药品等各种重要物品交给联邦快递代为递送。联邦快递的紫色飞机，在每天的夜晚运载着数不清的包裹在通往各地的航线上穿梭。1976 年，联邦快递公司获纯利 350 万美元；1977 年年度经营收入突破 1 亿美元，获纯利 820 万美元。通过坚持不懈地为顾客提供优质服务和坚持信誉保证，联邦快递公司终于走出了困境，并创造了经营史上快速发展的一个又一个奇迹。

2. 以广告宣传树立声誉卓著的服务形象

盈利之后，联邦快递公司将其利润 10% 的巨额资金用在各种宣传推广活动上，并在广告宣传、公共活动、塑造企业形象中投入了大量的人力、物力。公司在美国境内凡是有可能成为其客户的潜在市场上宣传隔夜快递服务的重要作用，宣传联邦快递公司的服务宗旨、服务内容和服务质量上的承诺，终于在社会公众面前成功地树立起一个清晰牢固的卓越形象。卓越的公司形象赢得了社会公众与投资者的青睐，为公司引来了源源不断的投资，同时也为公司开发了更为广阔的快递服务市场。正像弗雷德 · 史密斯说的：“我们付出了代价，也赢得了我们为开发资金来源所需的信任。”

有效宣传所建立的卓越形象，不仅为联邦快递拓展了市场、开发了投资来源，同时也为公司有效吸引人才加盟创造了条件。1977 年，联邦快递公司和一家电视台签约，通过卫星电视把公司的一切政策与设想实时地传达给各地的客户和各营业网点的基层员工。后来，公司又租用了卫星电视通讯网络，每天都有更多地方的顾客和营业网点的员工能够及时地了解公司的情况和事务。在很多美国人的心目中，联邦快递公司是一个令人向往的工作好地方。《美国100家工作条件最佳的公司》的作者把联邦快递公司列为美国工作条件最佳的100家公司之一，并称赞它是“典型的现代公司”，在很大程度上是一家“人民公司”，因为它确保实施一种公平待遇政策。1978年8月，《幸福》杂志刊登了联邦快递公司一名雇员的讲话：“人们迁居孟菲斯后所做的第一件事就是到联邦快递公司申请一份工作。”

3. 以人为本，不断提升竞争力

在弗雷德倡导的众多理念中，对联邦快递发展最重要的一条就是“以人为本”。1989年他曾说过这样一段话：“联邦快递的网络远不止信息系统、飞机和有篷递送卡车——最重要的组成部分是人，也就是——联邦快递的员工，是他们不懈的努力成就了公司的持续成长和兴盛。”联邦快递的员工被弗雷德称为“紫血”，正是他们的热情和专业，才使联邦快递真正实现了“使命必达”的服务宗旨。而良好的待遇和真诚的沟通是使“紫血”沸腾的秘诀。

不断培养和发展员工是联邦快递获得成功的关键因素之一。联邦快递长期以来一直坚持“员工—服务—利润”（People - Service - Profit）原则。他们认为员工是公司最为重要的资源。由于身处服务行业，公司最重要的挑战来自如何帮助员工满足客户不断增加的要求。联邦快递的“员工—服务—利润”文化的内涵是：如果公司关心员工，他们就能为客户提供高品质的服务，而满意度高的客户能带给公司更多的业务，从而带来效益。这份效益又分享给公司的员工，从而形成了一个良性循环。这个良性循环的过程，创造了员工、客户和公司之间的三赢局面。联邦快递正是在这样的经营理念指导下，对员工进行管理，使他们热爱自己的工作，在工作中实现自身的价值，为客户提供优质的服务，做到“使命必达”。

只要是和提升自身能力、素质有关的学习，员工都能得到公司的支持，他们还可以申请相关的“学费补助”，每个员工每年最多可以从公司申请到2500美元。如今公司有很多MBA，都是通过这个“学费资助”计划产生的。公司对于员工的“学费资助”是没有任何附带条件的，不会要求员工再签续约或加长工作年限的合同。不过，绝大多数接受过“学费资助”的员工都留了下来。联邦快递希望的是员工的心留在联邦快递。

联邦快递给予员工的不仅有良好的教育机会、薪酬和物质福利，还有尊重、爱护，以及大量的深造和晋升机会。公司规定的“五级申诉制”、“不裁员”、“最高工资”、“利润共享”、“管理人员的股份选择权”等，有效地保证了员工可以在联邦快递得到公平公正的待遇。联邦快递对员工的体恤是发自内心的。因此，联邦快递被列为美国工作条件最佳的 100 家公司之一也是情理之中的必然结果。

总结上述案例，可以发现，构成联邦快递商业模式的要素，不仅包括为顾客提供门到门快速送达的服务价值主张、转运中心式的快递价值形成逻辑，飞机、汽车加转运中心构成的资源组合，同时也包括开拓、推销服务网络和提供服务运营管理以及培训员工、宣传和树立优质服务形象等与外部顾客和公众互动的界面模式。

1.3　联邦快递案例分析

1.3.1　商业模式创新路径分析

联邦快递创业初期的发展脉络特别是一些具有深远影响的重大事件的发生，为我们分析其商业模式创新路径提供了客观清晰的线索，所以考察联邦快递商业模式的创新路径，可以通过梳理其创业之初的相关事件发生的脉络，并对其加以分析提炼得出。根据前述案例资料，笔者整理了联邦快递创业初期的相关大事脉络，具体如下。

1962 年，弗雷德 · 史密斯考入耶鲁大学，在大学里，他凭着特有的直觉预见到美国工业革命第三次浪潮将靠电脑、微处理机及电子装备来维系，而这些装备的维修则要依靠量少价昂的组件和零件随时随地的及时供应。而由此产生的有关信件、包裹、存货清单也需要在尽快的时间内被获得。因此，他认为创立一种提供隔夜传递服务的公司将十分必要。弗雷德 · 史密斯把这一想法写成了论文。而他的教授却认为，论文中的许多观点虽然有创意，但是行不通。首先，联邦政府对空运航线的管制将妨碍这种服务；另外，已经利用客运航线运送包裹的老牌航空公司的竞争也会使这样的服务得不到成功；而且，提供这种服务所需要的巨大资金是任何新创办的公司都难以承受的。然而，弗雷德 · 史密斯创办隔夜快递公司的初衷并没有被动摇过，只是这种想法被深藏于心，等待合适的机会到来后再谋求发展。

1969 年，史密斯从越南战场回到美国后，先购买了一家叫阿肯色航空公司的飞机维修公司，使之变为收购和销售旧飞机的交易中心。两年内赢利 25 万美元。但史密斯远未满足这样的成功，他在大学时提出隔夜递送小包裹的想法一直使他念念不忘。他先委托咨询公司对运输市场的形势和前景进行了研究与调查，根据咨询公司提供的美国现有邮政状况，史密斯进一步证明了这一领域具有巨大的潜力。

1971 年，根据咨询公司的调查结果，弗雷德 · 史密斯利用他和他姐姐继承的遗产，投资 50 万美元，创办了联邦快递。公司正式成立以后，弗雷德 · 史密斯便积极努力地争取第一个大客户，美国联邦储备系统，但遭遇失败。同年，从泛美航空购买了两架猎鹰飞机。与怀特—韦尔德公司，签署 1150 万美元期权贷款，以便从泛美航空再购买 23 架猎鹰飞机。

1972 年，咨询专家完成了调研，史密斯获得了银行贷款，他购买了首批 10 架飞机，开展了包机服务业务，并举办了退伍军人飞行员培训学校。1973 年，史密斯伪造文件使联邦快递获得了 200 万美元银行贷款。在 25 个城市建立分支机构，正式开始了 25 个城市间的小包裹递送，第一天，仅有 185 个包裹。

从这里我们看到，首先，联邦快递的商业模式起源于创业者弗雷德 · 史密斯大学时代的论文中提出的一种全新的价值主张以及价值创造逻辑。正是发现了这种全新的价值主张和价值创造方式，使弗雷德 · 史密斯产生了强烈的创业与创新冲动，即使是受到了来自社会权威方面的负面评价，这种创业与创新的理想也并未改变。接下来，为了实现这一价值主张，弗雷德 · 史密斯开始筹集资金，并购买了飞机等资源设备，筹集了创造新的服务价值所需要的各种相关资源。经过咨询公司的调研论证和方案设计之后，联邦快递在 25 个城市建立了分支机构，通过建立和扩张服务网络、制定服务标准、宣传树立优质服务形象等具体措施，形成了与客户有效接触的界面模式。这样以快速送达为价值主张，以飞机、卡车加转运中心为运营特色的全新快递模式逐步得以确立。由此，联邦快递的商业模式形成路径可以概括为提出新的价值主张与价值形成逻辑—形成资源组合—建立运作流程—塑造界面模式这一由上述 4 个方面相互关联的构成要素层层递进相互连接而成的基本路径。在这里，价值主张与价值形成逻辑的提出是商业模式形成的起点，形成实现价值主张所需要的资源组合与建立相应的运作流程是构成商业模式的内在基础，而在此基础上形成的公司营销模式和采购管理模式就是最终形成商业模式外在特征的界面模式。经过提出价值主张与价值形成逻辑—形成资源组合—建立运作流程—塑造界面模式的过程，一个完整的商业模式得以确立。

1.3.2　商业模式创新的内在驱动分析

联邦快递的创业历程，既是快递商业模式的形成史，也是公司创始人弗雷德·史密斯的创业史，是弗雷德·史密斯在没有任何显性需求和环境机会的条件下，排除了各种常人难以想象的困难，凭借自身百折不挠的创业精神和坚强信念以及超人的毅力，获取成功的个人奋斗史。

联邦快递所采用的转运中心营运模式的一项主要困难，就是需要相当大的经济规模，也就是说需要极大的初始投资金额。这种投资规模早在弗雷德提出这种模式的构想时就被耶鲁的教授宣布为不可实现。教授认为：这样庞大的投资规模是任何新创业的企业都不可能实现的。而且为此，弗雷德的论文也只得到了 C 的成绩。在联邦快递的创业初期，“隔夜送到”的市场需求还看不到，法令也限制航空货运的载货量规模。可以说，创业之初，既没有市场需求的吸引，外部发展的环境也是障碍重重，唯一支撑这项事业发展的动力是弗雷德·史密斯内心实现理想的渴望和冒险精神。弗雷德·史密斯不仅将自己的全部身家财产 850 万美元投入到联邦快递公司，而且还凭借其坚强的信念和孤注一掷的做法感动了华尔街的投资家，并且最终赢得了创纪录的9600万美元的巨额投资基金，创造了美国企业界有史以来单项投资的最高纪录。最终，凭借个人的毅力和胆识，他将在其他人眼里认为的不可能的事变为了现实。

联邦快递成立之初，诸事不顺。公司正式成立后争取的第一个大客户是美国联邦储备系统，时年 26 岁的弗雷德·史密斯使尽了浑身解数，耗费了无数个夜晚在纽约与华盛顿之间奔忙，经历了数百个小时的解释、沟通、协调之后宣告失败。在弗雷德·史密斯看来，他提供的隔夜传递可以为对方节省大量的金钱与时间，好处是显而易见的，对方根本没有理由拒绝，他坚信这笔生意肯定能做成，甚至连公司的名字都定为“联邦快递公司”。在与联邦储备系统进行谈判的同时，弗雷德·史密斯就已经信心十足地向泛美航空公司购买了2架装有涡轮风扇发动机的达索尔特鹰式飞机，并把购得的客机改装成了货机以适用于运送包裹。

用飞机为联邦储备系统快递票据的计划彻底失败了，特地购买的2架飞机被闲置在机库里动弹不得，刚刚建立起来的联邦快递公司和年轻的弗雷德·史密斯面临着首战失利的沉重打击。正如联邦快递公司的一个雇员所说的："在联邦快递公司成立后的最初三四年里，它本来会破产五六次，但弗雷德·史密斯不愿放弃。他真是个不屈不挠的人，怀着对前途的无限信心和十足的勇气，他最终创造了奇迹。"

许多人认为转运中心式（Hub - and - Spokes System）的创新构想以及史密斯的领导风格是联邦快递创业成功的关键因素。然而事实上，转运中心的构想并不是史密斯首先发明的。美国航空公司、印度邮局与法国邮局都曾采用这样的运营方式。史密斯也说，他是先看到银行将支票集中于票据交换中心的作业方式后才认为航空快递业也可以采取类似的运作模式的。事实上转运中心的构想并不是一个伟大神奇的发现，只不过当时所有的快递业者都以为那是不可行的。因为不符合经济效益，同时顾客也无"隔夜送到"的强烈需求。

显然在这里，重大创新的构想已经存在多时，只是被许多人认为是不可行的。正是由于弗雷德·史密斯这样的创业者坚信这是可行的，并最终经过坚持不懈的努力，"化不可能为可能"，成就了今天数百亿美元规模的联邦快递。

还是因为史密斯的坚持，以及转运中心模式的快速发展，最终导致美国政府配合业界需求，修订了航空法，解除了对于空运业的限制。这一事件再一次说明了创业者对于经营模式创新以及产业环境创新所发挥的重要作用。审视联邦快递创业的过程，其中充满无数的艰难困苦，是史密斯一一克服这些困难，将无数的不可能变为可能，最终成就了联邦快递商业模式的成功。

联邦快递的成功案例再一次证明了企业家或者称创业家在推动企业商业模式创新过程中所发挥的不可替代的关键作用。可以说，没有弗雷德·史密斯就没有今天的联邦快递，没有创业家，也很难想象新的商业模式能够排除重重阻力得以成功。联邦快递带给企业创新最重要的启示就是"伟大的创业构想也许并不难产生，但实现创业构想却不能缺少一位能够塑造愿景、坚持信念，并且具有领导团队魅力的伟大创业家。因此，可以说，创业家排除一切困难去争取最终胜利的创业决心和意志是推动商业模式创新最重要的驱动力”。

（作者：齐严）

2　红孩子信息技术有限公司物流创新

2.1　红孩子公司基本情况

红孩子信息技术有限公司成立于2004年6月，以“目录+网络”的形式从母婴用品市场起步。与早已实现成功运作的当当、卓越等知名企业相比，红孩子明显属于B to C领域的后来者。即便是在母婴用品市场上，当红孩子在北京市场起步时，丽家宝贝和乐友等企业也都已形成一定规模，培育了相对稳定的顾客群体。但是，出人意料的是，红孩子在短短几年间迅速发展，一跃跨入业界领导者的行列，创造了B to C领域的一个奇迹。一反许多网络企业在创建初期只有靠烧钱才能维持基本运作的常态，红孩子公司在刚刚成立6个月时，就已实现盈利，2年后，年销售额即达到2亿元，2008年更是突破10亿元，2009年销售额达到24亿元。

红孩子呈几何倍数的成长速度吸引了风险投资的目光，至今已先后获得来自NLVC（北极光创投）、美国NEA、KPCB（硅谷创投）等国内外知名风险投资公司的3轮总计3300万美元的投资。风险投资的资金注入，令红孩子的发展如虎添翼。目前，红孩子已在全国包括天津、上海、南京、沈阳、西安、成都、广州等城市成立了16家分公司，并将业务经营的触角伸向了化妆品、家居、保健、数码等多个产品领域。红孩子正在从一家B to C垂直购物网站发展为一个经营范围广泛的综合购物平台，不仅成为母婴用品市场的领头羊，也开始与在B to C领域辛勤耕耘十年的当当、卓越等企业一争高下。

有人说，互联网造就了B to C，风险投资支撑了B to C，物流成全了B to C。电子商务的发展必须获得“信息流、资金流、物流”这3方面要素的有力支撑和保障。对于红孩子来说，如此迅猛、强劲的发展势头，除了得益于其“目录+网络”的渠道运作模式以及获得风险投资的青睐外，其在业界独树一帜的物流模式更是为其发展提供了坚实的后台保障。打开红孩子网站的首页，一个可爱的、红色的小天使便出现在眼前，这就是红孩子的 LOGO，这个小天使代表了红孩子是以爱心服务于婴童市场，将天使爱心送进顾客家里。红孩子以其高效、高质的物流配送服务，真正做到了将爱心送到顾客的面前、送到顾客的家里。

2.2　红孩子的物流创新：自建物流体系

在国内 B to C 领域，几乎所有的 B to C 企业都全部或部分采取了外包的物流运作模式。比如，当当网的物流外包模式就是比较典型的例子。

当当网完全采用与第三方物流企业合作的模式。由于中国没有 UPS 和 FedEx 这样覆盖全国乃至全球的物流企业，为了满足覆盖全国的业务需要，当当网的物流体系表现为同时与全国各地 20 多个运输企业、40 多个速递公司建立业务合作关系，从航空公司、铁路、城际快递到当地快递公司，总体上形成了一个合作关系相对松散的物流链条，在同一城市内，经常会存在几家不同的快递公司同时为当当提供配送服务的情况。结果，众多的合作企业为当当的管理带来的难度自不必说，断裂而缺少衔接的物流配送环节，以及无法统一的企业形象和服务水平更是可想而知的。

与这种业界状况相对比，红孩子从一开始就确立了自建物流体系的经营理念，因而成为国内电子商务企业中第一个，也是目前为止唯一一个从企业建立之初就采用完全自建物流体系并完全依靠自身物流体系实现电子商务物流运作的企业。这在 B to C 领域是从来没有过的。“顾客与电子商务面对面的唯一一次机会便是与物流配送人员的见面”——正是基于这一战略洞察，红孩子从一开始就决定把物流配送掌握在自己的手中。当国内大多数 B to C 网站仍然将自己的物流配送业务外包出去的时候，红孩子却独树一帜地建立了自己的物流体系。

2.3　红孩子物流体系的特点：电子商务领域最大的物流公司

红孩子对物流在电子商务企业发展中关键战略地位的认识，及其在物流领域的坚定投入，使得红孩子成为了电子商务领域最大的物流公司。

2.3.1 完善齐备的物流设施设备

红孩子自建物流的决心很大，因此对物流坚定地投入。至目前为止，红孩子的分公司已覆盖全国所有大中型城市。在沈阳、大连、长春、北京、天津、武汉、上海、南京、无锡、苏州、宁波、杭州、广州、深圳、成都、西安16个城市的分公司都拥有自己的物流设施、设备。在北京和上海，红孩子拥有同行业最大的面积达20000平方米的中心仓库，负责公司在全国范围内的物流调拨。在其他分公司所在的每个城市，红孩子都设有仓库、储运中心和配送站点，仓库总面积超过30000平方米，从团队、系统到设备，各个分公司都应有尽有，只是规模不尽相同。由于具备了完善、齐备的物流基础设施、设备，且布局合理，红孩子的物流系统努力使配送人员在物流终端的配送距离最短，以保证红孩子公司24小时配送承诺的实现。目前，红孩子在业务所及的范围内基本实现依靠自身物流体系配送，只在少部分城市仍然通过FedEx、EMS等第三方物流公司完成商品的配送。通过自建完善的物流配送体系，红孩子将自己做成了行业内最大的物流公司。

2.3.2 训练有素的一线配送人员

“物流是顾客体验最重要的一环，顾客接触到电子商务的唯一一次机会便是和物流配送人员的见面。”——在红孩子创始人徐沛欣的这一经营理念指导之下，在大多数电子商务企业为了节省成本而将自己的物流外包出去的时候，红孩子却建立了一支700多人的物流队伍。在整个物流行业中，由于职业本身具有的特性，配送人员大部分来自农村，并且受教育水平普遍较低。为了让顾客在与配送人员接触的时候真正体会到企业的爱心和尽心尽力为顾客服务的企业理念，红孩子对自身物流体系中的所有物流配送人员都进行了严格的半军事化培训，并且按照半军事化的方式进行管理。首先是统一的着装和规范的服务标准。红孩子的配送人员在配送货物时必须穿着由公司统一配备的红色制服。此外，在送货上门时，必须向顾客鞠躬并始终保持微笑和礼貌。统一的着装和规范的服务有利于公司形象的宣传。其次，由于经过严格的培训，红孩子公司配送人员的服务能力远超过某些专业第三方物流公司的物流人员，他们不仅仅承担着送货上门的任务，而且还充当了半个售后服务人员。

专业的培训使他们具备一定的产品知识，在送货途中更加在意包装是否损坏、货物是否受损；在面对顾客的问题时更加有耐心；遇到顾客有疑问的地方，可以立即做出响应；并能够将顾客的意见和建议及时反馈给公司以利企业改进。红孩子配送人员的优质服务不仅仅是严格训练和管理的结果，也与红孩子公司的人性化关怀密切相关。红孩子专门设立了帮困基金，对于家里有困难的员工给予救助，企业的关怀培养了物流配送人员对企业的归属感，保证了企业配送队伍的稳定和配送人员对顾客服务的热情。高质、高效的服务带来的是满意的顾客，截至 2008 年年底，红孩子的注册会员已经超过 258 万人。

2.3.3　自主设计的物流管理信息系统

自建电子商务的物流体系，并不仅仅体现在拥有自己的物流中心、配送车辆和配送人员等硬件设施方面，强大的物流信息管理系统是发挥自有物流体系核心优势的后盾。红孩子所从事的“目录 + 网络”的电子商务模式，对于信息技术的依赖程度和要求都很高。为了最充分地发挥其自有物流体系的优势，红孩子与精益化物流软件领导厂商——上海富勒（FLUX）合作，借助富勒对电子商务行业的深刻理解及其在电子商务领域的丰富经验，为红孩子量身定做了完全适合于红孩子业务特点的物流信息系统。

自主设计的物流信息系统使红孩子实现了与大多数供应商的后台对接。由于数据共享，一方面为供应商的决策提供了支持，另一方面也提高了红孩子对市场的反应速度。红孩子的物流体系分为两级：总部的采购部门向供应商下订单，由供应商将货物送往红孩子的各个库房中；红孩子自有的物流体系则根据顾客的订单进行配货和运送。自有物流体系使得红孩子的物流成为 24 小时物流。不仅为红孩子节约了大量成本，也为顾客带来了极大的便利。

2.4　红孩子自建物流体系的原因及成效分析

2.4.1　第三方物流发展滞后

卓越亚马逊曾对影响消费者网络购物的因素做过调查，结果显示，上网能否买到需要的商品，即网站产品的丰富性，是决定消费者网络购物的首要因素；其次，商品的价格是否合适，以及能否快速准确、适时地收到货物，则分别排在消费者网络购物影响因素的第二位和第三位。由此可见物流配送对电子商务企业经营成败的重要性。

然而，第三方物流的滞后发展却使得电子商务企业长期以来如鲠在喉。直到20世纪90年代中期，第三方物流的概念才开始传到我国。虽然经过十几年的发展，第三方物流也取得了一定的成效，但是，总体上来说，目前还处于起步阶段。面对国内电子商务的迅速崛起和迅猛发展，第三方物流企业所能提供的服务以及服务的水平都是明显滞后的，无法满足电子商务企业对商品配送速度和质量的需求。首先，由于在电子商务企业和第三方物流企业之间缺少必要的电子信息交换，货物一旦转入第三方物流企业手中，就像进入了一个黑洞，货物什么时间配送、按什么路线配送、是否按时配送，电子商务企业都无法获知，更无法控制。结果，由于货物在物流配送过程中发生较多失误，造成货物破损、丢失，送货时间延迟等问题，致使电子商务企业与客户之间产生大量摩擦，客户投诉量大，对电子商务企业不满意。其次，由于电子商务企业与第三方物流企业之间是协议合作的关系，各自相对独立运作，在物流配送的最末端环节，第三方物流企业的配送人员只负责将货物运送到顾客手中，但是，货物有破损或货差时，不负责解释，也不负责调换或退货，顾客只能先将货物收下并付款（货到付款是消费者网购选择最多的结算方式），然后，再与电子商务企业联系协调解决问题，给顾客造成极大的不便，客户服务水平低下。第三方物流发展滞后是迫使电子商务企业自建物流的根本症结所在。

在电子商务领域，红孩子属于起步较晚的企业，因此，能够从已有企业的发展过程中总结经验。在企业建立之初，红孩子就敏锐地洞察到，国内电子商务企业发展的制肘因素将来自国内尚不成熟的第三方物流服务环境，电子商务企业要顺畅发展，必须突破物流的束缚，因此，红孩子从一开始就下决心自建物流。

2.4.2 降低物流配送成本

以目前国内第三方物流公司的运作能力，电子商务企业依靠第三方物流实现商品配送，无疑是高成本的。首先，国内的物流企业或者说物流能力是相当分散的。在美国，排名前四名的物流服务商就能够占到整个美国物流的

78%左右，而我国包括中国邮政在内的前一百名物流服务商，也不过才占到中国物流的30%多。物流企业和物流能力的极大分散，不可避免地会造成较高的商业成本。比如，在当当网的物流合作体系中，就包括全国各地20多个运输企业和40多个速递公司。众多的物流服务商都分别与电子商务企业建立合作关系，而彼此之间缺少有效的衔接，就像一条脆弱的链条，随时可能在任何一个环节断裂，因而，货物发生丢失和毁损的概率上升。同时，对于远途投递的货物，在跨越省界、城市时，可能需要经由多个不同的第三方物流服务商，才能最终送到顾客手中，因此，也会由于中间环节的增加而抬高物流配送成本。

当然，自建物流体系所需要的投入也是巨大的，但是，一旦物流体系建成，其所带来的效益也是显而易见、立竿见影的。当其他各家电子商务企业，利用第三方物流配送商品的成本普遍在每单8~10元的时候，红孩子的每单配送成本就已降到4~5元钱，自建物流的效益可见一斑。

2.4.3　加速资金周转率

毋庸置疑，电子商务是伴随互联网的出现而兴起的一种全新的商务形式。但是，无论电子商务与传统的、以实体为特征的商务形式有多大的不同，它都无法与传统商务形式截然分开。信息流、商流、物流、资金流，仍然是电子商务的四大命脉。目前，绝大多数电子商务企业还是选择与第三方物流企业合作完成商品的物流配送。由于在当前的网络安全环境下，绝大多数顾客倾向于选择货到付款的结算方式，因而，各家电子商务企业基本没有选择的余地，只能通过第三方物流企业的配送人员，在配送货物的同时代为回收货款。但是，代收款的返还很慢。第三方物流公司的配送人员先要将款项送回配送站，再转送到当地城市的总站、省总站一直到回到总公司，最后再交账给电子商务企业，整个回款过程往往需要5~7天。

红孩子通过自建物流，通过自己的配送人员上门配送货物并同时收款，或者通过手持刷卡机实现即时转款，可以实现当天发出的货物当天就能回款，极大地提高了资金周转的效率，减低了资金周转的压力。

2.4.4　提高企业对物流配送的控制力

在第三方物流企业发展滞后的情况下，与第三方物流企业合作的电子商务企业，对发出的商品缺乏控制能力。这主要是源于，采用合作物流的电子商务企业本身不会配备物流信息系统，而目前第三方物流企业又普遍缺少管理先进的信息系统，因而，合作双方无法实现信息的即时交换和传递。结果造成，货物发出后，电子商务企业无法获知货物何时配送、如何配送、采用什么路线配送，以及货物在运送途中的位置和状态，货物处于完全失控的状态。这种情况不仅使货物丢失率和破损率上升，而且，责任不能清晰判定，造成电子商务企业、第三方物流企业以及电子商务企业的顾客三方之间不可避免的纠纷。

通过自建物流体系，红孩子不仅自建了强大的物流信息管理系统，而且拥有自己的配送车辆和配送人员。通过信息的即时传递和对配送人员的严格管控与激励，红孩子可以随时掌控所发出货物的具体位置，并能准确把握货物运达的具体时间，不仅极大地提升了配送的效率，而且极大地提高了顾客的满意率。

2.4.5 提高对网站顾客的服务水平

网络经营环境是一个竞争非常激烈的环境。这种竞争除了存在于各个电子商务企业之间外，也存在于电子商务企业与顾客之间。各电子商务企业之间争夺的是顾客资源，而电子商务企业与顾客之间争夺的则是价值链条上价值的不同分配。为了在竞争中获得较好的竞争条件，电子商务企业必须努力获得尽可能多的顾客对自己企业的忠诚，而要做到这一点，企业对顾客的服务水平起着决定性的作用。消费者选择在某个网站上购物，价格当然是一个首要的决定因素。但是，随着网络竞争的加剧，各家企业的价格趋于平均。尤其是，网络购物环境的特殊性，决定了消费者在商品送达以前，既无法与商家见面，也见不到实体的产品，因此，网站信誉以及网站所能提供的完善的顾客服务，包括商品质量保证、配送速度、配送时间的灵活性、送达商品的完好性、付款的方便性以及安全性等，就成为了消费者更为关注的问题。

通过自建物流体系，红孩子拥有了为顾客提供更为完善服务的能力。首先，由于配送效率的提高，红孩子成为行业内第一家将配送时间缩短为 24 小时的企业，而在此之间许多企业的配送时间都是 72 小时或者 48 小时；其次，由于自建了先进高效的物流信息管理系统，商品从进入企业仓库到接受订单、出库，一直到配送到顾客手中，可以实现全程监控，因此，顾客可以通过红孩子的网站随时查询订单状态。并且，随着系统的升级，红孩子公司的顾客将进一步可以实现实时查询配送货物的在途情况。尤其值得一提的是，由于拥有自己的配送设施和配送人员，红孩子实现了完全货到付款和无条件退货，这是目前其他电子商务企业都无法做到的。由于网络购物市场尚不成熟，受网络信誉和网络安全的影响，绝大多数消费者都倾向于选择货到付款的结算方式。但是，在与第三方物流企业合作的情况下，即便是能够做到货到付款，当商品出现问题时，顾客也必须先收货并付款，然后再与电子商务企业联系调换或退货的事宜，给顾客带来很多不便。红孩子的配送人员在配送货物时，人手一部 POS 终端刷卡机，顾客既可以选择现金结算，也可以选择刷卡结算；并且，如果顾客验收货品时不满意，红孩子可以做到无条件退货；特别是，当顾客的订单中包含多项商品，而顾客对其中部分商品不满意时，可以要求部分拒收。这些都是其他与第三方物流企业合作配送的电子商务企业无法做到的。

2.5　红孩子物流创新的启示：自建物流体系或成电子商务企业发展趋势

2.5.1　电子商务企业认识到单纯依靠第三方物流公司的弊端

由于第三方物流发展的滞后，与第三方物流公司合作物流的电子商务企业日益认识到单纯依靠第三方物流公司的弊端。

先是卓越亚马逊。卓越在被亚马逊全资收购以前，早在 2002 年就曾经尝试自建物流，并曾经拥有一部分配送能力。但是，自 2004 年 8 月，卓越被世界最大的电子商务企业亚马逊收购以后，由于在亚马逊的经营理念中，经营电子商务企业就应该像经营一个技术公司一样，电子商务企业只处理数据，而物流则应该交给合作伙伴去做，因此，当时裁掉了卓越已有的配送队伍。结果，卓越亚马逊的配送速度严重下降，配送成本直线上升。2003 年，卓越的营业收入为 1.6 亿元，当当网当时仅有 8000 万元，可是到了 2007 年上半年，当当网的营业收入达到了 5.4 亿元，卓越却仍然只有 1.8 亿元，几乎停滞在 2003 年的水平上。

另一家发展势头迅猛的电子商务企业京东商城，也在与第三方物流的合作中深刻地体会了第三方物流服务之痛。2009 年春节，适逢顾客购物高峰，尤其是受到金融危机的影响，人们的网购热情暴涨，致使京东商城的订单激增至日均 1.5 万份，大大超出了京东商城已有的配送能力。加之，第三方物流公司大量雇用外地员工，春节期间集体返乡，进一步造成人员短缺。结果，京东商城大量订单延迟。措手不及之下，京东商城被迫选择成本高昂的 EMS，并且是免费配送，以安抚顾客的抱怨和投诉，结果造成很大损失。据京东商城估计，2009 年由于物流配送和服务不利，京东商城损失了 5 ~ 6 个亿。

随着近一两年危机事件的频发，国内电子商务与第三方物流之间发展的不平衡性也日益突出地显现出来。尤其是 2008 年年初的南方雪灾以及全球金融危机的爆发和延续，使得人们对网络购物的关注度不断上升。以淘宝网为例，2007 年淘宝网销售额 433 亿元，2008 年突破 1000 亿元，到 2009 年，单是上半年就已超过 1000 亿元，足见网络购物已逐渐被人们所接受，并成为人们购物的主要渠道之一。在电子商务如此火爆的发展形势之下，物流配送日益成为电子商务发展的短板。

2.5.2 自建物流体系逐渐成为各大电子商务企业发展的一种趋势

2007 年年底，卓越终于获得亚马逊的同意，重建物流配送体系。目前，卓越拥有一家自己的配送公司——世纪卓越快递，在北京地区基本实现自主配送，同时与另外两家第三方快递公司“风火快递”和“风景同城”保持长期的合作关系，在节假日的销售高峰期，由这两家快递公司调节一部分运力和人力作为卓越自身配送能力的补充。此外，卓越也加快和加大了对全国各大中城市物流能力的布局和建设。到 2009 年年底，卓越将能够实现通过世纪卓越快递完成 25 个大中城市的配送工作。

遭遇到物流危机的京东商城，深刻体会了物流之痛。2009 年春节一过，立即投资 2000 万元成立了一家快递公司，并且投资逾亿元在全国布局仓储物流体系。目前已拥有北京、上海、广州 3 个大物流中心，仓储面积达到 8 万平方米，并计划两年内使自建系统覆盖全国 100 个城市，物流配送能力覆盖京东商城 92% 以上的市场。

无论是国内首批建立的电子商务企业之一的卓越，还是后来的京东商城和凡客诚品，它们的选择似乎都表明了自建物流体系正成为电子商务企业的一种趋势。但是，到目前为止，只有红孩子的物流配送是完全依赖自身的物流体系实现的，其他电子商务企业在自建物流体系的同时，暂时还不得不部分依靠第三方物流企业，尤其是在一线城市之外。

当然，自建物流体系的投入是巨大的，只有具备资金实力和规模优势的电子商务企业才有能力这么做。当当网就一直坚持不自建物流体系，这与当当网面临的实际问题有关。当当网既不像卓越网那样有亚马逊的雄厚后盾，也不像京东商城和红孩子那样有风险投资的大笔资金注入，另外，当当网还要面临上市的压力。在这样的形势下，当当网尚无暇顾及自建物流体系，否则可能面临资金周转困难。尽管如此，当当网在物流方面也是积极投入的。当当网在北京、上海、广州、成都、武汉的五大物流中心总面积已达10万平方米。只是，在配送方面，当当网一直坚持不自建配送队伍，而是选择与当地的第三方物流公司合作。

电子商务企业自建物流体系根本上是迫于第三方物流发展的滞后，但是，现在却已形成一种趋势。尽管投入巨大，但是，各大电子商务网站都更着眼于长远。未来，自建物流体系将对电子商务企业产生何种影响，我们还需拭目以待。

（作者：张玉红　于冠华）

3 中国国际海运集装箱（集团）股份有限公司的服务管理创新

服务管理创新是企业为了提高服务质量和创造新的市场价值而发生的服务要素变化，是对服务系统进行有目的有组织的改变的动态过程，或者是把特定顾客特定问题的服务解决方案运用到解决其他顾客的其他问题上来。具体来说就是在服务过程中应用新思想和新技术来改善和变革现有的服务流程和服务产品，提高现有的服务质量和服务效率，扩大服务范围，更新服务内容，增加新的服务项目，为顾客创造新的价值，最终形成企业的竞争优势。

创新能力是企业核心能力中的核心部分。当今大大小小的企业为了满足自身发展需要，对企业各项组成要素积极进行变革，寻求创新和变化。对于高速发展中的物流企业来讲，客户服务是物流企业竞争的焦点，服务管理创新已经成为企业生存、发展壮大的关键因素。我国为了提升企业竞争实力，已制定了多项优惠政策，鼓励企业开展创新活动。因此，如何开展服务管理创新，开展什么内容的服务管理创新，已经成为众多物流企业关心的重要问题。这也是物流企业获取核心竞争力，提升竞争优势的关键。

为了了解当前物流企业开展服务管理创新的最新进展，探索物流企业服务管理的发展趋势，我们对总部位于深圳的中国国际海运集装箱（集团）股份有限公司开展了以服务管理创新为主的调研活动。

3.1 中集集团的发展概况

中国国际海运集装箱（集团）股份有限公司（简称中集集团），于1980 年 1 月创立于深圳，1994 年在深圳证券交易所上市，目前主要股东为中远集团和招商局集团。经过 20 多年的发展，已经成为根植于中国本土的全球交通运输装备制造与服务业的领先企业、世界物流装备的龙头。其主要经营集装箱、道路运输车辆、能源、化工及食品装备、海洋工程、机场设备等装备的制造和服务。其中集团下属多家专业物流企业，包括大连集龙物流有限公司、天津振华物流集团有限公司、天津港中集振华物流有限公司、青岛中集裕龙集装箱服务有限公司、青岛恒丰物流有限公司等。目前，中集集团总资产 345.58 亿元、净资产 134.17 亿元，2008 年销售额 473.27 亿元、净利润 14.07 亿元。在中国以及北美、欧洲、亚洲、澳洲等国家和地区拥有 100 余家全资及控股子公司，员工近 5 万人，初步形成跨国公司运营格局。2008 年，中集集团被列为“2008 最具全球竞争力中国公司”第 49 位，“中国国有上市企业社会责任榜”第 39 位，“中国 500 最具价值品牌”第 40 位；2007 年 9 月“CIMC 中集”牌集装箱被国家质量监督检验检疫总局评选为“中国世界名牌”产品称号，“中集”商标被国家工商总局正式认定为中国驰名商标。

在集装箱业务方面：中集集团的主营业务，自 1996 年以来，集装箱产销量一直保持世界第一的市场份额，是全球规模最大、品种最齐全的集装箱制造集团。集团拥有华南、华东、华北三大区域 34 家集装箱制造工厂及服务基地，分布在中国沿海主要港口或城市，是全球唯一能够提供干货集装箱、冷藏集装箱、罐式集装箱及其他各类特种箱等全系列集装箱产品，并拥有完全自主知识产权的集装箱制造和服务企业。客户包括全球最知名的船公司和租箱公司，产品遍及北美、欧洲、亚洲等全球主要的海陆物流系统。

在道路运输车辆业务方面：按照“为全球市场提供一流的陆路运输装备和服务，同时推动中国公路运输装备的现代化”的战略定位，目前已经建立起辐射北美、泰国及中国的华中、华东、华南、华北、西北、东北等区域的 22 个生产基地和 19 个销售服务公司，形成中美互动、中欧互动、分布合理、互为支持的产业格局和年产超过 20 万辆各类专用汽车的生产规模，已经成为全球最大的专用车制造集团，产品畅销美国和日本等主流市场。中集车辆融资租赁业务通过专业的系统化业务体系，依靠车辆代理商体系向客户提供全面的设备购置解决方案，以最快捷的信用申请速度和最优秀的服务质量满足客户需求。

在能源、化工及食品装备业务方面：集团旗下的荷兰博格工业有限公司是欧洲专用静态储罐的领先供应商之一；安瑞科能源装备控股有限公司主要从事压力容器、压缩机等高端燃气装备产品的研发、生产、销售，已经成为中国燃气装备行业具有领先地位的集成业务服务商与关键设备制造商；南通中集是全球最大的罐式集装箱制造商。目前，中集正致力于业务整合，搭建能源、化工及食品装备的全球化营运平台，以培育新的能力，丰富产品系列，以求打造出更多在该领域具有全球竞争力的主流产品。

在海洋工程业务方面：集团通过收购烟台莱佛士船业有限公司权益进入海洋工程行业。莱佛士的业务主要包括移动式钻井平台及其配套船舶的建造，核心生产基地占地面积超过 42 万平方米，具备世界一流的造船设施，包括亚洲第二大干船坞，封闭式干船坞，半潜式 15000 吨下水驳船，2000 吨全回转岸吊起重机和起重能力达 20000 吨的全球最大龙门起重机。

在机场设备业务方面：中集机场设备企业起步于 1990 年，已经发展成为全球领先的专业公司，以机场旅客登机桥、全自动航空货物及物流处理系统、自动化立体停车库等为主要产品，自 2005 年起登机桥的订单量居全球第一位，产品成功进入北美、欧洲、非洲、东南亚的 10 多个国家和地区。中集还为法国巴黎戴高乐机场生产了全球最大客机 A380 的登机桥。

中集集团的发展目标是：到 2012 年销售额达到 1000 亿元人民币，净利润 50 亿元人民币，成为所进入行业的世界级企业。

3.2 中集集团服务创新实证分析

中集集团属于大型国有企业，发展时间长，有政府支撑。集团本身拥有庞大的固定资产，在全国各地有发达的运输干线，以及在各个重要省市分布着大中型仓库。这些资源上的优势使得集团本身在国内物流市场上具备一定的先发优势，有实力为大中型制造企业提供全国范围乃至世界范围内的物流服务。同时，因为“中字头”企业的缘故，也有机会与跨国企业或全球物流服务供应商合作，充分利用自身的资金、资产及人力资源优势等，在国际间展开业务合作与经验交流。在引进国外先进的物流技术与管理方法后，结合本国特点适度创新。所以中集集团脱身于传统企业，其多从事持续性企业服务管理创新，依靠需求压力和技术机会持续不断地推动技术发展。中集集团的创新活动往往在市场上凭借占先的优势地位，呈现普遍流行的态势，导致市场上出现众多的模仿者和学习者。但是中集集团本身拥有强大规模的固定资产，某种程度上存在资产专用性的风险。服务管理创新活动会使企业内部管理层感到犹豫不定，毕竟中集集团市场地位的重要性会使企业在做出创新选择时慎之又慎。

3.2.1　中集集团的经营管理现状

中集是我国集装箱行业的领头羊，一直以来企业奉行“精耕细作，加强服务”的长期经营策略，制订了“配合销售，加强服务，总部控制，透明及时”的物流战略，并坚持在具体方案操作中贯彻和体现这一战略，在碰到具体项目操作时，中集利用本系统网点多、功能齐全的优势，组织有关公司参与项目、中集总部及各所属公司成立项目组，中集总部负责管理和协调，提供一体化服务管理。

然而在 2008 年和 2009 年上半年中集集团的业绩发展却不能令人满意，见表 3－1。虽然其领先地位长久以来都很稳固，但是整个行业却由于产能严重过剩而陷入困境。中集集团的业绩也受到不小程度的影响。究其原因，其中一方面有行业竞争的大环境影响，百年不遇的金融危机带来的全球经济衰退、航运市场萧条，使中集的一部分主营业务需求急剧萎缩并持续低迷。另一方面的原因是中集集团与客户之间的信任散失使一些实力客户抛弃了它，选择另投他人。一个原本稳定的行业生态由此被打破，而中集集团的盈利能力也随之下降。就像其自己在年报中所说：“2007 年全球集装箱需求大增，产出量超过 390 万 TEU（集装箱的计量单位，20 英尺标准箱），较上年增长超过 25%，再创历史新高。同时，2007 年干货集装箱产业产能约为 550 万标准箱，行业结构性产能过剩情况严重，行业面临供求关系失衡的危险。集装箱生产成本上升，但价格上涨面临压力，导致行业毛利率大幅下滑。”

一时间，企业的发展面临窘境。面对大型集团内部业务越来越趋于多元化，仓储和配送、集装箱、道路运输车辆、机场设备制造和销售服务等，中集旗下企业都各有老资本。内部割据、各自为战使各项物流业务之间的关联性丢失，难以提供高效优质的现代物流服务。

表 3－1　　中集集团 2008—2009 年 6 月 30 日的主要财务指标　　单位：千元

	2009 年 6 月 30 日	2008 年 12 月 31 日	比上年度增减（%）
总资产	31998831	34557863	－7.41
营业总收入	9442276	30 170 836	－68.70
营业利润	1146527	1194474	－4.01
利润总额	1177908	1206736	－2.39

3.2.2　竞争中的服务管理创新思路

与降低成本、改进产品、提高质量等不同的是，服务管理的创新是无止境的，服务管理的创新是营销竞争的最高层次，它不同于价格竞争，可能会使竞争双方两败俱伤；它也不同于广告大战，使客户负担过重。服务管理的创新会使竞争双方共赢，为客户带来更多的利益和满足。因此，中集集团挖掘创新的机遇，用全新的服务理念和服务意识，加强与客户的沟通交流，以客户的需求为导向，不断提升服务水平，在企业实践中持续有效地开展服务管理创新。

1. 中集集团借助于精细化管理核心业务系统

通过对前几年的经营数据进行深度挖掘，分析不同航线的经营形势并进行相应的运力调整和服务创新，从而开拓出价值更高的细分市场。例如，中集集团率先开发的上海—长滩快航，就是基于数据分析开发出来的细分市场新业务。据介绍，该系统可以帮助中集集团进行基于单箱贡献值的核算，支持包括销售贸易区、客户、合同、货种、货流等不同视角的贡献值分析，实现了集装箱运输生产经营决策活动的全过程信息化管理。中集集团计算机中心认为，在经济低迷时期，IT 部门应更有效地利用信息技术发现能够给企业带来改变和创新的机会，以体现 IT 部门的核心价值。

2. 以领先的大客户为近几年的主要服务对象

如宝钢、武钢、一些在国内有较多投资的海外公司，通过物流的实践积累，提高中集集团的物流服务能力。这些大公司是物流标准的推进者、物流服务创新的重要提倡者。在中集集团及中资企业的物流网络还没有完善的情况下，中集集团利用自己已有的资产网络、信誉品牌、航运能力，完全可以得到较大的客户群。

3. 以提高物流咨询能力为核心

要把咨询作为中集集团的业务来发展，只有具备这一功能，才能转变为真正的物流提供商。中集集团目前没有咨询专业的专家，要通过与国外的咨询公司合作，学习相关的经验。中集集团要思考能从咨询公司学到什么东西，慢慢拓展出中集自己的咨询业务，使人才、设备、知识结构更好地适应、配合物流业务的发展。

4. 更加有效地识别客户需求

通过识别客户需求，改善服务质量，使服务在地域、品种、层次上得以拓展和提升，中集投资开发了一套统一的、快速响应的、集业务操作与经营管理分析为一体的“集装箱服务管理信息系统”。通过此系统，客户可以实现快速、准确的信息查询、交换、汇总、监控等功能，降低了沟通成本，提高了效率，从而推动了整个服务流程更加顺畅。

3.3 中集集团服务管理创新模式

2008 年席卷全球的金融危机，带来全球经济持续衰退，全球贸易遭受重创。受此影响，中国集装箱吞吐量同比下降 11%，创我国港口集装箱有史以来最大降幅。中集集团的物流服务尤其受到冲击，主要的几条业务线几乎基本停产，主营业务产能利用不足。虽然国家出台了几项重大财政刺激措施，但收效甚微。全球金融危机对各个行业尤其是物流行业、制造业、出口、航运等部门带的冲击将依然持续。当经济进入下行周期后，寻找新的价值来源成为保持持续竞争力的关键。唯有更多地依靠管理创新能力，开掘以创新为基础的价值增长，才能实现自我核心竞争力的提升。寻找新的价值来源，中集从未停止探索。

“在全球市场中成为能按照客户需求，提供世界一流的现代化交通运输装备和相关服务的主要供应商，创造为客户所信赖的知名品牌。”这是中集集团将长期坚持和执行的未来发展战略方向。在此愿景指导下，中集集团制订了三个明确的战略发展层次：第一层次，现有核心业务——集装箱业务，重点是加快技术创新步伐和内涵优化；第二层次，近期重点扩展的新业务——现代道路运输车辆，包括半挂车及各种专用车；第三层次，现代化交通运输装备及服务行业中有生命力的、符合公司战略定位而且适合 5 年以后进入并有能力整合全行业的业务。公司目前将在继续巩固和强化集装箱优势基础上，积极拓展现代道路运输车辆业务，特别是半挂车业务。

结合这一发展方向，中集集团的服务管理创新特色明显：一是要有创新点；二是要能为企业创造价值。中集集团的优良业绩还来源于清晰的创新路线，其每一个重大的自主创新成果都经历了从模仿到学习到自主创新的 3 个阶段。创新无限已经被写入中集集团的核心价值观，他们坚信一个企业只有自主创新才能不断成长。中集集团的服务管理创新采用多维度的模式，着重在服务技术层面、顾客层面、服务理念层面等。

3.3.1 服务技术的创新

技术创新并不是服务管理创新的必要维度，但是服务技术创新对整个服务管理体系的创新具有非常重要的作用。大多数服务管理创新都是依靠某些技术使得服务变得更高效，技术创新离不开服务管理的创新，同时又推动了服务管理创新的发展。中集集团认识到能否降低客户的经营成本是现代物流与传统运输、仓储的一个重要区别，也是其能否赢得市场的关键所在。降低客户经营成本，并不是通过一味地降低服务价格来实现的，而是通过高品质的服务和供应链管理，优化物流方案、减少流通环节、降低库存量，从而减少客户资金成本、管理成本、仓储成本和经营风险等来实现的。在规范企业行为中，以 ISO9001 质量体系认证为标准，在业务流程、服务质量、信守承诺等方面提供标准化服务，实行 24 小时全天候服务，树立公司良好的服务品牌。通过一系列努力，企业经营形势一直保持着良好发展的势头，以集装箱为主的货运吞吐量逐年递增，服务手段和服务方式日趋先进和全面，取得了好的经济效益和社会效益。

中集集团物流服务创新方案见图 3－1。

3.3.2 顾客界面的创新

包括提供给顾客的服务的方式创新，服务提供者和顾客之间的交流和相互作用已经成为服务创新非常重要的来源。企业要有能力让顾客在服务创新

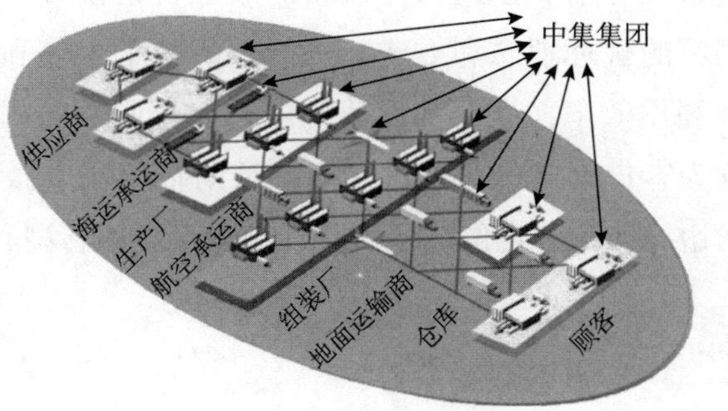

图 3－1　中集集团物流服务创新方案

当中扮演合作者的角色，为顾客创造新的价值，并且争取更多的潜在顾客，要掌握顾客和潜在顾客的大量信息。中集集团认识到企业的价值来源于客户的价值，客户的价值来源于客户的流程，也就是说，为客户提供解决问题的方案，而且不仅仅是某一个服务。企业服务的创新就是要为客户创造价值，为更广泛的客户创造价值，为客户创造更多的价值，即不仅为客户创造价值，还要为利益相关者创造价值。

3.3.3　服务理念的创新

服务创新具有高度的无形性，是解决某一问题的新概念或者想法，所以服务创新是一种理念的创新，是概念的创新。中集在摸索服务创新中认清一体化物流与功能性物流在服务性质、服务目标和客户关系上的本质区别，树立全新的服务理念。中集逐步突破单一产业的束缚，实现从单纯的集装箱生产商向提供与海运相关的生产及配套服务的解决方案提供商的转型，为客户提供一体化物流服务。从发现商业机会到行业领导者，中集集团对原本被视为“夕阳产业”的集装箱行业进行了全面革新。中集不仅改变了传统集装箱行业恶性竞争的格局，确立了这个行业新的技术标准，改变了集装箱行业的制造体系，还改变了客户服务标准；从干货箱制造延伸到冷藏箱、罐箱、特种箱等多系列的产品集群，成为唯一一家能够提供全系列产品的集装箱供应商，并建立了一站式全生命周期的服务网络。

综上所述，2009 年对中集集团内部是严峻的一年，对集团的考验是史无前例的。面对复杂的宏观形势、行业环境及经营压力，中集集团表示将坚持内涵优化，通过管理变革和创新，探索新的服务营销模式，运用新的商业规则和模式，应用新的管理理念和方法，采用新的技术工艺和设备，提高现有生产要素质量和利用效率，从而实现业务增长、产业结构调整和升级。企业会借助创新持续为客户创造价值，这些都将帮助企业从“微笑曲线”的低端往附加值高的两边缘移动与定位，从而实现中集自身的转型和飞跃。

（作者：赵洁）

4 深圳市邮政速递物流局调研报告

2009年10月下旬，作者针对物流服务创新主题对深圳市邮政速递物流局进行了调研，调研结果如下。

4.1 企业基本情况

深圳市邮政速递物流局，又称深圳市邮政速递物流公司，总部位于深圳市深南东路3040号深圳市邮政大厦的11楼，是深圳市邮政局的二级单位，由深圳市邮政速递局（深圳物流协会速递行业专业委员会主任委员单位）及广东邮政物流配送服务有限公司深圳分公司（YCC）并合为一，是深圳市邮政局属下物流、速递服务的专业经营管理公司。深圳市邮政速递物流局是深圳市物流协会副会长单位，同时还是深、港、澳三地物流联席会理事单位。连年被深圳市物流行业评审为“深圳市优秀物流企业”，并被当地政府部门确认为首批“深圳市100佳物流与货代诚信企业”之一。

深圳市邮政速递局拥有为客户提供一站式第三方物流和一体化物流服务（包括智能仓储、物流运递、区域分拨、信息平台等）的资源和能力，自有各类车辆300多辆，其中带有邮政标志的专业邮政车辆100余部；仓储及配送场地面积5万多平方米，有58个配送部，员工总数达2000余人，并拥有先进的“物流管理与动态调配信息系统”及邮政183网站、11185特服电话等信息服务平台。网络覆盖深圳市的各个角落，是深圳最具实力的配送服务企业。

4.2 业务和主要客户介绍

4.2.1 主要业务类型

深圳市邮政物流局专业投递EMS速递、省内YCC快货、同城速递及传统的信函信件，目前的重点优势业务主要是构建核心竞争力即网络资源和品牌信誉优势的基础，业务类型主要有5种。

1. 国内国际特快专递（EMS）业务

主要的特点包括4个：第一，由专人收寄，专门机构处理，专车投送；第二，直接送到收件人手中的“门到门”服务；第三，通达范围达全国2800多个市县和全球250多个国家地区，其中全国65个城市实现次日递，珠三角区域实现次晨递；第四，全国统一的11185特服热线支持，客户可实时查询。

2. 快件监管业务

主要业务特点包括：第一，具有一流的通关环境和先进的自动化业务操作平台；第二，为客户提供仓储、深港运输、报关、报检、到港派投等一系列的全方位进出口物流解决方案。

3. 一体化物流业务

主要的特点包括：第一，依托全国的网络资源、品牌优势以及车辆通行优势，物流服务的深度和广度可以契合客户的不同需求；第二，为客户的不同需求定制个性化、柔性化的服务方案；第三，专业人才及丰富的资源优势可为客户解决从采购、订单管理、库存管理、供应商协调、信息接入、仓储、分拣、包装加工、分销、运输、配送、信息跟踪监控和资金收付结算等一体化供应链物流服务，降低客户的物流费用和运营成本；第四，全程的信息系统支持，为客户提供一个可以看得见的物流服务过程。

4. 快货业务

主要的特点包括4方面：第一，服务广度和深度可达华北、华东和华南的县级城市以上“门到站”、“门到门”服务；第二，全程时限3~5天，广东省内可实现当日递和次日递；第三，专人上门揽收，根据客户需求，可提供回单、代办保险等服务，广东省内还可提供代收货款和到付运费服务；第四，全程的信息系统支持，可实现实时跟踪查询。

5. 同城限时服务

主要的特点包括：第一，网络健全，触角可达市区内外的各个角落；第二，服务队伍是经过训练的专业人员，着装统一；第三，队伍庞大，配送能力非常强；第四，根据客户物流需求要素，定制个性化、柔性化服务方案；第五，全程的信息系统支持，可实现每票货物的实时跟踪查询。

4.2.2　主要客户介绍

深圳市邮政速递局的客户范围很广，涉及和行业也特别多，许多国际知名的大公司都是其客户。

1. IT 行业

戴尔公司、联想集团、华为电子、美国艾默生电气公司、深圳移动公司、深圳市电信集团、康佳电子集团、夏新电子集团等。

2. 化妆品行业

雅芳、安利、完美。

3. 零售行业

山姆会员店、纳爱斯。

4. 汽配行业

天津一汽、武汉神龙。

5. 制药行业

贵州神奇药业、修正药业、石药集团等。

6. 其他行业

深圳市工商银行、深圳市车辆管理所、深圳考试中心等。

4.3　资源及优势介绍

深圳市邮政速递物流局与其他物流企业相比，其优势主要体现在其成熟的邮政业务优势和独特的交通区域优势上。

4.3.1　邮政网络优势

依托覆盖全国、遍布城乡的中国邮政实物网络，触角可至全国城乡各个角落，在物流市场竞争中占绝对优势；依托以珠三角为核心的覆盖全省的省内快速网，实现省内 23 个城市的当日递或次日递物流服务；依托以同城快速网为核心，58 个网点组成的覆盖特区内外各个角落的投递网络，为同城限时配送等个性化物流服务提供强大的支撑。

4.3.2 邮政政策优势

作为专业邮政运输单位，邮政特种车辆受到国家有关法规、政策的保护和优待，如免检、24小时全天候进入国内各大中城市等方面优势。

4.3.3 仓储设施优势

深圳市邮政速递物流局在特区内除拥有2万多平方米的监管仓库外，还有以梅林储运中心为依托的同城终端配送中转中心，并正在宝安机场物流园区建设占地11万平方米的机场邮件处理及物流配送中心。

4.3.4 信息技术优势

物流局通过CNPL、411、同城条码等3个层次的现代物流信息系统，引进了由广东邮政开发的电子商务示范工程“物流管理与动态调配系统”，该系统可以从业务受理、分拣、储存、配送、运输、投送，到为客户提供存货管理、配货集运、支付代理、信息服务等全方位对物流服务的全过程实施动态实时跟踪与查询管理。同时完善查询网络平台，用户可以通过11185与11183深圳邮政网站，随时、随地、实时查询每一封证件专邮的运行情况。

4.3.5 品牌信誉优势

邮政常年从事物流业务，拥有经验丰富的专业管理队伍、严谨的规章制度，已在广大市民心中树立了“绿衣天使”的良好信誉形象，将物流业务托付给中国邮政就同时意味着安全、可靠、快捷。

4.3.6 地理区位优势

深圳毗邻港澳，决定了其作为内地与港澳、国际联结的枢纽作用。香港回归后，港深两地无论是陆上还是水运交通衔接越来越紧密。深圳有100多家跨国跨省连锁企业，并且呈上升趋势。这些企业为了节省成本，正逐渐把由自己承担的物流配送业务委托出去，这便给物流局提供了更多机会。

4.4　物流服务创新举措

4.4.1　根据地形调整网络组织

随着业务的不断增长，传统的投递配送网络难以满足现代物流的发展需求。为了使普通邮件、报刊投递与证照票卡等同城速递业务顺利开展，深圳邮政调整了网络组织。

物流局首先根据深圳市南北窄、东西宽的地形，在东、中、西分别建立了 3 条横向快速干线，并在“三横”基础上，在中部建立了一个环形快速网连接“三横”，从而形成了特区内“三横一环”的同城快速物流运输网。其次，物流局专注于建立以同城物流服务为主的同城配送网络，为用户提供如下 3 个层面的服务：基础服务层，以普通邮件和报刊的投递为主，在保证普遍服务的基础上，重点保证早报早投；专业服务层，以投递特快邮件、证照和新业务为主，满足特快邮件和各类证照业务的投递时限；个性化服务层，主要是保证邮件揽收和同城物流配送等高端物品的投递，为用户提供个性化的物流配送服务。

4.4.2　利用优势开发新的同城速递业务

深圳市邮政局自 1998 年成立开始就一直关注同城速递业务，物流局成立后，同城速递中心客户部设立专项策划组，为深圳市内有需求的企业量身制订方案。物流局在原有的 EMS 速递业务、各类证件、票据、门票等同城速递和各种鲜花订购、礼品制作等礼仪服务的基础上，与有关部门合作，陆续推出许多与群众生产生活密切相关的同城速递业务。

目前物流局开办的新业务包括驾驶证、行驶证、港澳通行证、护照、公安网监登记证、司法专邮、住宅局安居房申请、人事调令、自学考试准考证、海关备案书及报关员证、居民二代身份证、体检报告、银行信用卡等各种证书文件的邮政速递系列业务，一年的业务收入可达 500 万元，为物流局带来了生机。

其中各种车证的速递专项服务就是物流局市场关注市场抓住商机的结果。深圳车辆以每月 6000 辆的速度递增，加上原有车辆，办证、换证业务量很大，正是看到车主为办理车证常常往返多次，费时费力，物流局主动出击，与交警部门多方磋商，牢牢把握了这个商机。车证速递业务于开办至今，每天业务量平均达300件以上，每月创收10多万元。在此基础上，他们把业务范围又进一步扩大到驾驶证年审换证。物流局专门在梅林车管所开设邮政服务点，使之成为便民服务的窗口。

同时，物流局还不忘其原有的政府职能，配合深圳市政府的各项举措，为市政府分忧。2005年年初，物流局与广铁集团联合推出了春运火车票配送业务，为市民和外来务工人员免费送票近10万张且无一差错，协助政府解决了广大建设者春节还乡买火车票难的问题，极大方便了人民群众。

物流局还利用自己邮政网点遍布城乡、服务功能完善的优势，涉足代理领域，推出多项代理业务，如代售各类演出票、飞机票、各类电信放号、代发养老保险、销售各类电信卡、IP公话和185票务销售和配送服务，已经成为群众生活的好帮手。

4.4.3 坚强的后台保证物流服务质量

物流局坚持其邮政的品牌优势，并通过各种方法和手段保证其物流服务质量。在开办的各种证件投递中，客户最重视证件安全，为保证证件投递万无一失，物流局专门成立了同城专递队伍，把素质好、责任心强的投递员抽调到队伍中，以保证达到100%的妥投率。

物流局还充分利用185特服台和183网站，让客户能随时随地实时监督和了解交递的物品情况，同时，深圳邮件处理及物流配送中心和深圳邮政海关快件监管中心两大工程被纳入市重点物流项目。其中，邮件处理及物流配送中心总面积达11万平方米，总建筑面积503万平方米，工程总投资超过2亿元，集各类邮件处理、转运和物流仓储及配送、商函制作等功能为一体。深圳国际快件监管与同城物流配送中心已于2003年建成投产，该中心位于南山区华侨城北侧，占地2万多平方米，建筑面积近1万平方米。目前该中心已成为全国各地邮政创新经营模式的典范——承运商和海关在同一个场所内完成对物品的监管，监管中心已成为一条连接深港两地快件运输的“绿色通道”，业务规模位居全国同类企业的前茅，邮政快件监管中心正逐步成为全国邮政企业链接香港和国际的纽带。

4.4.4　香港和大陆间货代进出口

物流局前身之一深圳市邮政物流有限公司就是一家专业从事深港两地的货物运输公司，每天有深港两地直通快件货运专车，专业经营香港、深圳往返快件。2002 年，深圳邮政速递物流局成为首批享有海关验关优先权的单位，合法经营香港与大陆两地间货代进出口业务。物流局有数万平方米的现代化货物处理场所和先进的控管系统，每天往返深圳、香港的车辆达几十余辆次，能够全权代理进出口香港货物的报关和清关及运输业务，所有的货物的报关和清关全部在深圳海关邮政监管中心内完成。

这样，物流局可以为任何类型的企业服务送货，收货范围可在香港全区与整个珠江三角洲。这些年来，物流局不断探索新的服务模式，目前已推出中港货运、深港物流、深圳到香港物流、中港进出口、香港报关、中港物流、中港快件、香港至深圳、香港至深圳物流和香港至深圳快件等业务，并依托其与政府机构的密切关系为客户提供诸如香港收货、报关、运输、代办批文、商检、清关、大陆派送等一条龙服务，而且手续简便（无须单证批文），所有货物按公斤计价（含增值税、关税、商检及货运费）。出口到香港一样也可以做到门对门。

4.4.5　介入各种邮政速递延伸服务项目

物流局还顺应时代特点，紧跟市场，介入各种邮政速递延伸服务项目。

物流局推出的国内 EMS 代收货款业务，是综合利用邮政速递现有条件和优势，为适应市场需要而推出的新项目，通达全国 1700 个县市，手续费仅为 2%，可为各类邮购公司、电子商务公司、商贸企业、金融机构等单位提供的快速传递实物、代收货物款项及统一结算服务；国内特快专递收件人付费业务，是物流局开办的一项寄件人交寄邮件时不缴纳邮费，而由收件人收到邮件后支付邮费的一项业务；同时，物流局为老客户和邮寄量非常大的客户提供速递资费折扣服务，最大可以低至 7 折。

物流局还凭借邮政速递员的高投递水平，承担网络购物和电视购物物流。现在许许多多的知名电视购物（如橡果国际、央视购物、深圳宜和等）都采用普遍被大众认为是最贵的 EMS 来作为物流速递的唯一合作伙伴，对方这样做正是看中了物流局的品牌和服务质量。另外，与许多小的物流公司相比，物流局所有相关理赔处理方面都做得很完善，购买邮包险只需要千分之一的保费率，绝对是安全性与稳定性的代名词。

（作者：祝映莲）

参考文献

［1］罗杰·弗罗克．联邦快递的生意经［M］．武立东，等，译．北京：机械工业出版社，2001.

［2］马登·伯拉．联邦快递：创新缔造竞争优势［M］．北京：电子工业出版社，2006.

［3］丁俊发．中国物流业六大变数［J］．中国经济时报，2010.

［4］申风平，等．加快我国民营快递企业发展的对策研究［J］．对外经贸实务，2010.

［5］蒋文，肖献法．快速发展的中集集团［J］．商用汽车，2004.

［6］郑丙金．对中集集团的利润质量分析［J］．国际商务财会，2007.

［7］郑贤玲．中集集团："中国制造"商机延续成长故事［N］．上海证券报，2006－4－12.

［8］桑叶．B2C 自建物流："极品飞车"式配送大战［EB/OL］．http：//www.21cbr.com/home/space－1963－do－thread－id－3371.html，2009－09－07.

［9］李黎．京东商城：决胜供应链［EB/OL］．http：//www.cioceo.com.cn/12/93/522/581/47177.html，2009－12－05.

［10］李黎．红孩子的扩张引擎［EB/OL］．http：//www.cioceo.com.cn/12/93/318/471/36175.html，2008－11－20．